DIAPASON
ROUGE 1

Carnet de 460 chants avec accords

Édition

LES PRESSES D'ILE DE FRANCE

DIAPASON : *Une collection de carnets de chants*

DIAPASON BLEU (partitions)
Chants d'animation et de veillées scoutes

DIAPASON JAUNE (vol. 1 - partitions)
Chansons pour les enfants
avec guide-chants sur Internet

DIAPASON JAUNE (vol. 2 - partitions)
Chansons pour les enfants
avec guide-chants sur Internet

DIAPASON ORANGE (partitions)
Chants pour la fête et la prière avec le MEJ

DIAPASON ROUGE (vol. 1)
460 chansons d'hier et d'aujourd'hui

DIAPASON ROUGE (vol. 2)
400 chansons d'hier et d'aujourd'hui

DIAPASON ROUGE (vol. 3)
370 chansons d'hier et d'aujourd'hui

DIAPASON ROUGE (vol. 4)
300 chansons d'hier et d'aujourd'hui

DIAPASON ROUGE (vol. 5)
360 chansons d'hier et d'aujourd'hui

DIAPASON TURQUOISE (vol. 1 - partitions)
Chants populaires du pays de France
avec guide-chants sur Internet

DIAPASON TURQUOISE (vol. 2 - partitions)
Chants populaires du pays de France
avec guide-chants sur Internet

DIAPASON À THÈME

"OCÉAN" 120 chants sur le thème de la mer

"LOVE" 120 chants sur le thème de l'amour

Avant-propos

La collection **DIAPASON** prend tout son sens lorsqu'elle permet à quelques amis, autour d'un feu, une guitare à la main, de chanter l'amitié, l'amour, la joie... De ce fait, un carnet de chants ne sera jamais un livre comme un autre. Il véhicule un patrimoine commun, des souvenirs, des rencontres, des émotions... Au fil du temps, il devient le compagnon des jours de fêtes.

La collection **DIAPASON** c'est aussi le rendez-vous de plusieurs milliers de chants que des artistes, souvent par le biais de leurs éditeurs, ont accepté de nous confier dans le cadre d'un contrat qui détermine le nombre de tirages et fixe le montant d'une redevance. Chaque réimpression donne lieu, au préalable, à la définition d'un nouveau contrat. Si, pour une raison ou une autre, le contrat n'est pas reconduit, le chant en question est systématiquement retiré de la sélection. Il se trouve donc, qu'avec le temps, le sommaire des différents **DIAPASON** évolue légèrement. Ceci étant indépendant de notre volonté, nous vous prions de ne pas nous en tenir rigueur.

Bien qu'il soit dommage que, dans ce domaine, le livre soit pénalisé par rapport aux autres médias, nous acceptons volontiers cette évolution permanente des **DIAPASON**, car nous croyons qu'évoluer avec le temps est signe de vie. Les **DIAPASON** sont toujours prêts à accueillir au sein de leurs répertoires les nouveaux chants que vous aurez l'amabilité de nous transmettre.

Sommaire

Mouvement Eucharistique des Jeunes

Coordonnées :

• Mouvement Eucharistique des Jeunes
28, rue Molitor, 75016 Paris
Tél. : 01.40.71.70.00 / www.mej.asso.fr

Tout recevoir et tout donner. Tel est le projet éducatif de ce mouvement qui veut aider chaque jeune à grandir en se structurant, à chercher le lien entre sa vie et sa foi, à s'engager là où il vit :
- les Feux Nouveaux (9-11 ans),
- les Jeunes Témoins (11-13 ans),
- les Témoins Aujourd'hui (13-15 ans),
- les Équipes Espérance (15-17 ans),
- les Équipes Apostoliques (17-19 ans).

Trois points d'attention orientent chaque proposition du mouvement :

- L'ouverture : éducation à l'accueil, à la solidarité, à l'engagement.
- L'expression : éducation à la vie communautaire, à la responsabilité, à la fête.
- L'approfondissement de la foi : éducation à la prière, à l'intelligence de la foi.

En reconnaissant que les réalités scolaires, la vie familiale et sociale, les loisirs et toutes les activités de la vie quotidienne sont indissociables de la vie spirituelle, le MEJ se propose comme partenaire de l'éducation des jeunes pour qu'ils deviennent des adultes responsables capables de faire des choix à la lumière de l'Évangile.

Scouts et Guides de France

Coordonnées :

• Scouts et Guides de France
65, rue de la Glacière, 75013 Paris
Tél. : 01.44.52.37.37 / www.scoutsetguides.fr

Ensemble pour un monde différent. Créés dans les années 20, les Scouts de France (Louveteaux, Scouts, Pionniers et Compagnons) et les Guides de France (Jeannettes, Guides, Caravelles et JEM) décident en 2004 de fusionner pour devenir un mouvement unique : "Les Scouts et Guides de France".

Ce nouveau départ correspond à la volonté commune de rechercher des réponses adaptées aux questions qui engagent l'avenir de la société (environnement, développement durable, nouvelles solidarités, promotion féminine, identité des garçons et des filles, foi et éducation à la paix).

Le nouveau mouvement Scouts et Guides de France, fort de son héritage culturel et historique, veut se donner les moyens de permettre à chaque enfant et à chaque jeune qui le souhaite, de vivre l'aventure du scoutisme et du guidisme au travers d'un projet éducatif commun :

- Construire sa personnalité : chaque jeune est une personne unique.
- Éduquer des garçons et des filles : égalité n'est pas similitude.
- Vivre ensemble : l'équipe est la cellule de base du scoutisme et du guidisme, ouverts à tous sans distinction.
- Habiter autrement la planète : choisir personnellement dans quel monde on souhaite vivre.

Atelier guitare

Pour chaque chant de ce carnet nous proposons une suite d'accords qui devrait permettre aux guitaristes amateurs d'accompagner, sans trop de difficultés, l'instrument naturel qu'est la voix. Ces grilles d'accords ne sont que des propositions, d'autant plus que la ligne mélodique de certains chants traditionnels se modifie d'une région à l'autre et que nous avons été confrontés aux problèmes des versions multiples. Nous avons fait des choix et nous espérons que, dans la majorité des cas, ces choix sont les bons. Quoi qu'il en soit, les indications qui suivent vous permettront d'adapter et d'enrichir ces accords à votre convenance.
Le doigté classique que vous trouverez à la page 18, pourra permettre à ceux qui ne jouent d'aucun instrument mais qui possèdent une simple flûte à bec, de retrouver avec un peu de patience, les airs et les tonalités des chants dont les mélodies connues échappent parfois à nos mémoires.

CONSTRUCTION D'UN ACCORD

		Exemples
Accord majeur	Tonique + tierce majeure + quinte	Do : Do - Mi - Sol
Accord mineur	Tonique + tierce mineure + quinte	Dom : Do - Mib - Sol
Accord de 7^e	Tonique + tierce majeure + quinte + septième mineure	Do7 : Do - Mi - Sol - Sib
Accord de 7e majeur	Tonique + tierce majeure + quinte + septième majeure	Do7M : Do - Mi - Sol - Si
Accord mineur 7^e	Tonique + tierce mineure + quinte + septième mineure	Dom7 : Do - Mib - Sol - Sib
Accord mineur de 7e majeur	Tonique + tierce mineure + quinte + septième majeure	Dom7M : Do - Mib - Sol - Si
Accord de 6^e	Tonique + tierce majeure + quinte + sixte	Do6 : Do - Mi - Sol - La
Accord diminué	Tonique + tierce mineure + quinte diminuée	Dodim : Do - Mib - Solb
Accord de 7e diminué	Tonique + tierce mineure + quinte diminuée + sixte	Do7dim : Do - Mib - Solb - La

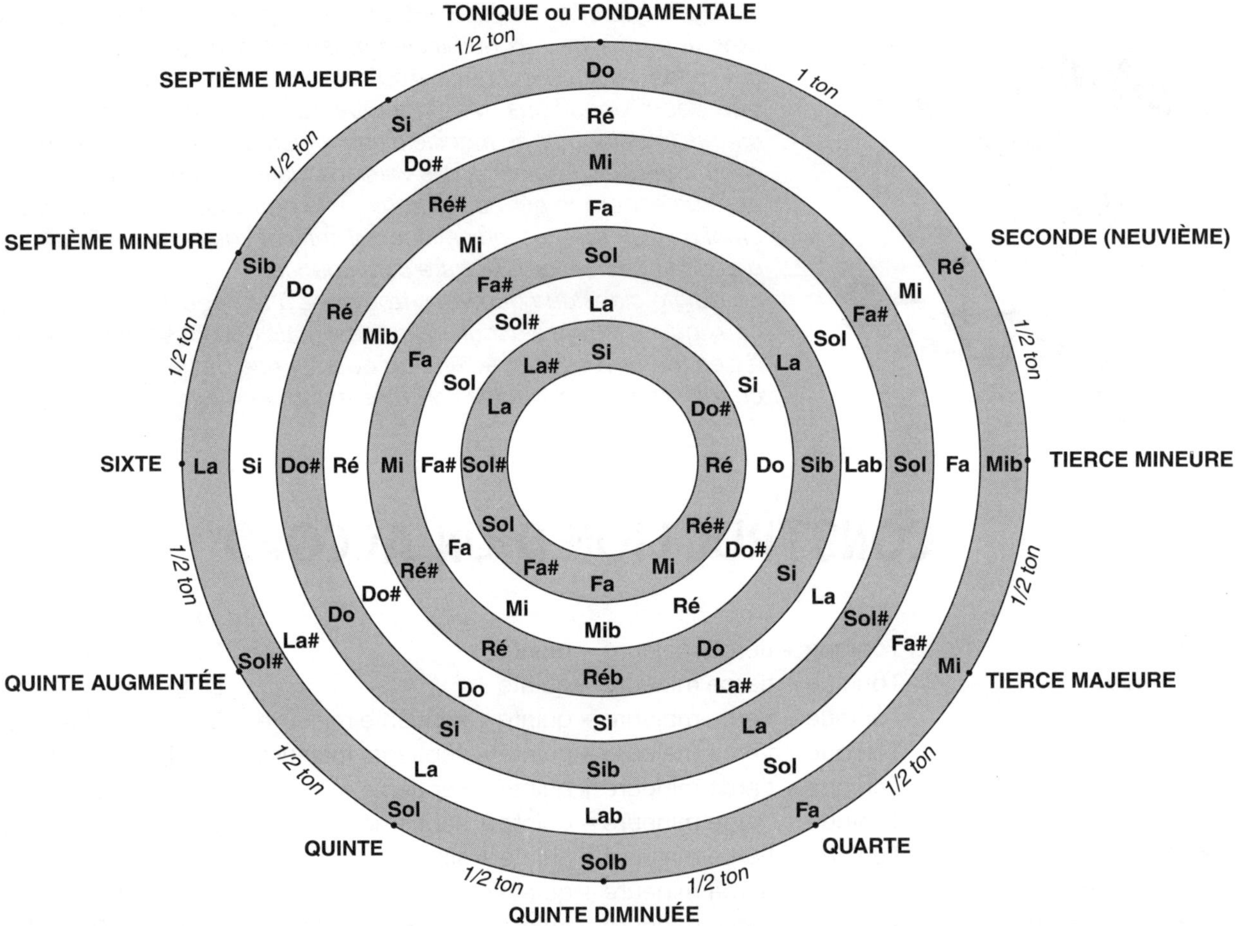
TONIQUE ou FONDAMENTALE
SECONDE (NEUVIÈME)
TIERCE MINEURE
TIERCE MAJEURE
QUARTE
QUINTE DIMINUÉE
QUINTE
QUINTE AUGMENTÉE
SIXTE
SEPTIÈME MINEURE
SEPTIÈME MAJEURE
1 ton
1/2 ton
1/2 ton
1/2 ton
1/2 ton
1/2 ton
1/2 ton
1/2 ton
1/2 ton
1/2 ton
1/2 ton
Do Ré Mib Mi Fa Solb Sol Sol# La Sib Si
Ré Mi Fa Fa# Sol Lab La La# Si Do Do#
Mi Fa# Sol Sol# La Sib Si Do Do# Ré Ré#
Fa Sol Lab La La# Si Do Do# Ré Mib Mi
Sol La Sib Si Do Réb Ré Ré# Mi Fa Fa#
La Si Do Do# Ré Mib Mi Fa Fa# Sol Sol#
Si Do# Ré Ré# Mi Fa Fa# Sol Sol# La La#

TABLEAU TRANSPOSITEUR

A	B	C	D	E	F	G	H	I	J	K	L
Do	Do#	Ré	Mib	Mi	Fa	Fa#	Sol	Lab	La	Sib	Si
Do#	Ré	Mib	Mi	Fa	Fa#	Sol	Lab	La	Sib	Si	Do
Ré	Mib	Mi	Fa	Fa#	Sol	Lab	La	Sib	Si	Do	Do#
Mib	Mi	Fa	Fa#	Sol	Lab	La	Sib	Si	Do	Do#	Ré
Mi	Fa	Fa#	Sol	Lab	La	Sib	Si	Do	Do#	Ré	Mib
Fa	Fa#	Sol	Lab	La	Sib	Si	Do	Do#	Ré	Mib	Mi
Fa#	Sol	Lab	La	Sib	Si	Do	Do#	Ré	Mib	Mi	Fa
Sol	Lab	La	Sib	Si	Do	Do#	Ré	Mib	Mi	Fa	Fa#
Lab	La	Sib	Si	Do	Do#	Ré	Mib	Mi	Fa	Fa#	Sol
La	Sib	Si	Do	Do#	Ré	Mib	Mi	Fa	Fa#	Sol	Lab
Sib	Si	Do	Do#	Ré	Mib	Mi	Fa	Fa#	Sol	Lab	La
Si	Do	Do#	Ré	Mib	Mi	Fa	Fa#	Sol	Lab	La	Sib

UNE NOTE PAR CASE (guitare posée à plat sur les genoux)

pour info

Do# = Réb
Ré# = Mib
Fa# = Solb
Sol# = Lab
La# = Sib

	1re	2e	3e	4e	5e	6e	7e	8e	9e	10e	11e	12e
(chanterelle) **Mi**	Fa	Fa#	Sol	Sol#	La	La#	Si	Do	Do#	Ré	Ré#	Mi
Si	Do	Do#	Ré	Ré#	Mi	Fa	Fa#	Sol	Sol#	La	La#	Si
Sol	Sol#	La	La#	Si	Do	Do#	Ré	Ré#	Mi	Fa	Fa#	Sol
Ré	Ré#	Mi	Fa	Fa#	Sol	Sol#	La	La#	Si	Do	Do#	Ré
La	La#	Si	Do	Do#	Ré	Ré#	Mi	Fa	Fa#	Sol	Sol#	La
(grave) **Mi**	Fa	Fa#	Sol	Sol#	La	La#	Si	Do	Do#	Ré	Ré#	Mi

FORMULES DE RYTHMES FRAPPÉS

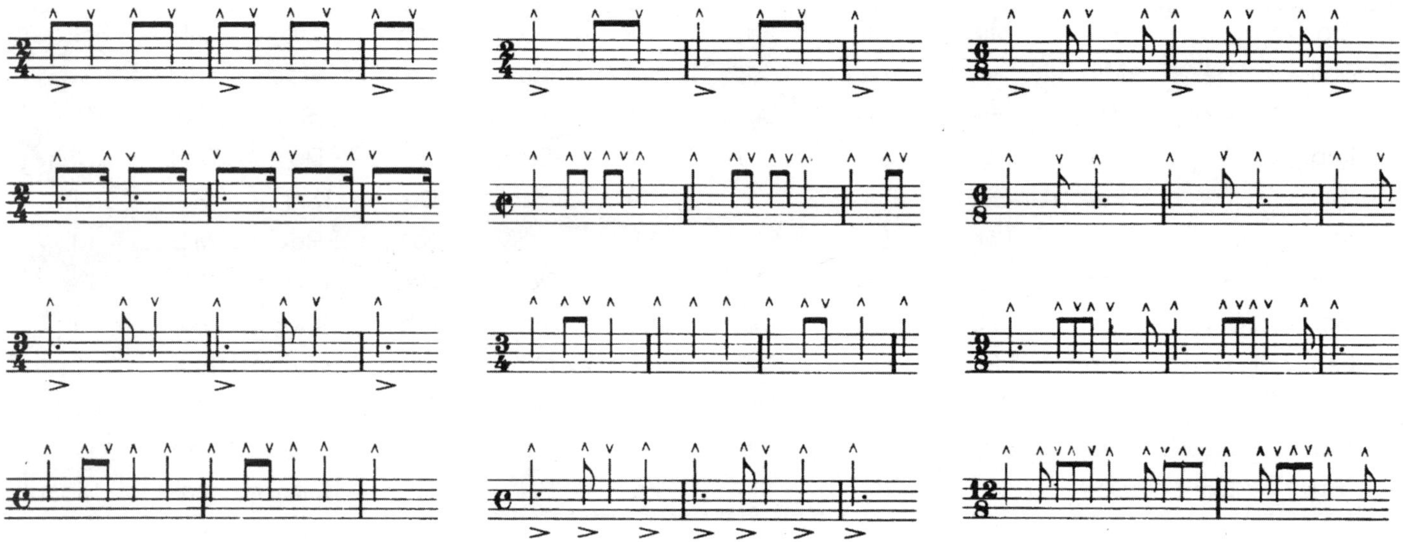

Il existe de très nombreuses combinaisons de rythme, toutes celles-ci ne sont données qu'à titre d'exemple.

Page tirée de "*Méthode de guitare et de musique*", Gérard DIDIER, Les Presses d'Ile de France.

PRINCIPAUX ACCORDS

1. La barre noire symbolise un "barré".
2. Le chiffre inscrit à gauche de certaines cases indique la position sur le manche.
3. La croix au-dessus du manche indique les cordes-muettes, c'est-à-dire à ne pas frapper.

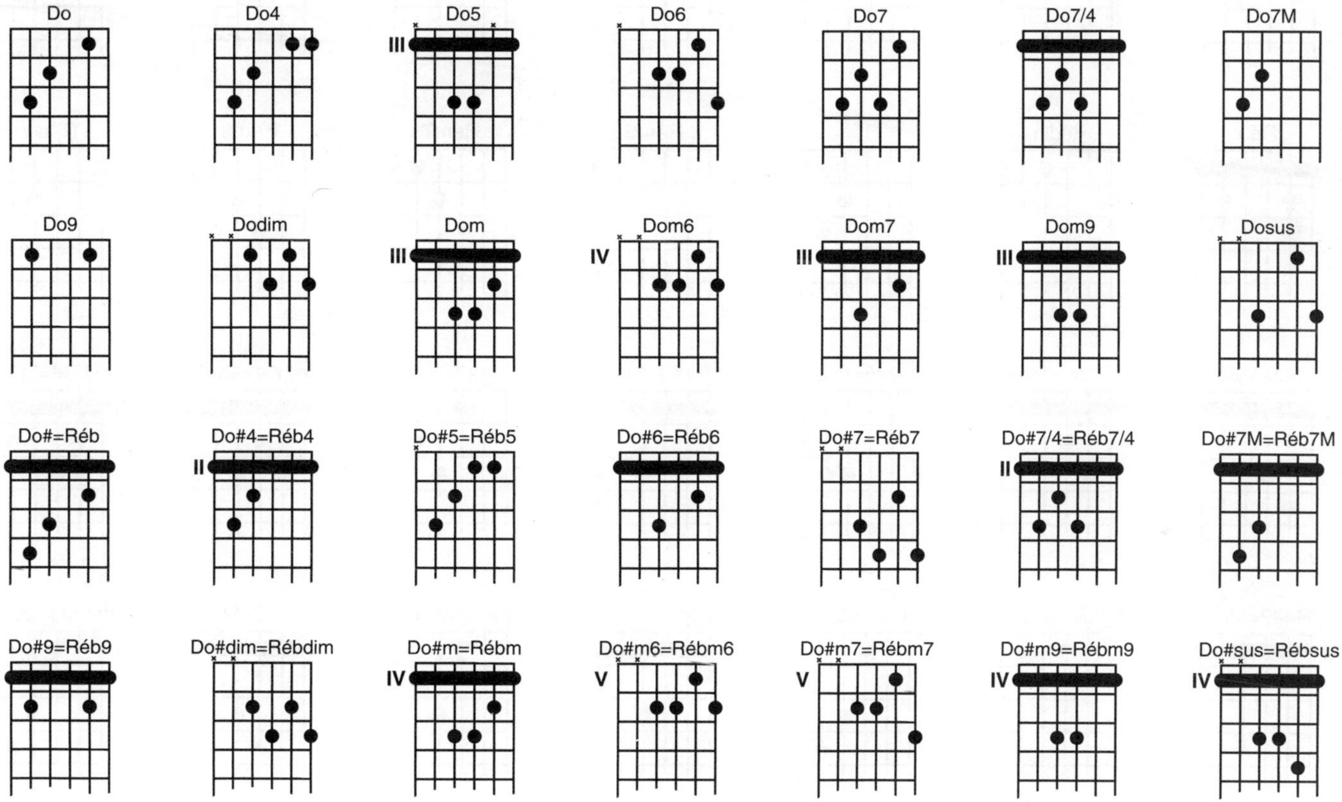

Do

Do#
Réb

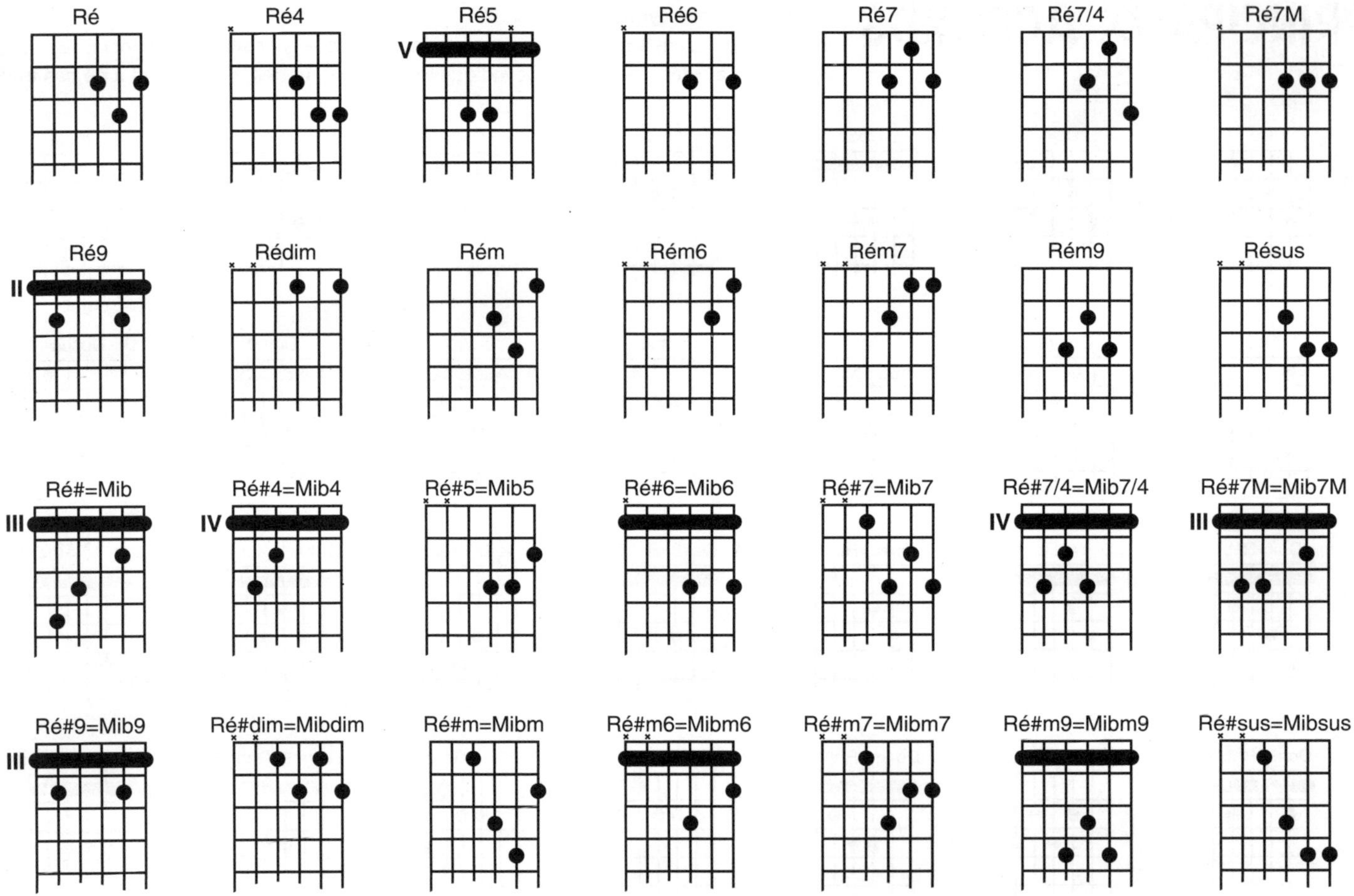
Ré
Ré4
Ré5
V
Ré6
Ré7
Ré7/4
Ré7M
Ré9
II
Rédim
Rém
Rém6
Rém7
Rém9
Résus
Ré#=Mib
III
Ré#4=Mib4
IV
Ré#5=Mib5
Ré#6=Mib6
Ré#7=Mib7
Ré#7/4=Mib7/4
IV
Ré#7M=Mib7M
III
Ré#9=Mib9
III
Ré#dim=Mibdim
Ré#m=Mibm
Ré#m6=Mibm6
Ré#m7=Mibm7
Ré#m9=Mibm9
Ré#sus=Mibsus

Mi
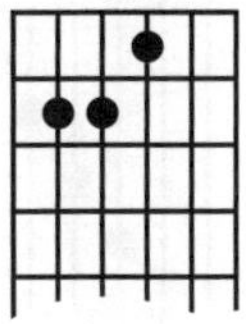
Mi4
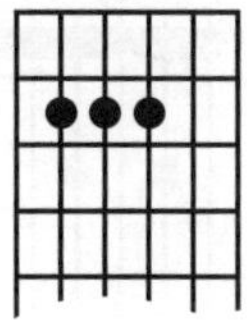
Mi5
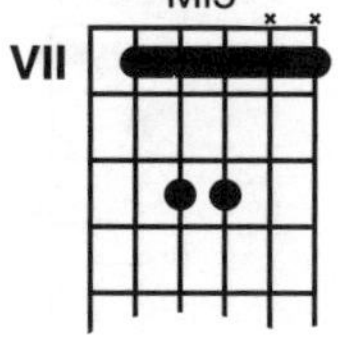

Mi6
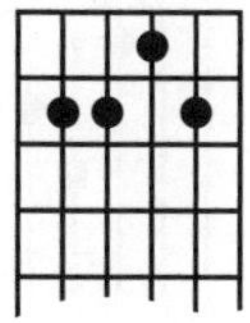
Mi7
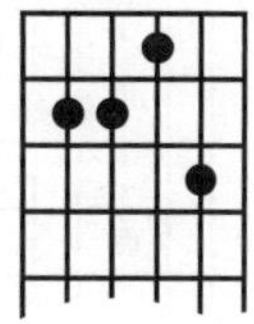
Mi7/4
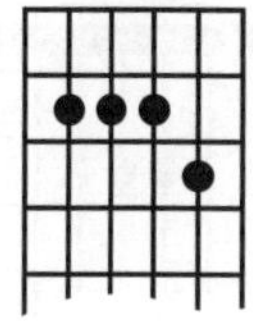
Mi7M
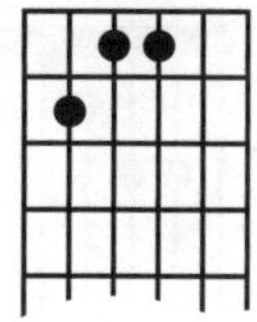

Mi9
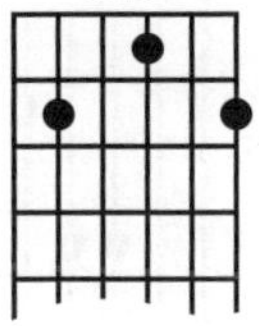
Midim
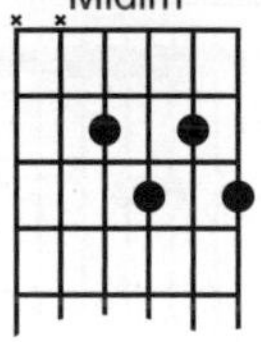
Mim
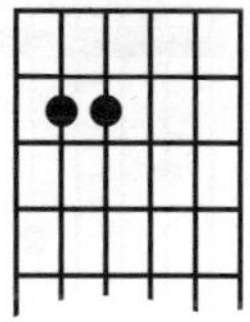
Mim6
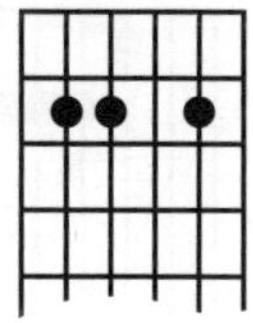
Mim7
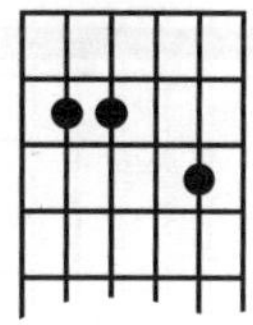
Mim9
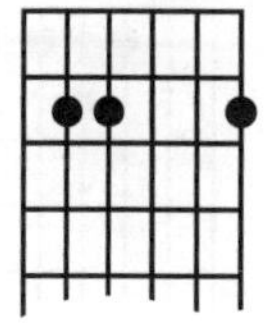
Misus
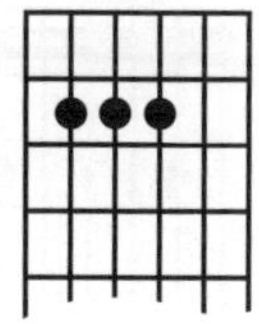

Fa
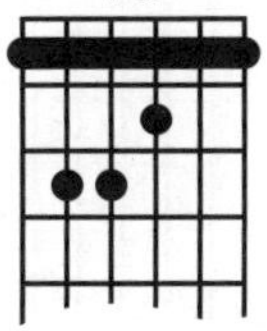
Fa4
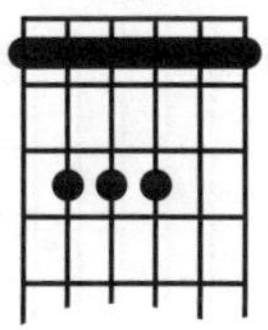
Fa5
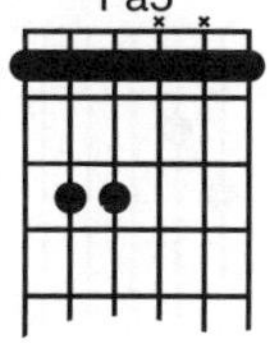
Fa6
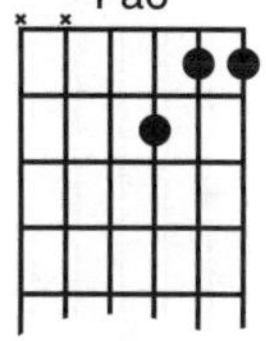
Fa7
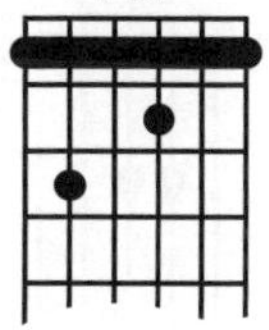
Fa7/4
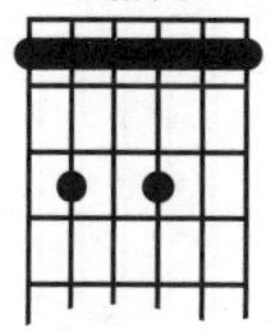
Fa7M
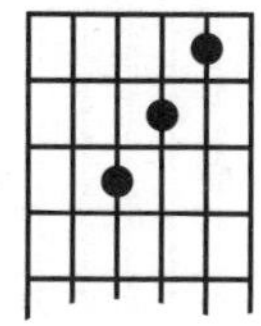

Fa9
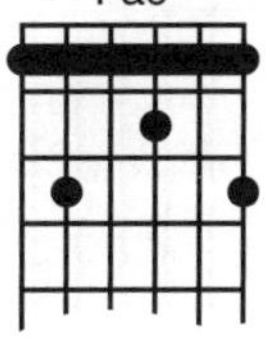
Fadim
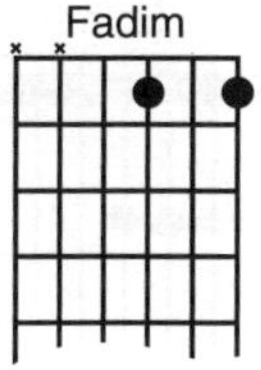
Fam
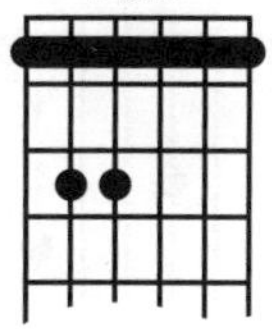
Fam6
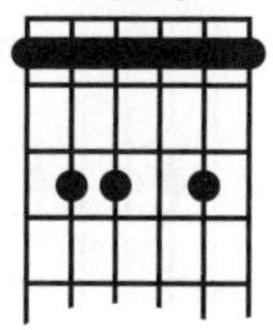
Fam7
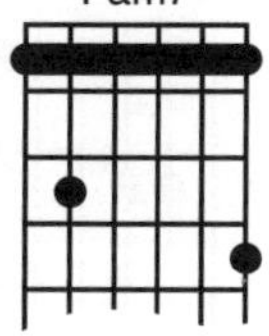
Fam9
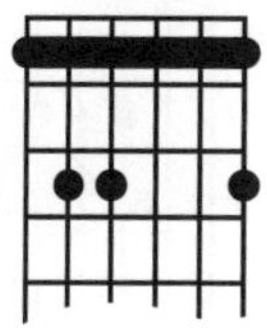
Fasus
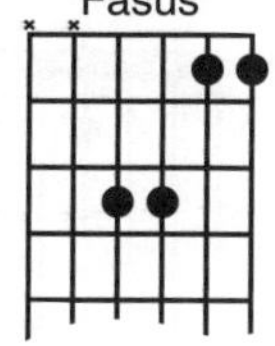

Fa# Solb

Fa#=Solb
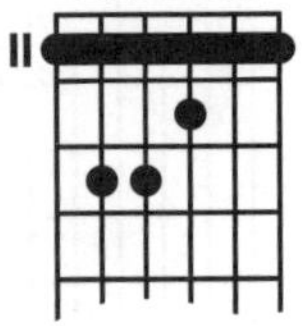

Fa#4=Solb4

Fa#5=Solb5
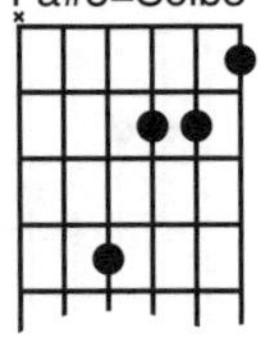

Fa#6=Solb6
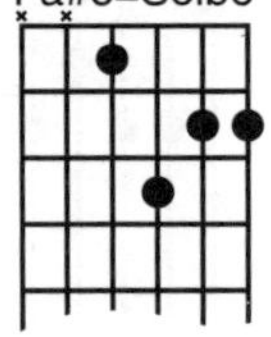

Fa#7=Solb7
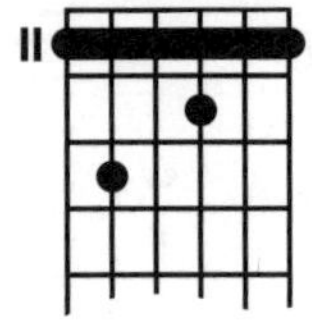

Fa#7/4=Solb7/4
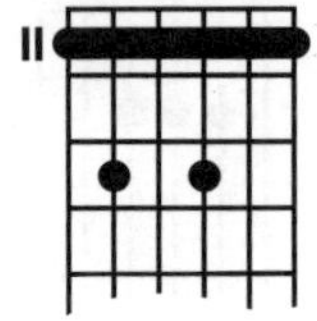

Fa#7M=Solb7M
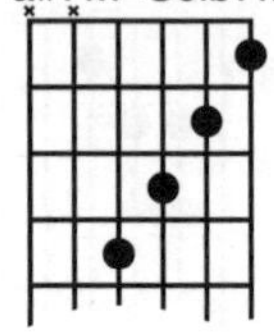

Fa#9=Solb9

Fa#dim=Solbdim
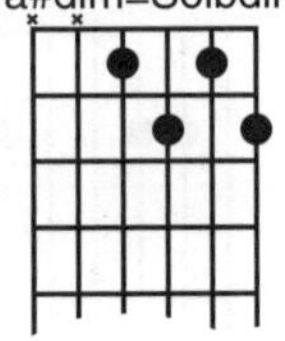

Fa#m=Solbm

Fa#m6=Solbm6
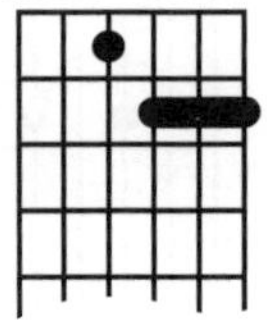

Fa#m7=Solbm7
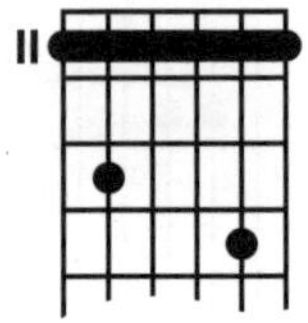

Fa#m9=Solbm9
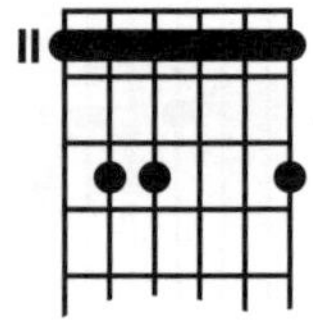

Fa#sus=Solbsus
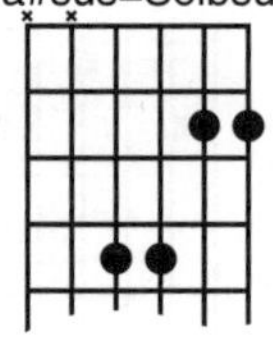

Sol

Sol
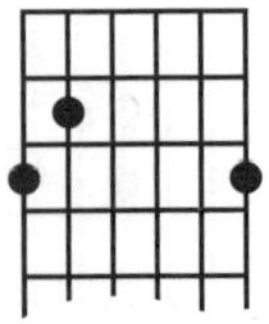

Sol4
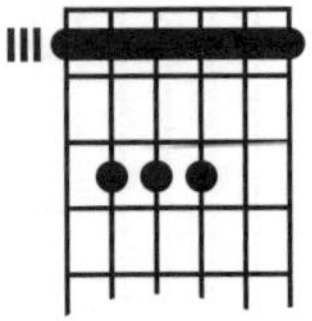

Sol5
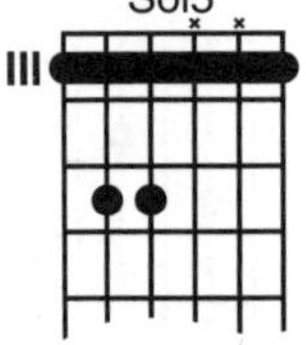

Sol6
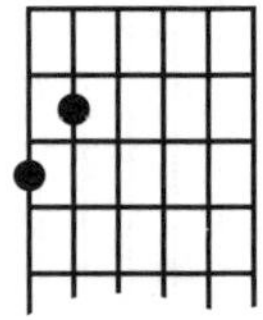

Sol7
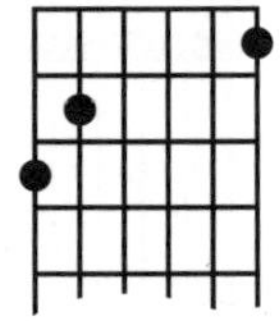

Sol7/4
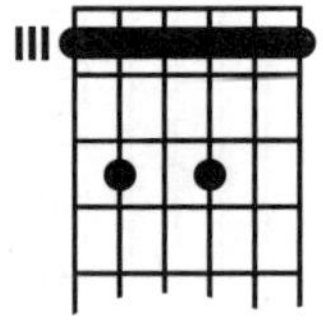

Sol7M
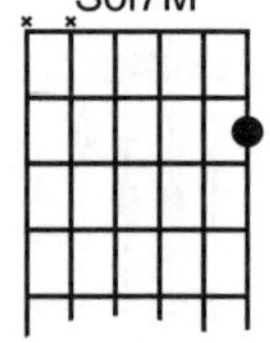

Sol9
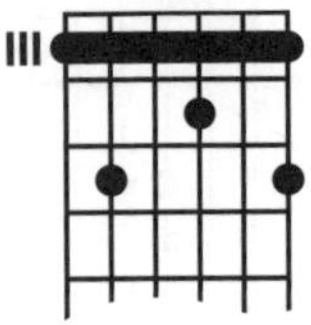

Soldim
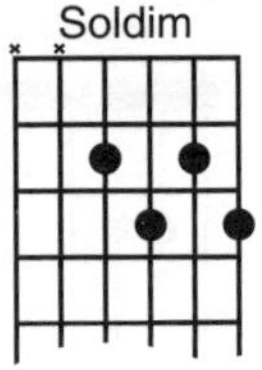

Solm
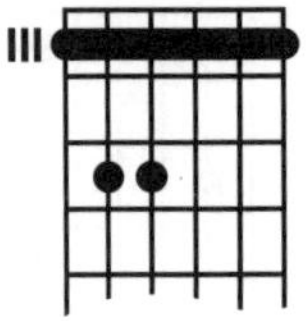

Solm6
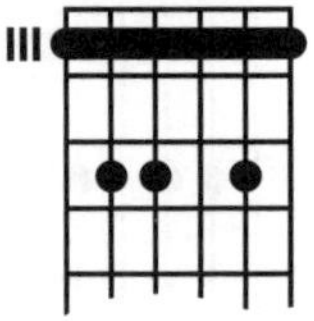

Solm7
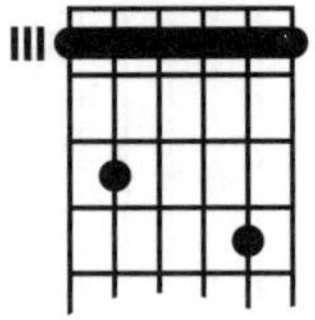

Solm9
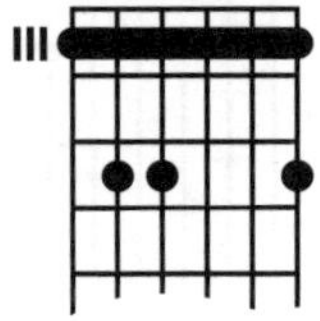

Solsus
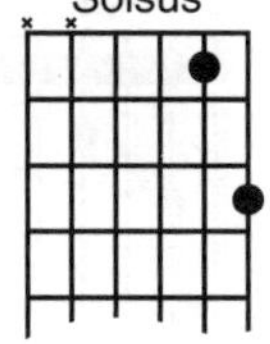

Sol#=Lab
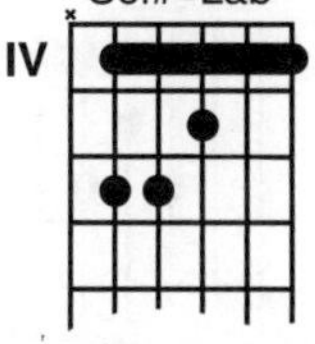
Sol#4=Lab4
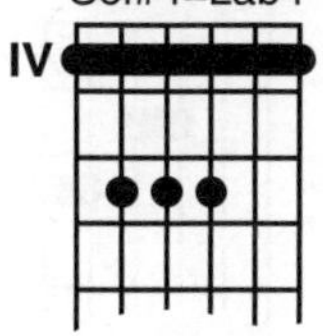
Sol#5=Lab5
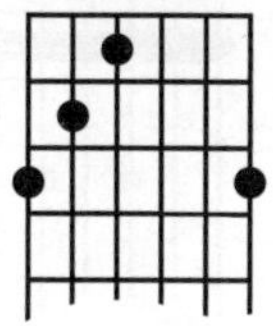
Sol#6=Lab6
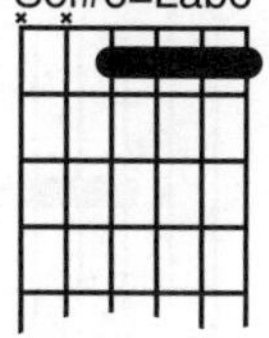
Sol#7=Lab7
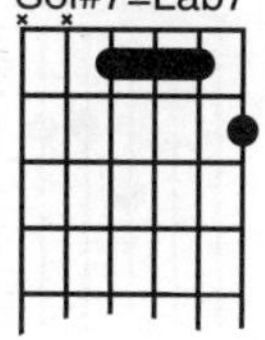
Sol#7/4=Lab7/4
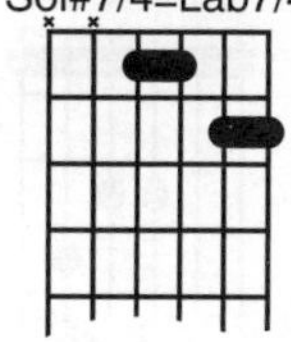
Sol#7M=Lab7M
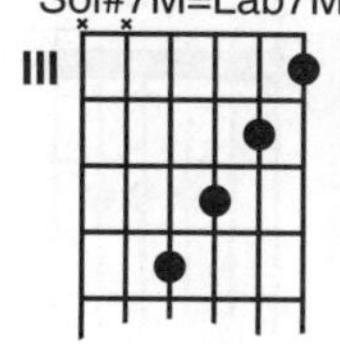

Sol#9=Lab9
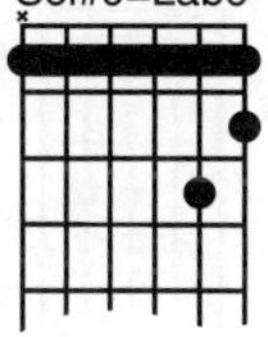
Sol#dim=Labdim
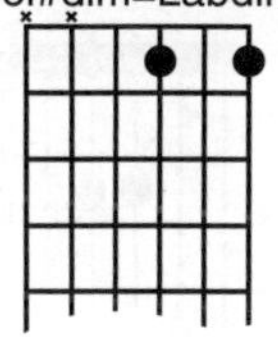
Sol#m=Labm
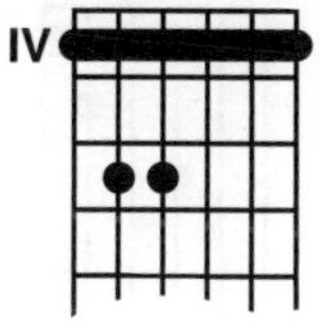
Sol#m6=Labm6
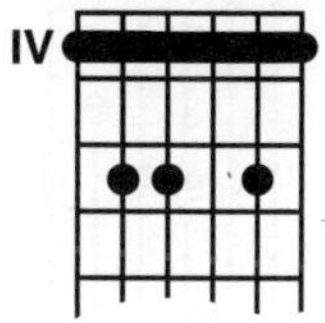
Sol#m7=Labm7
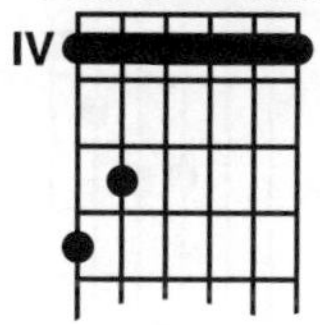
Sol#m9=Labm9

Sol#sus=Labsus
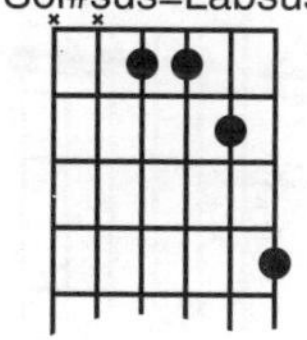

La
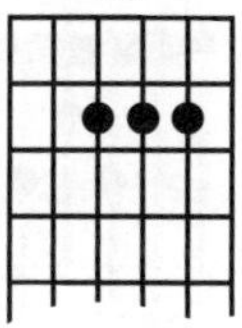
La4
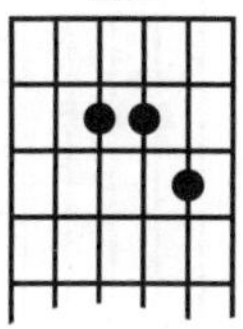
La5
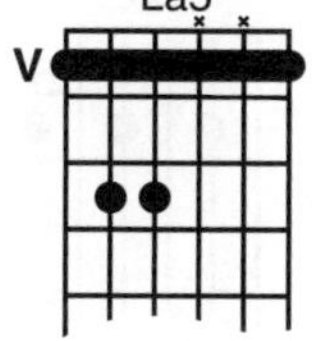
La6
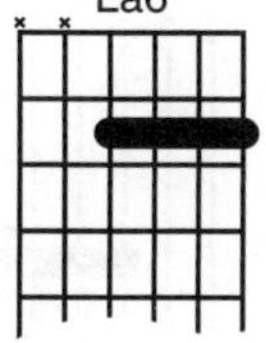
La7
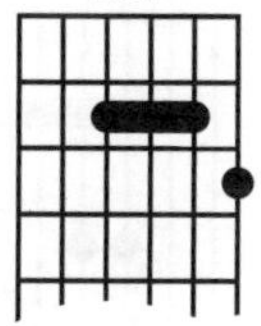
La7/4
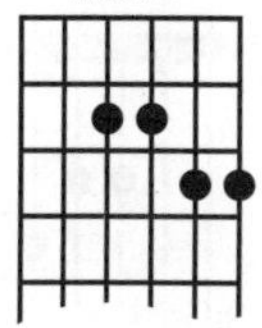
La7M
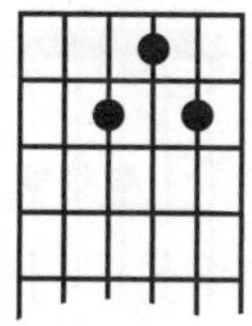

La9
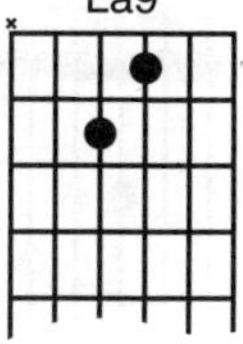
Ladim
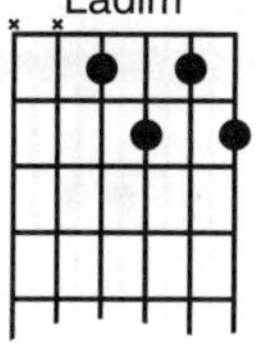
Lam
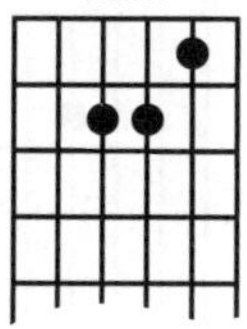
Lam6
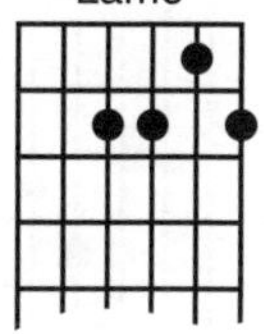
Lam7
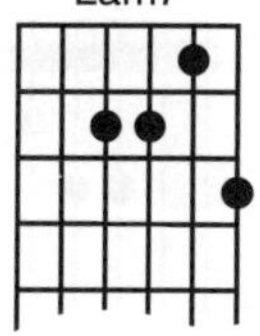
Lam9
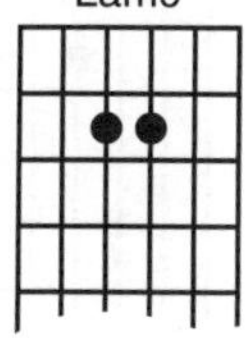
Lasus
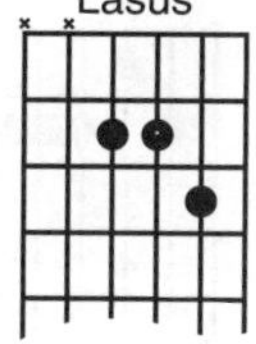

La# Sib

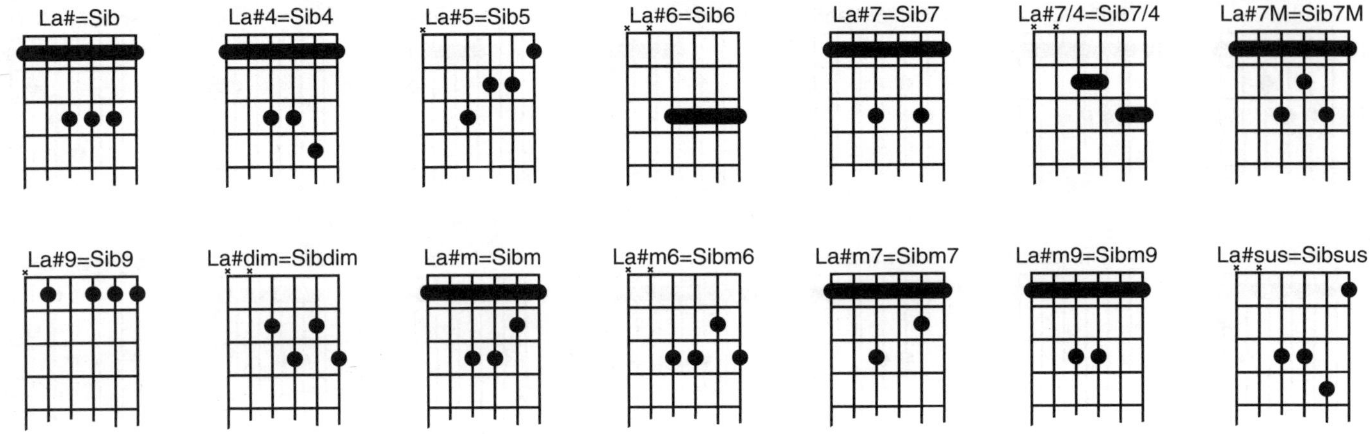
La#=Sib
La#4=Sib4
La#5=Sib5
La#6=Sib6
La#7=Sib7
La#7/4=Sib7/4
La#7M=Sib7M
La#9=Sib9
La#dim=Sibdim
La#m=Sibm
La#m6=Sibm6
La#m7=Sibm7
La#m9=Sibm9
La#sus=Sibsus

Si

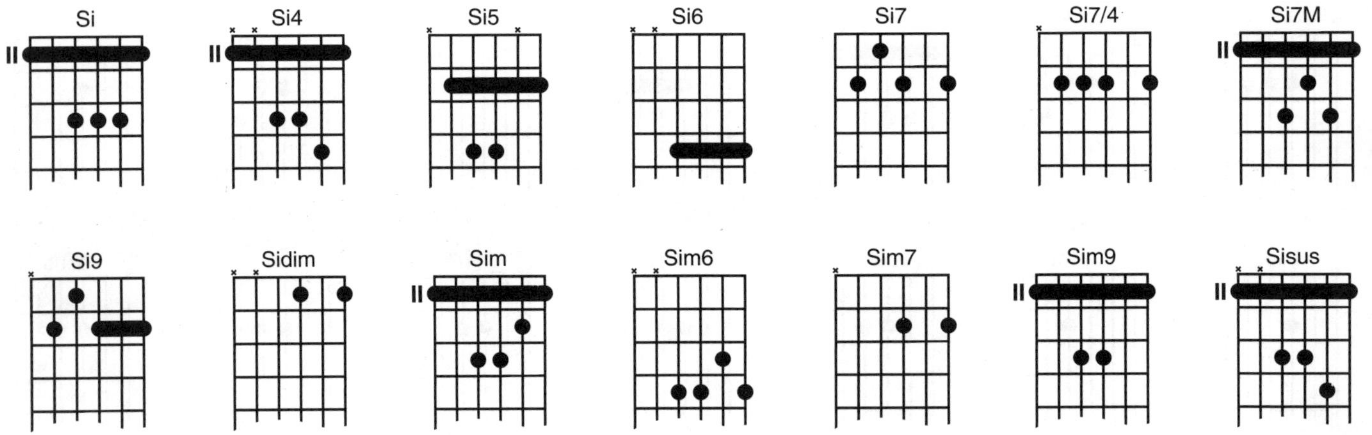
Si
Si4
Si5
Si6
Si7
Si7/4
Si7M
Si9
Sidim
Sim
Sim6
Sim7
Sim9
Sisus

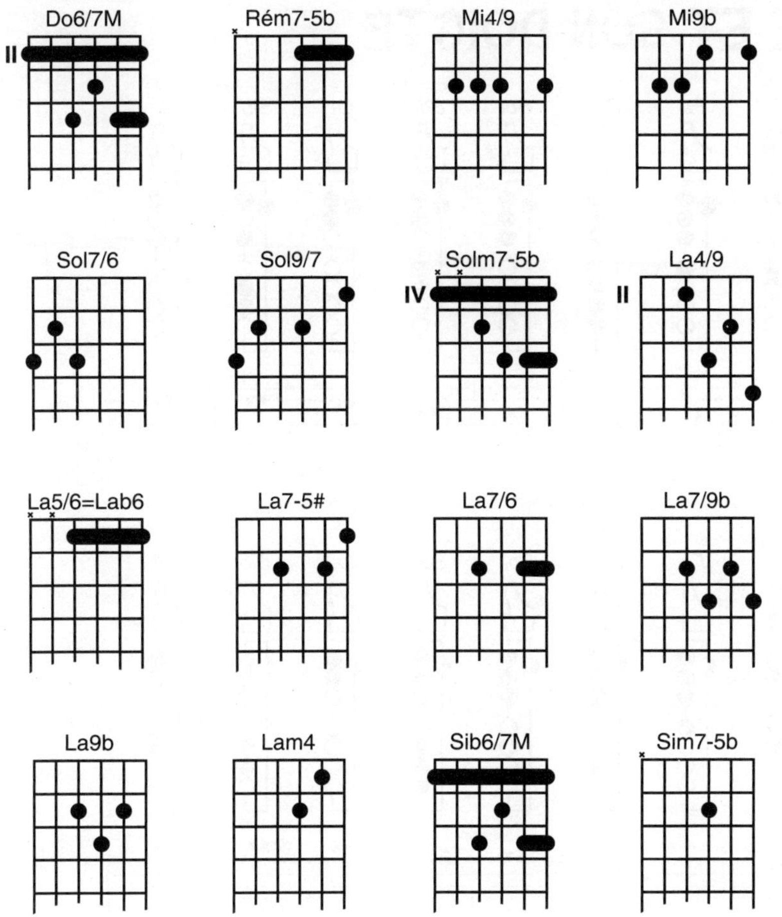

AUTRES ACCORDS UTILES

LA FLÛTE ET SON DOIGTÉ

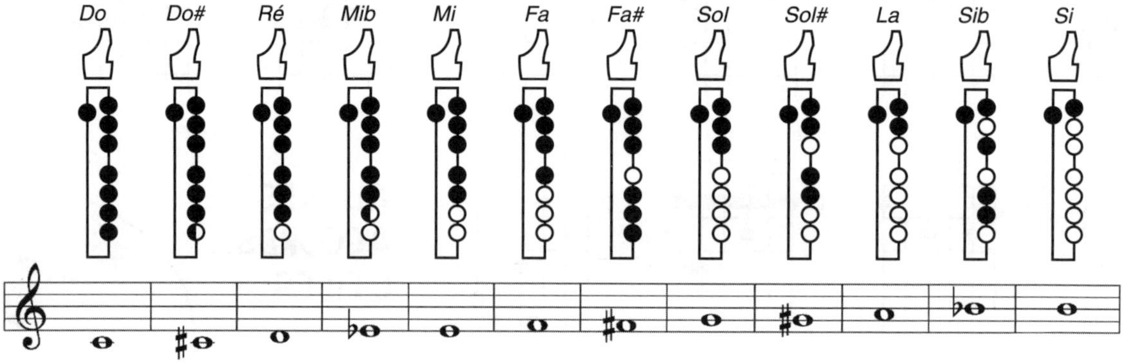

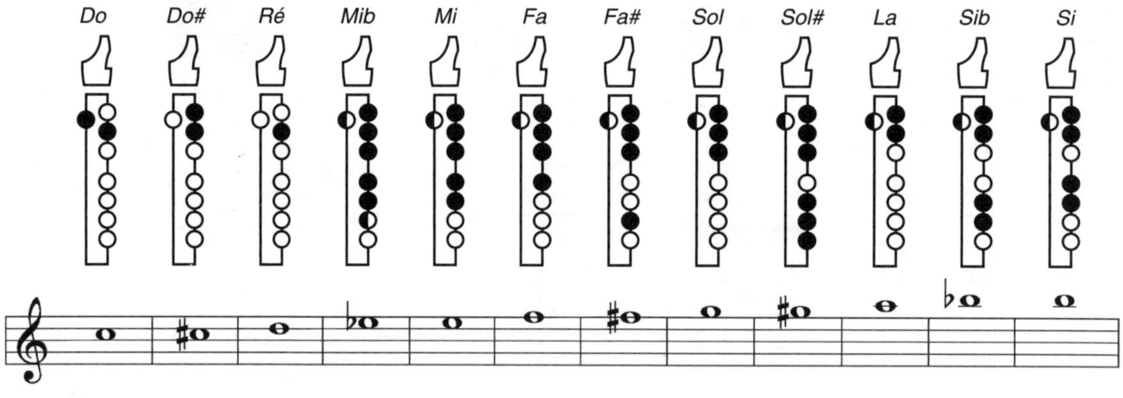

1ère partie

SALUT L'ARTISTE !

ÇA JE N' L'AI JAMAIS VU

Paroles et musique : Graeme ALLWRIGHT

Do Fa Do
- J'entre à la maison, l'autre nuit, j'avais bu un peu de vin
Do Sol
J'ai vu un ch'val dans l'écurie où je mettais le mien
Do Fa Do
Alors j'ai dit à ma p'tite femme : “Veux-tu bien m'expliquer :
Do Sol Do
Y'a un ch'val dans l'écurie à la place de mon bidet ?”

Fa Do
1- “Mon pauvre ami, tu n' vois pas clair, le vin t'a trop saoulé
Ré7 Sol7
Ce n'est qu'une vache à lait que ta mère m'a donnée.”
Do Fa Do
Dans la vie j'ai vu pas mal de choses bizarres et saugrenues
Do Sol Do
Mais une selle sur une vache à lait, ça je n' l'ai jamais vu.

- La nuit suivante j'entre chez moi, j'avais bu un peu de vin
J'ai vu un chapeau accroché où j'accrochais le mien
Alors j'ai dit à ma p'tite femme : “Veux-tu bien m'expliquer :
Qu'est-ce que c'est qu' ce chapeau-là à la place de mon
éret ?”

2- “Mon pauvre ami, tu n' vois pas clair, le vin t'a trop saoulé
Ce n'est qu'une vieille casserole que grand-mère m'a donnée.”
Dans la vie j'ai vu pas mal de choses bizarres et saugrenues
Mais une vieille casserole en feutre, ça je n' l'ai jamais vu.

3- Une nuit plus tard j'entre chez moi, j'avais bu un peu de vin
Sur une chaise j'ai vu un pantalon où je posais le mien
Alors j'ai dit à ma p'tite femme : “Je voudrais bien savoir :
Pourquoi ce pantalon est gris, le mien est toujours noir ?”

R3- “Mon pauvre ami, tu n' vois pas clair, le vin t'a trop saoulé
Ce n'est rien qu'un vieux chiffon que maman m'a donné.”
Dans la vie j'ai vu pas mal de choses, mais ça c'est un mystère
Un chiffon avec deux tuyaux et une fermeture éclair.

4- En titubant j'entre chez moi, je suis resté baba
J'ai vu une tête sur l'oreiller qui n' me ressemblait pas
Alors j'ai dit à ma petite femme : “Peux-tu m'expliquer ça :
Qu'est-ce qu' cette tête-là, je ne pense pas que c'est moi ?”

R4- “Mon pauvre ami, tu n' vois pas clair, le vin t'a trop saoulé
Ce n'est rien qu'un vieux melon que grand-mère m'a donné.”
Des prix de concours agricoles, j' peux dire que j'en ai eus
Mais une moustache sur un melon, ça je n' l'ai jamais vu.

EMMÈNE-MOI

Adaptation française : Graeme ALLWRIGHT
suivant les motifs de "TAKE ME HOME"
(Jack CLEMENT / Allen REYNOLDS)

Ré
1- J'ai voyagé de Brest à Besançon
La7 Sol7 Ré
Depuis La Rochelle, jusqu'en Avignon
De Nantes jusqu'à Monaco
La7 Sol7 Ré Sol Ré
En passant par Metz et Saint-Malo et Paris
Sol
Et j'ai vendu des marrons à la foire de Dijon
La7 Ré
Et d' la barbe-à-papa.

Ré Sol La7 Sol7 Ré
R- Emmène-moi, mon cœur est triste, et j'ai mal aux pieds
Sol La7 Ré
Emmène-moi, je ne veux plus voyager.

2- J'ai dormi toute une nuit dans un abreuvoir
J'ai attrapé la grippe et des idées noires
J'ai eu mal aux dents et la rougeole
J'ai attrapé des rhumes et des p'tites bestioles qui piquent
Sans parler de toutes les fois où j'ai coupé mes doigts
Sur une boîte à sardines.

3- Je les vois tous les deux comme si c'était hier
Au coucher du soleil, maman mettant l' couvert
Et mon vieux papa avec sa cuillère
Remplissant son assiette de pommes de terre bien cuites
Et les dimanches maman coupant une tranche
De tarte aux pommes.

JOLIE BOUTEILLE, SACRÉE BOUTEILLE

Adaptation française de "BOTTLE OF WINE" :
Paroles originales et musique :
Thomas R. PAXTON
Paroles françaises : Sidney ALLWRIGHT

Do
R- Jolie bouteille, sacrée bouteille
Sol Do
Veux-tu me laisser tranquil - le
Je veux te quitter, je veux m'en aller
Sol Do
Je veux recommencer ma vi - e.

Do Sol Fa Do
1- J'ai traîné dans tous les cafés
Sol Do
J'ai fait la manche bien des soirs
Sol Fa Do
Les temps sont durs, j' suis même pas sûr
Sol Do
De me payer un coup à boire.

2- J'ai mal à la tête et les punaises me guettent
Mais que faire dans un cas pareil
Je demande souvent aux passants
De me payer une bouteille.

3- Dans la nuit, j'écoute la pluie
Un journal autour des oreilles
Mon vieux complet est tout mouillé
Mais j'ai toujours ma bouteille.

4- Chacun fait ce qu'il lui plaît
Tout l' monde veut sa place au soleil
Mais moi j' m'en fous, j' n'ai rien du tout
Rien qu'une jolie bouteille.

JUSQU'À LA CEINTURE

Adaptation française de
"WAIST DEEP IN THE BIG MUDDY"
Paroles originales et musique : Peter SEEGER
Paroles françaises : Sidney ALLWRIGHT

Lam Sol Fa Mi
1- En mil-neuf-cent-quarante-deux
Lam Mi Lam Mi
Alors que j'étais à l'armée _
Lam Sol Fa Mi
On était en manœuvre dans la Louisiane
Lam Mi7
Une nuit au mois de mai
Lam Sol Fa Mi7
Le capitaine nous montre un fleuve
Rém Mi7
Et c'est comme ça que tout a commencé
Lam Sol Fa Mi7
On avait d' la flotte jusqu'aux g'noux
Lam Mi7 Lam
Et le vieux con a dit d'avancer.

2- Le sergent dit : "Mon capitaine
Êtes-vous sûr qu' c'est le chemin?"
"Sergent, j'ai traversé souvent
Et je connais bien le terrain
Allons soldats un peu de courage
On n'est pas là pour s'amuser."
Y' en avait jusqu'à la ceinture
Et le vieux con a dit d'avancer.

3- Le sergent dit : "On est trop chargé
On ne pourra pas nager."
"Sergent ne sois pas si nerveux
Il faut un peu de volonté
Suivez-moi je marcherai devant
Je n'aime pas les dégonflés."
On avait d' la flotte jusqu'au cou
Et le vieux con a dit d'avancer.

4- Dans la nuit soudain un cri jaillit
Suivi d'un sinistre glou-glou
Et la casquette du capitaine
Flottait à côté de nous
Le sergent cria : "Retournez-vous
C'est moi qui commande à présent."
On s'en est sortis juste à temps
Le capitaine est mort là-dedans.

5- Le lendemain on a trouvé son corps
Enfoncé dans les sables mouvants
Il s'était trompé de cinq cents mètres
Sur le chemin qui mène au camp
Un affluent se jetait dans le fleuve
Où il croyait la terre tout près
On a eu d' la chance de s'en tirer
Quand le vieux con a dit d'avancer.

6- La morale de cette triste histoire
Je vous la laisse deviner
Mais vous avez peut-être mieux à faire
Vous n' vous sentez pas concernés
Mais chaque fois que j'ouvre mon journal
Je pense à cette traversée
On avait d' la flotte jusqu'aux g'noux
Et le vieux con a dit d'avancer.
Y' en avait jusqu'à la ceinture...
Etc.

LE JOUR DE CLARTÉ

Adaptation française : Graeme ALLWRIGHT
suivant les motifs de "VERY LAST DAY"
(Paul STOOKEY / Peter YARROW)

Mim Sol Ré Mim
1- _ On peut chanter tous les poèmes des sages
Sol Ré Mim
On peut parler de l'humilité
Ré Do Ré
Mais il faut s'unir pour abolir
Sol Si7 Mim
Injustice et pauvreté _
Sol La Si Mim
Les hommes sont tous pareils _
Sol La Si Mim
Ils ont tous le même soleil _
Sol La Si
Il faut mes frères préparer
Mim Ré Mim
Le Jour de clarté _ _
Mim Ré Mim
Quand tous les affamés _ _ _
Mim Ré Mim
Et tous les opprimés _ _ _
Sol Ré Mim
Entendront tous l'appel _ _
Si Fa#m Si
Le cri de liberté _ _
Mim
Toutes les chaînes brisées
Ré Do Si Mim Ré Mim
Tomberont pour l'éternité. _ _

2- On peut discuter sur les droits de l'homme
On peut parler de fraternité
Mais qu' les hommes
Soient jaunes ou blancs ou noirs
Ils ont la même destinée
Laissez vos préjugés
Rejetez vos vieilles idées
Apprenez seulement l'amitié
Pour que les affamés
Et tous les opprimés
Entendent tous l'appel
Le cri de liberté
Toutes les chaînes brisées
Tomberont pour l'éternité.

3- On n' veut plus parler de toutes vos guerres
Et on n'veut plus parler
D' vos champs d'honneur
Et on n' veut plus rester les bras croisés
Comme de pauvres spectateurs
Dans ce monde divisé
Il faut des révoltés
Qui n'auront pas peur de crier
Pour que les affamés
Et tous les opprimés
Entendent tous l'appel
Le cri de liberté
Toutes les chaînes brisées
Tomberont pour l'éternité.

IL FAUT QUE JE M'EN AILLE (LES RETROUVAILLES)

Paroles et musique : Graeme ALLWRIGHT

Do
1- Le temps est loin de nos vingt ans
Fa *Do*
Des coups de poings, des coups de sang
Fa *Do*
Mais qu'à c'la n' tienne, c'est pas fini
Sol7 *Do*
On peut chanter quand le verre est bien rempli.

Fa *Sol7*
R- Buvons encore, une dernière fois
Fa *Sol7* *Do*
À l'amitié, l'amour, la joie
Sol7 *Do*
On a fêté, nos retrouvailles
Ça m' fait d' la peine
Sol7 *Do*
Mais il faut que je m'en aille.

2- Et souviens-toi de cet été
La première fois qu'on s'est saoulé
Tu m'as ram'né à la maison
En chantant on marchait à reculons.

3- Je suis parti changer d'étoile
Sur un navire, j'ai mis la voile
Pour n'être plus qu'un étranger
Ne sachant plus très bien où il allait.

4- J' t'ai raconté mon mariage
À la mairie d'un p'tit village
Je rigolais dans mon plastron
Quand le maire essayait d' prononcer mon nom.

5- J' t'ai pas écrit toutes ces années
Et toi aussi t'es marié
T'as trois enfants à faire manger
Moi j'en ai cinq si ça peut te consoler.

QU'AS-TU APPRIS À L'ÉCOLE

Adaptation française de "WHAT DID YOU LEARN IN SCHOOL"
Paroles originales et musique : Thomas R. PAXTON
Paroles françaises : Sidney ALLWRIGHT

Do
R- Qu'as-tu appris à l'école, mon fils
Sol7
À l'école, aujourd'hui
Do
Qu'as-tu appris à l'école, mon fils
Sol *Do*
À l'école, aujourd'hui.

Fa *Do*
1- J'ai appris qu'il n' faut mentir jamais
Fa *Do*
Qu'il y a des bons et des mauvais
Fa *Do*
Que je suis libr' comme tout le monde
Fa *Sol*
Même si le maître parfois me gronde
Do *Fa* *Do*
C'est ça qu'on m'a dit à l'école, papa
Sol7 *Do*
C'est ça qu'on m'a dit à l'école.

2- Que les gendarmes sont mes amis
Et tous les juges très gentils
Que les criminels sont punis pourtant
Mêm' si on s' trompe de temps en temps
C'est ça qu'on m'a dit à l'école.

3- Que le gouvernement doit être fort
À toujours raison et jamais tort
Nos chefs sont tous très forts en thème
Et on élit toujours les mêmes
C'est ça qu'on m'a dit à l'école.

4- J'ai appris que la guerr' n'est pas si mal
Qu'il y en a des grandes et des spéciales
Qu'on s' bat souvent pour son pays
Et p't-êtr' j'aurai ma chance aussi
C'est ça qu'on m'a dit à l'école.

DEBOUT LES GARS

Paroles : Hugues AUFRAY et Pierre DELANOË
Musique : Hugues AUFRAY et Jimmy WALTER

Lam
R- Debout les gars, réveillez-vous
Sol Do
Il va falloir en mettre un coup
Lam
Debout les gars, réveillez-vous
Sol Lam
On va au bout du monde.

1- Cette montagne que tu vois
On en viendra à bout mon gars
Un bulldozer et deux cents bras
Et passera la route.

2- Il ne faut pas se dégonfler
Devant des tonnes de rochers
On va faire un Quatorze Juillet
À coups de dynamite.

3- Encore un mètre et deux et trois
En mille-neuf-cent-quatre-vingt-trois
Tes enfants seront fiers de toi
La route sera belle.

4- Il nous arrive parfois le soir
Comme un petit coup de cafard
Mais ce n'est qu'un peu de brouillard
Que le soleil déchire.

5- Les gens nous prenaient pour des fous
Mais nous on passera partout
Et nous serons au rendez-vous
De ceux qui nous attendent.

6- Et quand tout sera terminé
Il faudra bien se séparer
Mais on n'oubliera jamais
Ce qu'on a fait ensemble.

JE REVIENS

Paroles et musique :
Hugues AUFRAY

Capo I

La7 Ré Fa#7 Sim Fa#m
La la la la, la la la la, la la la la, la la la la _

Sim
1- J'ai couru à travers le monde
Sol La7 Ré
De Shangaï jusqu'à San-Fernando
Fa#7
Sous le vent et la tempête
Sim
Pour toi j'ai mené mon bateau
Fa#7
Je reviens le cœur en fête
Sim
Jusqu'aux portes de Saint-Malo.

Sol La7 Ré
R- Je reviens, je reviens, je reviens au pays
Fa#7
Sous le vent et la tempête
Sim
Pour toi j'ai mené mon bateau
Fa#7
Je reviens le cœur en fête
Sim
Jusqu'aux portes de Saint-Malo.

2- Droit devant, depuis vingt semaines
D'Amsterdam à l'île de Bornéo
J'ai souvent cru que l'orage
Finirait par avoir ma peau
Mais j'ai retrouvé courage
Et le chemin de Saint-Malo.

3- Sous les feux et les vents de glace
D'Istanbul jusqu'à Valparaiso
J'ai fait le tour de la terre
Voile au vent sur le Santiago
Par les portes de l'enfer
Qui conduisaient à Saint-Malo.

4- Cheveux noirs ou bien cheveux d'ange
De Lisbonne au port de San-Diego
Mes amours, mes demoiselles
S'envolaient comme des oiseaux
C'était toi vraiment la plus belle
De New-York à Saint-Malo.

LE BON DIEU S'ÉNERVAIT

Paroles : Pierre DELANOË et Hugues AUFRAY
Musique : Hugues AUFRAY

Mi La
1- Le bon Dieu s'énervait dans son atelier :
Mi Si7
"Ça fait trois ans déjà que j'ai planté cet arbre
Mi Mi7 La Lam
Et j'ai beau l'arroser à longueur de journée
Mi Si7 Mi
Il pousse encore moins vite que ma barbe."

Mi La
R1- Pour faire un arbre, mon Dieu que c'est long
Mi Si7
Pour faire un arbre, mon Dieu que c'est long
Mi Mi7 La Lam
Pour faire un ar - bre, mon Dieu que c'est long
Mi Si7 Mi
Pour faire un arbre, mon Dieu que c'est long.

2- Le bon Dieu s'énervait dans son atelier :
"Sur ce maudit baudet, dix ans j'ai travaillé
Je n'arrive pas à le faire avancer
Et encore moins à le faire reculer."

R2- Pour faire un âne, mon Dieu que c'est long. *(4 fois)*

3- Le bon Dieu s'énervait dans son atelier
En regardant Adam marcher à quatre pattes :
"Et pourtant, nom d'une pipe, j'avais tout calculé
Pour qu'il marche sur ses deux pieds."

R3- Pour faire un homme, mon Dieu que c'est long. *(4 fois)*

4- Le bon Dieu s'énervait dans son atelier
En regardant le monde qu'il avait fabriqué :
"Les gens se battent comme des chiffonniers
Et je ne peux plus dormir en paix."

R4- Pour faire un monde, mon Dieu que c'est long. *(4 fois)*

LE CŒUR GROS

Paroles : Hugues AUFRAY et Pierre DELANOË
Musique : Hugues AUFRAY

Do
1- Quand revient le vent de l'automne
Rém7
Je pense à tout ce temps perdu
Sol7
Je n'ai fait de mal à personne
Do
Je n'ai pas fait de bien non plus
Sol Do
Et j'ai le cœur gros.

2- Pauvre chien perdu dans la ville
Y'a des abris pour toi mon vieux
On a la conscience tranquille
Et quand on regarde tes yeux
On a le cœur gros.

3- Après des mois de mauvais coups
De filets pleins de goémons
Quand le marin compte ses sous
Sur la table de la maison
Il a le cœur gros.

4- Toi qui n'es pas mort à Madrid
Où tant de copains sont restés
Quand tu regardes tes mains vides
Et devant ton fusil rouillé
Tu as le cœur gros.

5- Quand tu l'as vu porté en terre
Son cheval noir marchant devant
Tu as soudain compris mon frère
Qu'il était plus qu'un président
Tu as eu le cœur gros.

6- Assis au bord de la rivière
Mes rêves suivent leur chemin
Et quand je pense qu'il y a sur te
Deux enfants sur trois qui ont fai
Moi j'ai le cœur gros.

7- Adieu fillette, adieu ma mie
Adieu petite le temps court
Les cigognes sont reparties
Elles reviendront sûrement un jou
N'aie plus le cœur gros.

LE PETIT ÂNE GRIS

Paroles : Hugues AUFRAY
et Vline BUGGY
Musique : Hugues AUFRAY

Mim
1- Écoutez cette histoire
Ré Mim
Que l'on m'a racontée
Du fond de ma mémoire
Sim Mim
Je vais vous la chanter
Sol Ré
Elle se passe en Provence
Do Sim
Au milieu des moutons
Mim
Dans le sud de la France
Sol Sim Mim
Au pays des san - tons. } *bis*

2- Quand il vint au domaine
Y' avait un beau troupeau
Les étables étaient pleines
De brebis et d'agneaux
Marchant toujours en tête
Aux premières lueurs
Pour tirer la charrette
Il mettait tout son cœur. } *bis*

3- Au temps des transhumances
Il s'en allait heureux
Remontant la Durance
Honnête et courageux
Mais un jour de Marseille
Des messieurs sont venus
La ferme était bien vieille
Alors on l'a vendue. } *bis*

4- Il resta au village
Tout le monde l'aimait bien
Vaillant malgré son âge
Et malgré son chagrin
Image d'Évangile
Vivant d'humilité
Il se rendait utile
Auprès du cantonnier. } *bis*

5- Cette vie honorable
Un soir s'est terminée
Dans le fond d'une étable
Tout seul il s'est couché
Pauvre bête de somme
Il a fermé ses yeux
Abandonné des hommes
Il est mort sans adieux. } *bis*

6-
Première moitié fredonnée-
Cette chanson sans gloire
Vous racontait la vie
Vous racontait l'histoire
D'un petit âne gris. } *bis*

LE JOUEUR DE PIPEAU

Paroles : Hugues AUFRAY et Pierre DELANOË
Musique : Roger DAVY

Rém (Do) (Rém) (Do) (Rém) (Do) (Rém)
1- Un étran - ger est arri - vé un beau soir
Solm (Fa) (Solm) (Fa) (Solm) (Fa) (Solm)
De son pi - peau il tirait des sons bi - zarres
Rém (Do) (Rém) Do Rém Sib Do
Ses cheveux longs lui donnaient l'air d'un vagabond.

2- En ce temps-là, la ville était envahie
Par tous les rats venus du fond du pays
Privés de pain, les habitants mouraient de faim.

3- Le musicien leur dit : "Si vous le voulez
Je peux sur l'heure du fléau vous délivrer."
Pour mille écus, le marché fut bientôt conclu.

4- Devant l'église, il joua de son pipeau
Comme un berger pour rassembler le troupeau
Et de partout les rats sortirent de leur trou.

5- On vit les rats qui le suivaient dans les rues
Chemin faisant, ils étaient cent mille et plus
Il les mena à la rivière et les noya.

6- "C'est un sorcier", s'écrièrent les bourgeois
Tout le village déjà le désignait du doigt
À coups de pierres et sans argent ils le chassèrent.

7- Tout le village dormait paisiblement
Lorsque soudain on entendit dans le vent
Un doux refrain que les enfants connaissaient bien.

8- Les petits enfants dans leur chemise de nuit
Cherchaient le vent et le pipeau dans la nuit
Ils arrivèrent à la rivière et se noyèrent.

LE PORT DE TACOMA

Traditionnel hollandais : "CAMPTON RACES"
Musique : Stephen FORSTER (XIXe siècle)

Do
R- Paré à virer
Fa *Do*
Les gars faudrait hâler
On s' reposera quand on arrivera
Sol *Do*
Dans le port de Tacoma.

Do
1- C'est dans la cale qu'on met les rats
Sol
Oula-oula
Do
C'est dans la cale qu'on met les rats
Sol7 *Do*
Oula-ou-lala.

2- C'est dans la mer qu'on met les mâts...

3- C'est dans la pipe qu'on met l' tabac...

4- C'est dans la gueule qu'on s' met l' taf-fia...

5- Mais les filles ça s'met dans les bras...

SANTIANO

Adaptation de Jacques PLANTE
suivant les motifs de "SANTIANO"
Arrangements : Dave FISHER

Mim (Ré) Sol (Ré) (Sol) Ré Mim (Sol) Ré
1- C'est un fameux trois-mâts fin comme un oiseau. Hisse et ho Santia - n
Lam Ré Sim Mim Ré (Sim) Mim
Dix-huit nœuds, quatre cents tonneaux, je suis fier d'y ê - tre matelot.

(Ré) Sol (Ré) (Sol) Ré Mim (Sol) Ré
R- Tiens bon la vague et tiens bon le vent, hisse et ho Santia - no
Lam Ré Sim Mim Ré (Sim) Mim
Si Dieu veut toujours droit devant, nous irons jusqu'à San-Francisco.

2- Je pars pour de longs mois en laissant Margot, hisse et ho Santiano
D'y penser j'avais le cœur gros, en doublant les feux de Saint-Malo.

3- On prétend que là-bas l'argent coule à flots, hisse et ho Santiano
On trouve l'or au fond des ruisseaux, j'en rapporterai plusieurs lingots.

4- Un jour je reviendrai chargé de cadeaux, hisse et ho Santiano
Au pays j'irai voir Margot, à son doigt je passerai l'anneau.

R- Tiens bon la vague et tiens bon le flot, hisse et ho Santiano
Sur la mer qui fait le gros dos, nous irons jusqu'à San-Francisco.

STEWBALL

Paroles anglaises et musique :
John HERALD, Ralph RINZLER
et Robert YELLIN
Adaptation française : Hugues AUFRAY
et Pierre DELANOË

Sol Mim Lam
1- Il s'appelait Stewball, c'était un cheval blanc
Ré7 Sol Ré
Il était mon idole et moi j'avais dix ans. _

2- Notre pauvre père pour acheter ce pur-sang
Avait mis dans l'affaire jusqu'à son dernier franc.

3- Il avait dans la tête d'en faire un grand champion
Pour liquider nos dettes et payer la maison.

4- Il croyait à sa chance, il engagea Stewball
Par un beau dimanche, au grand prix de Saint-Paul.

5- Je sais dit mon père que Stewball va gagner
Mais après la rivière Stewball est tombé.

6- Quand le vétérinaire d'un seul coup l'acheva
Je vis pleurer mon père pour la première fois.

7- Il s'appelait Stewball, c'était un cheval blanc
Il était mon idole et moi j'avais dix ans.

TU SENS BON LA TERRE

Adaptation française :
Pierre DELANOË et Hugues AUFRAY
suivant les motifs de
"HAUNTED HOUSE BLUES"
(Joe SHERMAN / Georges WEISS)

Rém La7 Rém La7
1- Tu sens bon la terre, ma terre _
Rém Do Fa La7
Tu sens bon la vie, ma vie _
Rém Do Rém
Tu sens bon la pipe, mon père
La7 Rém La7
Tu sens bon l'automne, ma pluie. _ } *bis*

2- Je n'ai pas d'argent dans la tête
Et pas d'argent dans les mains
Mais pour moi c'est toujours fête
Puisque j'ai du pain et du vin.

3- Tu sens bon la terre, ma terre
Tu sens bon le chien, mon chien
Tu sens bon le linge, ma mère
Tu sens bon l'été, mon jardin.

4- Quand on a fini sa journée
Qu'on a pas volé ses sous
On se retrouve à la veillée
Entre amis pour boire un bon coup.

5- Tu sens bon la terre, ma terre
Tu sens bon l'école, p'tit frère
Tu sens bon le grain, mon pain
Tu sens bon l' printemps, mon refrain.

AIMER EST PLUS FORT QUE D'ÊTRE AIMÉ

Paroles et musique : Daniel BALAVOINE

Lam7
1- __ Toi qui sais ce qu'est un rempart
Sol *Fa*
Tu avances sous les regards courroucés
Sol
Tu écris, mais sur le buvard
Fa
Tous les mots se sont inversés.

2- Si tu parles, il te faut savoir
Que ceux qui lancent des regards courroucés
Ne voudront voir dans leur miroir
Que ce qui peut les arranger.

Sib7
3- Toi qui as brisé la glace
Fa
Sais que rien ne remplace la vérité __
Rém7/9
__ Et qu'il n'y a que deux races
Sol7
Ou les faux, ou les vrais. __

Do *Lam4* *Lam*
R- L'amour __ te porte dans tes ef - forts
Fa *Rém* *Sol*
L'amour __ de tout __ délie du secret __
Do *Lam4* *Lam*
On est face à ceux qui te dé - vorent
Fa *Rém* *Sol*
Aimer __ est plus __ fort que d'être aimé. __

4- Toi qui sais ce qu'est le blasphème
On ne récolte pas toujours ce qu'on sème
Tu connais l'ambition suprême
De ceux qui te vouent de la haine.

5- Ils voudraient sous la menace
Te fondre dans la masse, pour t'étouffer
Mais pour couler le brise-glace
Il faudrait un rocher.

L'AZIZA

Paroles et musique : Daniel BALAVOINE

Capo I

La Ré
1- Petite rue de Casbah
Sol La
Au milieu de Casa
La Ré
Petite brune enroulée d'un drap
Sol La
Court autour de moi
La Ré
Ses yeux remplis de pourquoi
Sol La
Cherchent une réponse en moi
La Ré
Elle veut vraiment que rien ne soit sûr
Sol
Dans tout ce qu'elle croit
La La Sim
Ta couleur et tes mots tout me va
Sol La
Que tu vives ici ou là-bas.

Sol La Si m
R- Danse avec moi
Sol La
Si tu crois que ta vie est là
Mi Mim7 Fa#7
Ce n'est pas un problème pour moi
Sim
L'Aziza
Sol La Ré Sol
Je te veux si tu veux de moi.

La Ré
2- Et quand tu marches le soir
Sol La
Ne tremble pas
La Ré
Laisse glisser les mauvais regards
Sol La
Qui pèsent sur toi
La Ré
L'Aziza ton étoile jaune c'est ta peau
Sol La
Tu n'as pas le choix
La Ré
Ne la porte pas comme on porte un fardeau
Sol La
Ta force c'est ton droit.

Chorus-
L'Aziza
Ta couleur tes mots tout me va
Danse avec moi
Que tu vives ici ou là-bas
Ce n'est pas un problème pour moi
L'Aziza
Je te veux si tu veux de moi
L'Aziza
Si tu veux que ta vie soit là
Il n'y a pas de loi contre ça
L'Aziza
Fille enfant du prophète roi.

SAUVER L'AMOUR

Paroles et musique : Daniel BALAVOINE

Lam *Fa6*
1- _ Partir effacer sur le Gange _
Lam
La douleur _
Fa6
Pouvoir parler à un ange _
Sol
En douceur
Lam *Fa6*
_ Lui montrer la blessure étrange _
Sol
La douleur
Lam *Fa6*
_ D'un homme qui voudrait trouver _
Do
En douceur
Sol *Fa* *Mi*
_ Au fond de lui un reste de lueur
Sol *Fa*
_ L'espoir de voir enfin un jour
Fa7M *Sol*
Un mon - de meilleur.

Do *Lam* *Fa* *Sol*
R- Qu'est-ce qui pourrait sauver l'amour *(bis)* _ _
Mim7 *Fa7M* *Sol*
Et comment retrouver le goût de la vie
Mim7 *Fa* *Mim* *Fa* *Sol* *Lam7* *Fa7M*
Qui pourra remplacer le besoin par l'en - vie _ _
Lam7
Où est le Sauveur ?

2- Et chaque nuit le peuple danse
En douceur
Croit qu'il peut exorciser
La douleur
Puis lentement quitte les transes
En douceur
Alors revient dans sa conscience
La douleur
Au fond de lui sent cette peur immense
De voir mourir ce sentiment
D'amour intense.

TOUS LES CRIS, LES S.O.S.

Paroles et musique : Daniel BALAVOINE

Lam7 *Fa*
1- Comme un fou va jeter à la mer _
Sol
Des bouteilles vides et puis espère
Mim *Fa*
Qu'on pourra lire à travers
Lam *Fa*
S.O.S. écrit avec de l'air
Sol
Pour te dire que je me sens mal
Mim *Fa* *Sol*
Je dessine à l'encre vide un désert. _

Do
R- Et je cours
Sol *Lam*
Je me raccroche à la vie
Fa *Do*
Je me saoule avec le bruit
Sol *Fa*
Des corps qui m'entourent
Sol *Fa*
Comme des lianes nouées de tresses _
Sol *Do*
Sans comprendre la détresse
Sol *Fa*
Des mots que j'envoie.

2- Difficile d'appeler au secours
Quand tant de drames nous oppressent
Et les larmes nouées de stress
Étouffent un peu plus les cris d'amour
De ceux qui sont dans la faiblesse
Et dans un dernier espoir, disparaissent.

Reprise du refrain-

Pont-
Rém
Tous les cris, les S.O.S.
Mi4 *Mi*
Partent dans les _ airs
Lam *Fa*
Dans l'eau, laissent une trace
Sol *Mim7* *Fa*
Dont les écumes font la beauté
Rém
Pris dans leur vaisseau de verre
Mi4 *Mi*
Les messages luttent
Lam *Fa*
Mais les vagues les ramènent
Sol *Mim* *Fa*
En pierre d'étoile sur les rochers.

3- Et j'ai ramassé les bouts de verre
J'ai récolté tous les morceaux
Tout était clair comme de l'eau
Contre le passé, y'a rien à faire
Il faudrait changer les héros
Dans un monde où le plus beau reste à faire.

Reprendre le refrain et le pont-

CHANSONS FRANÇAISES

Paroles : Alain BOUBLIL / Musique : Raymond JEANNOT

Sol Do
R- _ Les chansons françaises
Sol
On les chante en chœur
Ré7 Sol Sol7
Tous du Nord jusqu'au Midi _
Do
Les chansons françaises
Sol
Chantent dans nos cœurs
Ré7 Do Sol
Tout au long de notre vie. _

Sol Ré
1- _ Janeton prend sa faucille
Sol
Larirette, larirette
Ré
Janeton prend sa faucille
Sol
Et s'en va couper les joncs *(bis)*
Mim Ré
Mais en chemin elle a rencontré _
Mim Ré
Un beau travailleur émigré
Do Sol Ré Sol
Sur la route de Louviers
Do Sol
Sur la route de Louviers
Do Sol
Il y 'avait un cantonnier *(bis)*
Mim Ré
Qui lui dit j'ai eu de la chance
Mim Ré
Moi j'ai trouvé l'amour en France
Sol Ré
Auprès de ma blonde qu'il fait bon
Sol
Fait bon, fait bon
Ré Sol Sol7
Auprès de ma blonde qu'il fait bon dormir. _

2- Frère Jacques, Frère Jacques
Dormez-vous, dormez-vous
Sonnez les matin's, sonnez les matin's
Sonnez les matin's
(Au clair de la lune mon ami Pierrot
Dong, ding, ding, dong)
Sol Ré
Il était un petit navire
Sol
Il était un petit navire
(Maman les p'tits bateaux
Ré Sol
Qui vont sur l'eau ont-ils des ailes)
Sol
Boire un p'tit coup c'est agréable
Ré9 Sol
Boire un p'tit coup c'est doux
Ré
(J'ai descendu dans mon jardin)
Sol Ré
Pour y cueillir du romarin
Ré7 Sol
Gentil coquelicot mesdames
Ré Sol
Gentil coq'licot nouveau
Ré Sol
Gentil coquelicot mesdames
Ré Sol
Gentil coq'licot nouveau
Ré Sol
Gentil coquelicot mesdames
Ré Sol Sol7
Gentil coq'licot nouveau. _

Mib Lab Sibm Mib
3- _ Ne pleure pas Jeannette la la la la la la la
Lab Mib Lab
Nous te mari - e - rons
Ne pleure pas Jeannette la la la la la la la
Mib7 Lab Fam Mib Fam Mib
Nous te marie - rons _ _ _ _
Lab
Sur le pont de Nantes un bal y est donné
Mib Lab
Sur l' pont de Nantes un bal y est donné
Fam Mib
_ Et mêm' si la musique s'arrêt'
Fam Mib
Nous on continue la fêt'
Lab Mib
Sur le pont d'Avignon
Lab Mib
On y danse, on y danse
Lab Mib
Sur le pont d'Avignon
Lab Mib Lab
On y danse tous en rond _
Mib7
Ainsi font, font, font, les petites marionnettes
Lab Mib7
_ Ainsi font, font, font, trois p'tits tours
Lab
Et puis s'en vont
Mib7
Ainsi font, font, font, trois p'tits tours
Réb Lab
Et nous partons. _

ALAIN BARRIÈRE

UN POÈTE

Paroles et musique : Alain BARRIÈRE

Capo I

Mi7 Lam
1- Un poète ne vit pas très longtemps
Rém7 Sol7 Do
Il se croque la vie _ à pleines dents
Fa Mi7 Lam
_ Brûle toutes cartouches en même temps
Rém Do
Se moquant des faux-culs, _ des faux-semblants
Mi7 Lam
Un poète ne vit _ pas très longtemps
Mi7 Lam
_ Un poète ne vit pas très longtemps
Rém7 Sol7 Do
_ Si vous l'avez cru voir _ vieillissant
Fa Mi7 Lam
_ Son fantôme, son spectre, _ assurément
Rém Do
Ou sa dernière blague d'étudiant
Mi7 Lam
Un poète ne vit _ pas très longtemps.
Rém Mi7 Lam Rém Mi7 Lam
_ _ _ _ _ _

2- Un poète se meurt de temps en temps
Ce n'est pas la cohue à l'enterrement
Juste quelques amis, quelques parents
On n'a pas alerté les présidents
Un poète se meurt de temps en temps
Un poète se meurt de temps en temps
On ne retrouve pas de testament
Encore moins d'héritiers, de prétendants
Seule est là, la compagne des jours sans
Un poète se meurt de temps en temps.

3- Un poète, c'est sûr, c'est emmerdant
Et ça n'est jamais très, très bien pensant
À la moindre injustice, ça va gueulant
Contre les cons, le vice et les puissants
Un poète, c'est sûr, c'est emmerdant
Un poète, c'est sûr, c'est emmerdant
Ça ne craint ni l'exil, ni les tourments
Ça écrit quand est grand le dénuement
Avec la dernière goutte de son sang
Un poète, c'est sûr, c'est emmerdant.

4- Un poète, ça vit très, très longtemps
Si j'ai dit le contraire apparemment
C'est que les mots, les mots, c'est bien changeant
S'ils sont dits au passé ou au présent
Un poète, ça vit très, très longtemps
Un poète, ça vit très, très longtemps
On ne compte le nombre de ses enfants
Il en naît chaque hiver, chaque printemps
Qui la gloire du prophète vont chantant
Un poète, ça vit très, très longtemps. *(bis)*

L'EAU VIVE

Paroles et musique : Guy BÉART

Mi Si7 Mi Si7
1- Ma petite est comme l'eau, elle est comme l'eau vive _
Mi Si7 Mi Si7
Elle court comme un ruisseau, que des enfants poursui - vent
Mi La Mi La Mi Si7
Cou - rez, courez vite si vous le pouvez
Mi Si7 Mi La Mi Si7 Mi
Ja - mais, ja - mais, vous ne la rattraperez.

2- Lorsque chantent les pipeaux, lorsque danse l'eau vive
Elle mène les troupeaux, au pays des olives
Venez, venez, mes chevreaux, mes agnelets
Dans le laurier, le thym et le serpolet.

3- Un jour que, sous les roseaux, sommeillait mon eau vive
Vinrent les gars du hameau, pour l'emmener captive
Fermez, fermez votre cage à double clé
Entre vos doigts, l'eau vive s'envolera.

4- Comme les petits bateaux, emportés par l'eau vive
Dans ses yeux les jouvenceaux voguent à la dérive
Voguez, voguez, demain vous accosterez
L'eau vive n'est pas encore à marier.

5- Pourtant un matin nouveau, à l'aube mon eau vive
Viendra battre son trousseau, aux cailloux de la rive
Pleurez, pleurez, si je demeure esseulé
Le ruisselet, au large, s'en est allé.

L'ESPÉRANCE FOLLE

Paroles et musique : Guy BÉART

Sol *Ré7 Lam*
1- C'est l'espérance folle qui nous console de tomber du nid _
Ré7 *Sol*
Et qui demain prépare pour nos guitares d'autres harmonies
Ré7 Lam
S'élève l'espérance dans le silence soudain de la nuit. _
Ré7 *Sol Ré7 Sol*
Et les matins qui chantent déjà enchantent nos soirs d'aujourd'hui. _ _

Fa Do Lam Ré9 Sol
R- _ Viens, _ c'est la fête en semaine, viens
Mi7 Lam
_ Je t'attends ! tu le sais, plus rien
Ré7 Sol Ré7 Sol Sol5aug
_ Plus rien ne nous sépa - re, viens _
Do Lam Ré9 Sol
Viens, _ si les larmes t'ont fait du bien
Mi7 Lam
_ Ce sourire est déjà le lien
Ré7
_ Avec les beaux jours qui viennent, reviennent.

2- C'est l'espérance folle, qui carambole et tombe du temps
Je vois dans chaque pierre cette lumière de nos cœurs battants
La mort, c'est une blague la même vague nous baigne toujours
Et cet oiseau qui passe porte la trace d'étranges amours.

3- C'est l'espérance folle qui danse et vole au-dessus des toits
Des maisons et des places la terre est basse, je vole avec toi
Tout est gagné d'avance je recommence, je grimpe pieds nus
Aux sommets des montagnes mâts de cocagne des cieux inconnus.

LA VÉRITÉ

Paroles et musique : Guy BÉART

Do Mim Fa Do
1- Le premier qui dit se trouve toujours sacrifié
Sol7 Do Sol7 Do
D'abord on le tue puis on s'habitue
Do Mim Fa Do
On lui coupe langue, on le dit fou à lier
Sol7 Do Ré7 Sol7
Après, sans problème, parle le deuxième.

Do Mi Lam
R1- Le premier qui dit la vérité
Do Sol7 Do
Il doit être exécuté. } *bis*

2- J'affirme que l'on m'a proposé beaucoup d'argent
Pour vendre mes chances dans le Tour de France
Le Tour est un spectacle et plaît à beaucoup de gens
Mais dans le spectacle, y'a pas de miracles.

R2- Le coureur a dit… *(bis)*

3- À Chicago, un journaliste est mort dans la rue
Il fera silence sur tout ce qu'il pense
Pauvre Président, tous tes témoins ont disparu
En chœur ils se taisent, ils sont morts les treize.

R3- Le témoin a dit… *(bis)*

4- Le monde doit s'enivrer de discours, pas de vin
Rester dans la ligne, suivre les consignes
À Moscou, un poète à l'Union des Écrivains
Souffle dans la soupe où mange le groupe.

R4- Le poète a dit… *(bis)*

5- Un jeune homme à cheveux longs grimpait le Golgotha
La foule sans tête était à la fête
Pilate a raison de ne pas tirer dans le tas
C'est plus juste en somme d'abattre un seul homme.

R5- Le jeune homme a dit… *(bis)*

6- Combien d'hommes disparus qui, un jour, ont dit non
Dans la mort propice, leurs corps s'évanouissent
On ne se souvient ni de leurs yeux, ni de leur nom
Leurs mots qui demeurent chantent juste à l'heure.

R6- L'inconnu a dit… *(bis)*

7- Ce soir avec vous, j'ai enfreint la règle du jeu
J'ai enfreint la règle des moineaux, des aigles
Vous avez très peur pour moi car vous savez que je
Risque vos murmures, vos tomates mûres.

R7- Ma chanson a dit la vérité
Vous allez m'exécuter. } *bis*

LES COULEURS DU TEMPS

Paroles et musique :
Guy BÉART

Capo III

Mim Lam
1- La mer est en bleu, entre deux rochers bruns
Si7 Mim
Je l'aurais aimée en orange
Mi7 Lam
Ou même en arc-en-ciel, comme les embruns
Mim Si7 Mim
Étran - ge.

Mi La Si7
Je voudrais changer les couleurs du temps
Mi
Changer les couleurs du monde
La Si7 Mi
Le soleil levant, la rose des vents
La Si7 Mi Si7
Le sens où tournera ma ron - de
La Si7 Mi
Et l'eau d'une larme, et tout l'océan
Mim Si7 Mim
Qui gron - de.

Mi Ré
J'ai brossé les rues et les bancs
Rém Si7 Mi
Paré les villes de rubans
La
Peint la Tour Eiffel rose chair
Sol Si7
Marié le métro à la mer.

2- Le ciel est de fer entre deux cheminées
Je l'aurais aimé violine
Ou même en arc-en-ciel, comme les fumées
De Chine.

Je voudrais changer les couleurs du temps
Changer les couleurs du monde
Le soleil levant, la rose des vents
Le sens où tournera ma ronde
Et l'eau d'une larme, et tout l'océan
Qui gronde.

Je suis de toutes les couleurs
Et surtout de celles qui pleurent
La couleur que je porte, c'est
Surtout celle qu'on veut effacer.

3- Et tes cheveux noirs étouffés par la nuit
Je les voudrais multicolores
Comme un arc-en-ciel qui enflamme la pluie
D'aurore.

Je voudrais changer les couleurs du temps
Changer les couleurs du monde
Les mots que j'entends seront éclatants
Et nous danserons une ronde
Une ronde brune, rouge et safran
Et blonde.

LES SOULIERS

Paroles et musique : Guy BÉART

Mim Lam
1- Dans la neige y' avait deux souliers, deux souliers,
Si7 Mim
Dans la neige qu'étaient oubliés.
Lam
Passe un homme qui marche à grands pas, à grands pas,
Si7 Mi m
Passe un homme qui ne les voit pas.
Sol Ré Si7
Le deuxième dans la nuit glacée
Mim
Le deuxième glisse il est pressé.
Do Si7
Le troisième met le pied dessus
Mim Ré Sol Si7
Le troisième n'a rien aperçu.

2- Dans la neige y' avait deux souliers, deux souliers,
Dans la neige qu'étaient oubliés.
Une femme qui regarde mieux, -garde mieux
Une femme n'en croit pas ses yeux.
Le prochain dit : “Ils sont trop petits.”
Le prochain trop vite est reparti.
Combien d'hommes qui passent sans voir
Combien d'hommes qui n'ont pas d'espoir.

3- Quelle chance je suis arrivé, arrivé
Quelle chance je les ai trouvés.
J'ai couru nu-pieds tant de chemin, de chemin
J'ai couru, je les prends dans les mains.
Je les chauffe, ils sont encor' froids
Je les chauffe en les gardant sur moi.
Ô miracle! les petits souliers
Ô miracle! sont juste à mon pied.

4- Dans la neige, ils m'étaient promis
Dans la neige, je cherche une amie.

BEAUDOMMAGE

LA COMPLAINTE DU PHOQUE EN ALASKA

Paroles et musique : Michel F. RIVARD

Capo III

Do Sol Mi7
1- Crémoé, crémoé pas quéqu' part en Alaska
Rém7 Sol Do La7
Y'a un phoque qui s'ennuie en maudit _
Rém7 Sol7 Si7 Mim
Sa blonde est partie, gagner sa vie
Lam Ré7 Sol Sol7
Dans un cirque, aux États-Unis. _

2- Le phoque est tout seul, y' r'garde le soleil
Qui descend doucement sur le glacier
Y pense aux États en pleurant tout bas
C'est comme ça quand ta blonde t'a lâché.

Do Mim Lam Mim Lam
R- Ça n'vaut pas la peine de laisser ceux qu'on aime
Mim Rém7 Sol7 Do Sol7
Pour aller faire tourner des ballons sur son nez _
Ça fait rire les enfants, ça dure jamais longtemps
Ça fait plus rire personne, quand les enfants sont grands.

3- Quand le phoque s'ennuie, y' r'garde son poil qui brille
Comme les rues de New-York après la pluie
Y rêve à Chicago, à Marilyn Monroe
Y voudrait voir sa blonde faire un show.

4- C'est rien qu'une histoire, j' peux pas m'en faire accroire
Mais des fois j'ai l'impression qu' c'est moé
Qu'est assis sur la glace, les deux mains dans la face
Mon amour est parti pis j' m'ennuie.

ET BONJOUR À TOI L'ARTISTE

Paroles : Pierre DELANOË
Musique : Jeff BARNEL

Ré La Sol
1- Et bonjour à toi l'artiste _
Ré
De n'importe où
Ré La Sol
Qui fais les jours gais ou tristes _
La
Toi qui changes tout
Sol Ré La
Tu nous offres la musique _
Sim
Comme un cadeau
Mim7 La4 La
Toi, le magicien des temps nouveaux _
Et bonjour à toi le peintre
De la lumière
Qui connais toutes les teintes
De l'univers
Tu vas faire de l'an deux mille
Un millénaire
Le plus beau de l'histoire de la terre.

Ré La
R- Il est temps d'acheter des couleurs
Sim Fa#m
Il est temps de te mettre au labeur
Sol Ré
Il est temps toi le compositeur _
Mim La
De te donner de tout ton cœur
Ré La
Il est temps et si tu commençais
Sim Fa#m
Maintenant, demain tout serait prêt
Sol Ré
Il est temps tu fais ce qui te plaît
Mim
Prends tout ton temps
La4 La
Mais ne le prends pas trop, s'il te plaît. _

2- Et bonjour à toi l'artiste
Le grand auteur
Le brillant illusionniste
Le célèbre acteur
Tu vas nous changer le monde
Tu vas chanter
Pour nous faire oublier le passé.

QUAND IL EST MORT LE POÈTE

Paroles : Louis AMADE
Musique : Gilbert BECAUD

Sol Lam Ré7
1- Quand il est mort le poè - te
Sol
Quand il est mort le poète
Sol Sol7
Tous ses amis
Do Dom
Tous ses amis
Sol La7 Ré7
Tous ses amis pleuraient.

2- Quand il est mort le poète *(bis)*
Le monde entier *(bis)*
Le monde entier pleurait.

3- On enterra son étoile *(bis)*
Dans un grand champ *(bis)*
Dans un grand champ de blé.

4- Et c'est pour ça que l'on trouve *(bis)*
Dans ce grand champ *(bis)*
Dans ce grand champ des bleuets.

AUPRÈS DE MON ARBRE

Paroles et musique :
Georges BRASSENS

GEORGES BRASSENS

Fa Ré7
\- J'ai plaqué mon chêne
Solm7 Do7
Comme un saligaud
Fa Ré7
Mon copain le chêne
Solm Do7
Mon alter ego
Ré7 Solm
On était du même bois
Rém La7
Un peu rustique, un peu brut
Rém La7
Dont on fait n'importe quoi
Rém Do7
Sauf, naturell'ment, les flûtes…
Fa Ré7
J'ai maint'nant des frênes
Solm7 Do7
Des arbres de Judée
Fa Ré7
Tous de bonne graine
Solm Do7
De haute futaie
Ré Solm
Mais, toi, tu manque' à l'appel
Rém La7
Ma vieill' branche de campagne
Rem La7
Mon seul arbre de Noël
Do7 Fa Sol7
Mon mât de coca - gne!

Do
\- Auprès de mon arbre, je vivais heureux
Fa Fam Do La7 Rém7 Sol
J'aurais jamais dû m'éloigner de mon arbre…
Do
Auprès de mon arbre, je vivais heureux
Fa Fam Do La7 Rém Sol7 Do Do7
J'aurais jamais dû le quitter des yeux… _

2- Je suis un pauv' type
J'aurai plus de joie :
J'ai jeté ma pipe
Ma vieill' pipe en bois
Qu'avait fumé sans s' fâcher
Sans jamais m' brûler la lippe
L' tabac d' la vache enragée
Dans sa bonn' vieill' têt' de pipe…
J'ai des pip's d'écume
Ornées de fleurons
De ces pip's qu'on fume
En levant le front
Mais j' retrouv'rai plus, ma foi
Dans mon cœur ni sur ma lippe
Le goût d' ma vieill' pip' en bois
Sacré nom d'un' pipe!

3- Le surnom d'infâme
Me va comme un gant :
D'avec (que) ma femme
J'ai foutu le camp
Parc' que, depuis tant d'années
C'était pas un' sinécure
De lui voir tout l' temps le nez
Au milieu de la figure…
Je bats la campagne
Pour dénicher la
Nouvelle compagne
Valant celle-là
Qui, bien sûr, laissait beaucoup
Trop de pierres dans les lentilles
Mais se pendait à mon cou
Quand j' perdais mes billes!

4- J'avais un' mansarde
Pour tout logement
Avec des lézardes
Sur le firmament
Je l' savais par cœur depuis
Et, pour un baiser la course
J'emmenais mes bell's de nuit
Faire un tour sur la Grande Ourse…
J'habit' plus d' mansarde
Il peut désormais
Tomber des hall'bardes
Je m'en bats l'œil mais
Mais si quelqu'un monte aux cieux
Moins que moi, j'y pai' des prunes :
Y' a cent sept ans, qui dit mieux
Qu' j'ai pas vu la lune!

CHANSON POUR L'AUVERGNAT

Paroles et musique :
Georges BRASSENS

Sim Fa#7
1- Elle est à toi cette chanson
Sim
Toi, l'Auvergnat qui sans façon
Fa#7
M'as donné quatre bouts de bois
Sol La7 Ré Fa#7
Quand, dans ma vie, il faisait froid _
Sim Fa#7
Toi qui m'as donné du feu quand
Sim
Les croquantes et les croquants
Fa#7
Tous les gens bien intentionnés
Sol La7 Ré
M'avaient fermé la porte au nez...
Ré7 Sol La7 Ré
Ce n'était rien qu'un feu de bois
Sim Mim Fa#7 Sim
Mais il m'avait chauffé le corps
Fa#7 Sim
Et dans mon âme il brûle encor
Sol Sol7 Fa#7
À la manièr' d'un feu de joie.

Sim Fa#7
Toi l'Auvergnat, quand tu mourras
Sim
Quand le croqu'-mort t'emportera
Mi La
Qu'il te conduise, à travers ciel,
Sol Fa#7 Sim
Au Père éternel.

2- Elle est à toi cette chanson
Toi, l'hôtesse qui sans façon
M'as donné quatre bouts de pain
Quand, dans ma vie, il faisait faim
Toi qui m'ouvris ta huche quand
Les croquantes et les croquants
Tous les gens bien intentionnés
S'amusaient à me voir jeûner...
Ce n'était rien qu'un peu de pain
Mais il m'avait chauffé le corps
Et dans mon âme il brûle encor
À la manièr' d'un grand festin.

Toi l'hôtesse, quand tu mourras
Quand le croq'-mort t'emportera
Qu'il te conduise, à travers ciel,
Au Père éternel.

3- Elle est à toi cette chanson
Toi, l'étranger qui sans façon
D'un air malheureux m'as souri
Lorsque les gendarmes m'ont pris
Toi qui n'as pas applaudi quand
Les croquantes et les croquants
Tous les gens bien intentionnés
Riaient de me voir amené...
Ce n'était rien qu'un peu de miel
Mais il m'avait chauffé le corps
Et dans mon âme il brûle encor
À la manièr' d'un grand soleil.

Toi l'étranger, quand tu mourras
Quand le croq'-mort t'emporteras
Qu'il te conduise, à travers ciel
Au Père éternel.

IL N'Y A PAS D'AMOUR HEUREUX

Poème de Louis ARAGON
Musique : Georges BRASSENS
(même air que "LA PRIÈRE")

Sim Mim
1- Rien n'est jamais acquis à l'homme, ni sa force
Fa#7 Sim
Ni sa faiblesse, ni son cœur et quand il croit
Mi Fa Fa#
Ouvrir ses bras, son ombre est celle d'une croix
Sim Mim La7
Et quand il croit serrer son bonheur, il le broie
Ré Fa#7
Sa vie est un étrange et douloureux divorce...
Sim
Il n'y a pas d'amour heureux.

2- Sa vie elle ressemble à ces soldats sans armes
Qu'on avait habillés pour un autre destin
À quoi peut leur servir de se lever matin
Eux qu'on retrouve au soir désarmés incertains
Dites ces mots ma vie et retenez vos larmes...
Il n'y a pas d'amour heureux.

3- Mon bel amour, mon cher amour, ma déchirure
Je te porte dans moi comme un oiseau blessé
Et ceux-là sans savoir nous regardent passer
Répétant après moi ces mots que j'ai tressés
Et qui pour tes grands yeux tout aussitôt mourure
Il n'y pas d'amour heureux.

4- Le temps d'apprendre à vivre il est déjà trop tar
Que pleurent dans la nuit nos cœurs à l'unisson
Ce qu'il faut de malheur pour la moindre chansc
Ce qu'il faut de regrets pour payer un frisson
Ce qu'il faut de sanglots pour un air de guitare..
Il n'y a pas d'amour heureux.

LA MAUVAISE RÉPUTATION

Paroles et musique : Georges BRASSENS

Lam Mi7 Lam
Au village sans prétention
Mi7 Lam
J'ai mauvaise réputation
Mi7 Lam
Qu' j' m' démène ou qu' je reste coi
Mi7 Lam
Je pass' pour un je-ne-sais-quoi.
Fa Mi7
Je ne fais pourtant de tort à personne
Fa Mi7
En suivant mon ch'min de petit bonhomme
Lam Mi7 Lam
Mais les brav's gens n'aiment pas que
Mi7 Lam
L'on suive une autre route qu'eux...
Mi7 Lam
Non, les brav's gens n'aiment pas que
Mi7 Lam
L'on suive une autre route qu'eux...
Fa Mi7
Tout le monde médit de moi
Lam Mi7 Lam
Sauf les muets, ça va de soi. __ __

Le jour du Quatorze Juillet
Je reste dans mon lit douillet
La musique qui marche au pas
Cela ne me regarde pas.
Je ne fais pourtant de tort à personne
En n'écoutant pas le clairon qui sonne
Mais les brav's gens n'aiment pas que
L'on suive une autre route qu'eux...
Non, les brav's gens n'aiment pas que
L'on suive une autre route qu'eux...
Tout le monde me montre du doigt
Sauf les manchots, ça va de soi.

3- Quand j' croise un voleur malchanceux
Poursuivi par un cul-terreux
J' lanc' la patte et, pourquoi le taire,
Le cul-terreux se r'trouv' par terre.
Je ne fais pourtant de tort à personne
En laissant courir les voleurs de pommes
Mais les brav's gens n'aiment pas que
L'on suive une autre route qu'eux...
Non, les brav's gens n'aiment pas que
L'on suive une autre route qu'eux...
Tout le monde se ru' sur moi
Sauf les culs-d'-jatt', ça va de soi.

4- Pas besoin d'être Jérémie
Pour d'viner l' sort qui m'est promis
S'ils trouv'nt une corde à leur goût
Ils me la passeront au cou.
Je ne fais pourtant de tort à personne
En suivant les ch'mins qui n' mènent pas à Rome
Mais les brav's gens n'aiment pas que
L'on suive une autre route qu'eux...
Non, les brav's gens n'aiment pas que
L'on suive une autre route qu'eux...
Tout l' mond' viendra me voir pendu
Sauf les aveugl's, bien entendu.

LE PETIT JOUEUR DE FLÛTEAU

Paroles et musique :
Georges BRASSENS

1-
Ré Sim La7 Ré
Le petit joueur de flûteau
Sim La7 Ré
Menait la musique au château
Ré Sim La7 Ré
Pour la grâce de ses chansons
Sim La7 Ré
Le roi lui offrit un blason
Mim Sim Fa#7
Je ne veux pas _ être noble
Mim Sim La7
Répondit le _ croque-note
Ré Mim La7 Ré
_ Avec un blason à la clef
Sim Sol La7 Lam
Mon "La" _ se mettrait à gonfler
Si7 Mim Fa#7 Sim
_ On dirait par tout le pays :
Mi7 La7 Ré
"Le joueur de flûte a trahi."

2- Et mon pauvre petit clocher
Me semblerait trop bas perché
Je ne plierais plus les genoux
Devant le Bon Dieu de chez nous
Il faudrait à ma grande âme
Tous les saints de Notre-Dame
Avec un évêque à la clef
Mon "La" se mettrait à gonfler...

3- Et la chambre où j'ai vu le jour
Me serait un triste séjour
Je quitterais mon lit mesquin
Pour une couche à baldaquin
Je changerais ma chaumière
Pour une gentilhommière
Avec un manoir à la clef
Mon "La" se mettrait à gonfler...

4- Je serais honteux de mon sang
Des aïeux de qui je descends
On me verrait bouder dessus
La branche dont je suis issu
Je voudrais un magnifique
Arbre généalogique
Avec du sang bleu à la clef
Mon "La" se mettrait à gonfler...

5- Je ne voudrais plus épouser
Ma promise, ma fiancée
Je ne donnerais pas mon nom
À une quelconque Ninon
Il me faudrait pour compagne
La fille d'un grand d'Espagne
Avec une princesse à la clef
Mon "La" se mettrait à gonfler...

6- Le petit joueur de flûteau
Fit la révérence au château
Sans armoiries, sans parchemin
Sans gloire, il se mit en chemin
Vers son clocher, sa chaumine
Ses parents et sa promise
Nul ne dise dans le pays :
"Le joueur de flûte a trahi."
Et Dieu reconnaisse pour sien
Le brave petit musicien.

LES COPAINS D'ABORD

Paroles et musique : Georges BRASSENS

Ré
1- Non, ce n'était pas le radeau
De la Méduse, ce bateau
Mi7
Qu'on se le dis' au fond des ports
Dis' au fond des ports
Sol
Il naviguait en pèr' peinard
Fa# Fa#7
Sur la grand-mare des canards
Sim Mi7
Et s'app'lait les Copains d'abord
La7 Ré
Les Copains d'abord.

2- Ses "fluctuat nec mergitur"
C'était pas d' la littératur'
N'en déplaise aux jeteurs de sort
Aux jeteurs de sort
Son capitaine et ses mat'lots
N'étaient pas des enfants d' salauds
Mais des amis franco de port
Des copains d'abord.

3- C'étaient pas des amis de lux'
Des petits Castor et Pollux
Des gens de Sodome et Gomorrh'
Sodome et Gomorrh'
C'étaient pas des amis choisis
Par Montaigne et La Boéti'
Sur le ventre ils se tapaient fort
Les copains d'abord.

4- C'étaient pas des anges non plus
L'Évangile, ils n'avaient pas lu
Mais ils s'aimaient tout's voiles dehors
Toutes voiles dehors
Jean, Pierre, Paul et compagnie
C'était leur seule litanie
Leur Credo leur Confiteor
Aux copains d'abord.

5- Au moindre coup de Trafalgar
C'est l'amitié qui prenait l' quart
C'est ell' qui leur montrait le nord
Leur montrait le nord.
Et quand ils étaient en détress'
Qu' leurs bras lançaient des S.O.S.
On aurait dit des sémaphores
Les copains d'abord.

6- Au rendez-vous des bons copains
Y' avait pas souvent de lapins
Quand l'un d'entre eux manquait à bord
C'est qu'il était mort.
Oui, mais jamais, au grand jamais
Son trou dans l'eau n' se refermait
Cent ans après, coquin de sort,
Il manquait encore.

7- Des bateaux, j'en ai pris beaucoup
Mais le seul qui ait tenu le coup
Qui n'ait jamais viré de bord
Mais viré de bord
Naviguait en père peinard
Sur la grand-mare des canards
Et s'app'lait les Copains d'abord
Les Copains d'abord.

LES SABOTS D'HÉLÈNE

Paroles et musique :
Georges BRASSENS

1- *Ré* Les sabots d'Hé*Mim*lène
La7 Étaient tout crot*Ré*tés
Sim Les trois capi*Mim*taines
L'auraient *La7* appelée vi*Ré*laine
Et la pauvre Hé*Mim*lène
Était comme une *Fa#* âme en peine...
Sim Ne cherche plus long*Fa#*temps de fon*Sim*taine
Toi qui as *Mim* besoin *Fa#* d'eau
Sim Ne cherche plus : aux *Fa#* larmes d'Hé*Sim*lène
Va-t'en rem*Mi7*plir *La7* ton *Ré* seau.

Moi j'ai pris la *Mi* peine
La7 De les déchaus*Ré*ser
Sim Les sabots d'Hé*Mim*lène
Moi qui ne *La7* suis pas capi*Ré*taine
Et j'ai vu ma *Mim* peine
Bien récompen*Fa#*sée...
Sim Dans les sabots de *Fa#* la pauvre Hé*Sim*lène
Sim Dans ses sa*Mim*bots crot*Fa#*tés
Sim Moi j'ai trouvé les *Fa#* pieds d'une *Sim* reine
Et je les *Mi7* ai *La7* gar - *Ré* dés.

2- Son jupon de laine
Était tout mité
Les trois capitaines
L'auraient appelée vilaine
Et la pauvre Hélène
Était comme une âme en peine...
Ne cherche plus longtemps de fontaine
Toi qui as besoin d'eau
Ne cherche plus : aux larmes d'Hélène
Va-t-en remplir ton seau.

Moi j'ai pris la peine
De le retrousser
Le jupon d'Hélène
Moi qui ne suis pas capitaine
Et j'ai vu ma peine
Bien récompensée...
Sous le jupon de la pauvre Hélène
Sous son jupon mité
Moi j'ai trouvé des jambes de reine
Et je les ai gardées.

3- Et le cœur d'Hélène
N' savait pas chanter
Les trois capitaines
L'auraient appelée vilaine
Et la pauvre Hélène
Était comme une âme en peine...
Ne cherche plus longtemps de fontaine
Toi qui as besoin d'eau
Ne cherche plus : aux larmes d'Hélène
Va-t'en remplir ton seau.

Moi j'ai pris la peine
De m'y arrêter
Dans le cœur d'Hélène
Moi qui ne suis pas capitaine
Et j'ai vu ma peine
Bien récompensée...
Et dans le cœur de la pauvre Hélène
Qu'avait jamais chanté
Moi j'ai trouvé l'amour d'une reine
Et moi je l'ai gardé.

PAUVRE MARTIN

Paroles et musique : Georges BRASSENS

Capo III

Lam
1- Avec une bêche à l'épaule
Avec, à la lèvre, un doux chant *(bis)*
Rém Sol Do
Avec, à l'âme, un grand courage
Lam Rém Mi7
Il s'en allait trimer aux champs !

Lam Rém Mi7 Lam
R- Pauvre Martin, pauvre misère
Rém Mi7 Lam
Creuse la terr', creuse le temps !

2- Pour gagner le pain de sa vie
De l'aurore jusqu'au couchant *(bis)*
Il s'en allait bêcher la terre
En tous les lieux, par tous les temps !

3 - Sans laisser voir, sur son visage
Ni l'air jaloux, ni l'air méchant *(bis)*
Il retournait le champ des autres
Toujours bêchant, toujours bêchant !

4- Et quand la mort lui a fait signe
De labourer son dernier champ *(bis)*
Il creusa lui-même sa tombe
En faisant vite, en se cachant…

5- Il creusa lui-même sa tombe
En faisant vite, en se cachant *(bis)*
Et s'y étendit sans rien dire
Pour ne pas déranger les gens…

Refrain final-
Pauvre Martin, pauvre misère
Dors sous la terr', dors sous le temps !

JACQUES BREL

AMSTERDAM

Paroles et musique : Jacques BREL

1-
Lam
Dans le port d'Amsterdam
Mim
Y'a des marins qui chantent
Fa
Des rêves qui les hantent
Mi7
Au large d'Amsterdam
Lam
Dans le port d'Amsterdam
Mim
Y'a des marins qui dorment
Fa Mi7
Comme des oriflammes
Lam
Le long des berges mornes
Do
Dans le port d'Amsterdam
Sol7
Y'a des marins qui meurent
Mi7 Lam
Pleins de bières et de drames
Mi7
Aux premières lueurs
Fa
Mais dans l' port d'Amsterdam
Mim
Y'a des marins qui naissent
Rém7 Mi7
Dans la chaleur épaisse
Lam
Des langueurs océanes.

2- Dans le port d'Amsterdam
Y'a des marins qui mangent
Sur des nappes trop blanches
Des poissons ruisselants
Ils vous montrent des dents
À croquer la fortune
À décroisser la lune
À bouffer des haubans
Et ça sent la morue
Jusque dans l' cœur des frites
Que leurs gross' mains invitent
À revenir en plus
Puis se lèvent en riant
Dans un bruit de tempête
Referment leur braguette
Et sortent en rotant.

3- Dans le port d'Amsterdam
Y'a des marins qui dansent
En se frottant la panse
Sur la panse des femmes
Et ils tournent et ils dansent
Comm' des soleils crachés
Dans le son déchiré
D'un accordéon rance
Ils se tordent le cou
Pour mieux s'entendre rire
Jusqu'à c' que tout-à-coup
L'accordéon expire
Alors d'un geste grave
Alors d'un regard fier
Ils ramènent leur batave
Jusqu'en pleine lumière.

4- Dans le port d'Amsterdam
Y'a des marins qui boivent
Et qui boivent et reboivent
Et qui reboivent encore
Ils boivent à la santé
Des putains d'Amsterdam
D'Hambourg ou d'ailleurs
Enfin ils boivent aux dames
Qui leur donnent leur joli corps
Qui leur donnent leur vertu
Et pour une pièce en or
Et quand ils ont bien bu
Se plantent le nez au ciel
Se mouch'nt dans les étoiles
Et ils pissent comm' je pleure
Sur les femmes infidèles
Dans le port d'Amsterdam
Dans le port d'Amsterdam.

LE PLAT PAYS

Paroles et musique : Jacques BREL

Do Mi Do
1- Avec la mer du Nord pour dernier terrain vague
Mi Do
Et des vagues de dunes pour arrêter les vagues
Lam Rém
Et de vagues rochers que les marées dépassent
Sol7 Do
Et qui ont à jamais le cœur à marée basse
Mi Lam
Avec infiniment de brumes à venir
Rém Sol
Avec le vent d'Ouest, écoutez-le tenir
Do
Le plat pays qui est le mien.

2- Avec des cathédrales pour uniques montagnes
Et de noirs clochers comme mâts de cocagne
Où les diables de pierre décrochent les nuages
Avec le fil des jours pour unique voyage
Et des chemins de pluie pour unique bonsoir
Avec le vent de l'Est, écoutez-le vouloir
Le plat pays qui est le mien.

3- Avec un ciel si bas qu'un canal s'est perdu
Avec un ciel si bas qu'il fait l'humilité
Avec un ciel si gris qu'un canal s'est pendu
Avec un ciel si gris qu'il faut lui pardonner
Avec le vent du Nord qui vient s'écarteler
Avec le vent du Nord, écoutez-le craquer
Le plat pays qui est le mien.

4- Avec l'Italie qui descendrait l'Escaut
Avec Frida la blonde quand elle devient Margot
Quand les fils de novembre nous reviennent en mai
Quand la plaine est fumante et tremble sous juillet
Quand le vent est au rire, quand le vent est au blé
Quand le vent est au Sud, écoutez-le chanter
Le plat pays qui est le mien.

CES GENS LÀ

Paroles et musique : Jacques BREL

Lam Lam
1- _ D'abord, d'abord, il y a l'aîné
Mim Lam
Lui qu'est comme un melon
Mim Lam
Lui qui a un gros nez
Mim Lam
Lui qui sait plus son nom
Mim Lam
Monsieur, tell'ment qui boit
Mim Lam
Et tell'ment qu'il a bu
Mim Lam
Qui fait rien d' ses dix doigts
Mim Lam
Mais lui qui n'en peut plus
Mim Lam
Lui qu'est complèt'ment cuit
Mim Lam
Et qui s' prend pour le roi

Qui se saoul' tout's les nuits
Avec du mauvais vin
Et qu'on retrouv' matin
Dans l'église qui roupil'
Raide comm' une saillie
Blanc comm' un cierg' de Pâqu'
Et puis qui balbutie
Et qu'a l'œil qui divagu'
Faut vous dir' Monsieur
Que chez ces gens-là
On n' pens' pas, Monsieur
On n' pens' pas, on prie.

2- Et puis, y'a l'autr'
Des carott's dans les ch'veux
Qu'a jamais vu un peigne
Qu'est méchant comm' un' teign'
Mêm' qui don'rait sa ch'mis'
À des pauvr's gens heureux
Qu'a marié la Denis'
Une fill' de la vill'
Enfin d'un' autr' vill'
Et que c'est pas fini
Qui fait ses p'tits affair's
Avec son p'tit chapeau
Avec son p'tit manteau
Avec sa p'tit' auto
Qu' aim'rait bien avoir l'air
Mais qu'a pas l'air du tout
Faut pas jouer les rich's
Quand on n'a pas le sou.

3- Et puis, y'a les autr's
La mèr' qui ne dit rien
Ou bien n'importe quoi
Et du soir au matin
Sous sa bell' gueul' d'apôtr'
Et dans son cadr' en bois
Y a la moustach' du pèr'
Qui est mort d'un' glissade
Et qui r'gard' son troupeau
Bouffer la soupe froid'
Et ça fait des grands "flchss"
Et ça fait des grands "flchss"
Et puis y'a la tout' vieill'
Qu'en finit pas d'vibrer
Et qu'on attend qu'ell' crèv'
Vu qu' c'est ell' qu'a l'oseill'
Et qu'on n'écout' mêm' pas
C' que ses pauvr's mains racontent
Faut vous dir' Monsieur
Que chez ces gens-là
On n' caus' pas Monsieur
On n' caus' pas, on compte.

4- Et puis, et puis
Et puis, il y a Frida
Qu'est bell' comm' un soleil
Et qui m'aime pareil
Que moi j'aime Frida
Mêm' qu'on se dit souvent
Qu'on aura un' maison
Avec des tas d' fenêtr's
Avec presqu' pas de murs
Et qu'on vivra dedans
Et qu'y f'ra bon y être
Et que si c'est pas sûr
C'est quand même peut-être
Parc'que les autr's veul'nt pas
Parc'que les autr's veul'nt pas
Les autr's y disent comm' ça
Qu'ell' est trop bell' pour moi
Que je suis tout just' bon
À égorger les chats
J'ai jamais tué d' chats
Ou alors y a longtemps
Ou bien j'ai oublié
Ou ils sentaient pas bon
Enfin ils veulent pas
Enfin ils veulent pas.

5- Parfois quand on se voit
Semblant qu' c'est pas exprès
Avec ses yeux mouillants
Ell' dit qu'ell' partira
Ell' dit qu'ell' me suivra
Alors pour un instant
Pour un instant seul'ment
Alors moi je la crois, Monsieur
Pour un instant
Pour un instant seul'ment
Parc'que chez ces gens-là, Monsieur
On n' s'en va pas
On n' s'en va pas, Monsieur
On n' s'en va pas.
Mais il est tard Monsieur
Il faut qu' je rentre chez moi.

LES BONBONS

Paroles et musique : Jacques BREL

Do Sol7 Do Sol7
1- _ J' vous ai apporté des bonbons _
Do Sol7 Do7
_ Parc' que les fleurs c'est périssable
Lam
_ Puis les bonbons c'est tell'ment bon
Mim Lam
Bien que les fleurs soient plus présentables
Rém Sol7 Do Sol7
_ Surtout quand ell's sont en boutons _
Do Sol7 Do Sol7
_ J' vous ai apporté des bonbons. _

Do Mim Lam Mim
2- _ J'espèr' qu'on pourra se prom'ner _
Lam Mim Lam Mim
_ Qu' Madam' votr' mère ne dira rien _
Lam
_ On ira voir passer les trains
Mim Lam
À huit heur's je vous ramèn'rai
Rém Sol7 Do Sol7
_ Quel beau dimanch' pour la saison _
Do Sol7 Do Sol7
_ J' vous ai apporté des bonbons. _

3- Si vous saviez c' que je suis fier
De vous voir pendue à mon bras
Les gens me regard'nt de travers
Y'en a mêm' qui rient derrièr' moi
Le monde est plein de polissons
J' vous ai apporté des bonbons.

4- Oh! Oui! Germaine est moins bien qu' vous
Oh! Oui! Germaine elle est moins belle
C'est vrai qu' Germaine a des ch'veux roux
C'est vrai qu' Germaine elle est cruelle
Ça vous avez mille fois raison
J' vous ai apporté des bonbons.

5- Et nous voilà sur la grand'place
Sur le kiosqu' on joue Mozart
Mais dites-moi qu' c'est par hasard
Qu'il y a là votre ami Léon
Si vous voulez qu' je cède la place
J'avais apporté des bonbons.

Final-

Do Sol7 Do Sol7
_ Mais bonjour Mad'moisell' Germaine _
Do Sol7 Do Sol7
_ J' vous ai apporté des bonbons _
Do Sol7 Do Mim
_ Parc' que les fleurs sont périssables _
Lam
_ Puis les bonbons c'est tell'ment bon
Mim Lam
Bien qu' les fleurs soient plus présentables...

LES VIEUX

Paroles : Jacques BREL
Musique : Jacques BREL, Gérard JOUANNEST et Jean CORTI

Do(6) Sol(9M)
1- __ Les vieux ne parlent plus ou alors seulement parfois du bout des yeux
Sol(9) Do(6)
__ Même riches ils sont pauvres, ils n'ont plus d'illusions, et n'ont qu'un cœur pour deux.
Sol(9M)
Chez eux ça sent le thym, le propre, la lavande et le verbe d'antan
Do(6)
Que l'on vive à Paris, on vit tous en province quand on vit trop longtemps.
Sol(9M)
Est-ce d'avoir trop ri que leur voix se lézarde quand ils parlent d'hier ?
Mi7
Et d'avoir trop pleuré que des larmes encore leur perlent les paupières ?
La7 Rém
Et s'ils tremblent un peu est-ce de voir vieillir la pendule d'argent
Rém7 Sol Rém7 Sol Rém7 Mi7
Qui ronronne au salon, qui dit oui, qui dit non, qui dit : "Je vous attends !"

2- Les vieux ne rêvent plus, leurs livres s'ensommeillent, leurs pianos sont fermés
Le petit chat est mort, le muscat du dimanche ne les fait plus chanter
Les vieux ne bougent plus, leurs gestes ont trop de rides, leur monde est trop petit
Du lit à la fenêtre, puis du lit au fauteuil, et puis du lit au lit.
Et s'ils sortent encore bras dessus, bras dessous, tout habillés de raide
C'est pour suivre au soleil l'enterrement d'un plus vieux, l'enterr'ment d'une plus laide
Et le temps d'un sanglot, oublier toute une heure la pendule d'argent
Qui ronronne au salon, qui dit oui, qui dit non, et puis qui les attend.

3- Les vieux ne meurent pas, ils s'endorment un jour et dorment trop longtemps
Ils se tiennent la main, ils ont peur de se perdre, et se perdent pourtant
Et l'autre reste là, le meilleur ou le pire, le doux ou le sévère
Cela n'importe pas, celui des deux qui reste se retrouve en enfer.
Vous le verrez peut-être, vous le verrez parfois en pluie et en chagrin
Traverser le présent, en s'excusant déjà de n'être pas plus loin.
Et fuir devant vous une dernière fois la pendule d'argent
Qui ronronne au salon, qui dit oui, qui dit non, qui leur dit : "Je t'attends !"
Solm La7 Fam6 Sol7 Do
__ Qui ronronne au salon, qui dit oui, qui dit non et puis qui nous attend.

QUAND ON N'A QUE L'AMOUR

Paroles et musique :
Jacques BREL

Lam
1- Quand on n'a que l'amour
Fa
À s'offrir en partage
Rém7
Au jour du grand voyage
Sol7 Do
__ Qu'est notre grand amour
Lam
Quand on n'a que l'amour
Fa
Mon amour toi et moi
Rém7
Pour qu'éclatent de joie
Sol7 Do
__ Chaque heure et chaque jour
MiAug Mi7 Lam
__ Quand on n'a que l'amour
Mi7 Lam
__ Pour vivre nos promesses
Lam6 Rém7
Sans nulle autre richesse
Sol7 Do
Que d'y croire toujours
Mi7 Lam
Quand on n'a que l'amour
Mi7 Lam
__ Pour meubler de merveilles
Dodim Si7 Mi7
__ Et couvrir de soleil
Rém6 Mi7 Rém6
__ La laideur des faubourgs __
Mi7 Lam
__ Quand on n'a que l'amour
Fa
Pour unique raison
Rém7
Pour unique chanson
Sol7 Do
__ Et unique secours.

2- Quand on n'a que l'amour
Pour habiller matin
Pauvres et malandrins
De manteaux de velours
Quand on n'a que l'amour
À offrir en prière
Pour les maux de la terre
En simple troubadour
Quand on n'a que l'amour
À offrir à ceux-là
Dont l'unique combat
Est de chercher le jour
Quand on n'a que l'amour
Pour tracer un chemin
Et forcer le destin
À chaque carrefour
Quand on n'a que l'amour
Pour parler aux canons
Et rien qu'une chanson
Pour convaincre un tambour.

MiAug Mi7 Lam
3- __ Alors, sans avoir rien
Mi7 Lam
__ Que la force d'aimer
Lam6 Rém6
Nous aurons dans nos mains
Sol7 Rém6 Sol7 Do DoAug
Ma mie, __ le monde en - tier. __

SUR LA PLACE

Paroles et musique :
Jacques BREL

Lam
1- Sur la place chauffée au soleil
Une fille s'est mise à danser
Rém
Elle tourne toujours pareille
Lam Mi
Aux danseuses d'antiquités
Lam
Sur la ville il fait trop chaud
Hommes et femmes sont assou-
pis
Rém
Et regardent par le carreau
Lam Mi
Cette fille qui danse à midi.

Lam Mi
R- Ainsi certains jours paraît
Lam Mi
Une flamme à nos yeux
Lam Mi
À l'église où j'allais
Lam Mi
_ On l'appelait le Bon Dieu
Lam Rém Lam
L'amoureux l'appelle l'amour
Rém Lam
Le mendiant la charité
Sol Sol7 Do
Le soleil l'appelle le jour
Mi Fam
Et le brave homme la bonté.

2- Sur la place vibrante d'air chaud
Où pas même ne paraît un chien
Ondulante comme un roseau
La fill' bondit, s'en va, s'en vient
Ni guitare, ni tambourin
Pour accompagner sa danse
Elle frappe dans ses mains
Pour se donner la cadence.

3- Sur la place où tout est tranquille
Une fille s'est mise à chanter
Et son chant plane sur la ville
Hymne d'amour et de bonté
Mais sur la ville il fait trop chaud
Et pour ne point entendre son chant
Les hommes ferment leurs carreaux
Comme une porte entre morts et vivants.

R2- Ainsi certains jours paraît
Une flamme en nos cœurs
Mais nous ne voulons jamais
Laisser luire sa lueur
Nous nous bouchons les oreilles
Et nous nous voilons les yeux
Nous n'aimons point les réveils
De notre cœur déjà vieux.

4- Sur la place un chien hurle encore
Car la fille s'en est allée
Rém
Et comme le chien hurlant la mort
Lam Si9dim Lam
Pleurent les hommes leurs destinées.

VOIR UN AMI PLEURER

Paroles et musique :
Jacques BREL

Ré   *Sim*
1- Bien sûr il y a les guerres d'Irlande
Ré   *Sol*
Et les peuplades sans musique
Fa#m   *La*
_ Bien sûr tout ce manque de tendre
La7   *Ré*
Il n'y a plus d'Amérique.
Bien sûr l'argent n'a pas d'odeur
Mais pas d'odeur vous monte au nez
Bien sûr on marche sur les fleurs
Mais, mais voir un ami pleurer.

2- Bien sûr il y a nos défaites
Et puis la mort qui est tout au bout
Le corps incline déjà la tête
Étonné d'être encore debout.
Bien sûr les femmes infidèles
Et les oiseaux assassinés
Bien sûr nos cœurs perdent leurs ailes
Mais, mais voir un ami pleurer.

3- Bien sûr ces villes épuisées
Par ces enfants de cinquante ans
Notre impuissance à les aider
Et nos amours qui ont mal aux dents.
Bien sûr le temps qui va trop vite
Ces métros remplis de noyés
La vérité qui nous évitc
Mais, mais voir un ami pleurer.

4- Bien sûr nos miroirs sont intègres
Ni le courage d'être juif
Ni l'élégance d'être nègre
On se croit mèche, on n'est que suif.
Et tous ces hommes qui sont nos frères
Tellement qu'on est plus étonné
Que par amour ils nous lacèrent
Mais, mais voir un ami pleurer.

ENCORE ET ENCORE

Paroles : Francis CABREL
Musique : Roger SECCO

Capo I

1-
Mim
D'abord vos corps qui se séparent
Mim
T'es seule dans la lumière des phares
Sol
Et t'entends à chaque fois que tu respires
Sol
Comme un bout de tissu qui se déchire
Do
Et ça continue encore et encore
Lam
C'est que le début d'accord, d'accord.

2- L'instant d'après le vent se déchaîne
Les heures s'allongent comme des semaines
Tu te retrouves seule assise par terre
À bondir à chaque bruit de portière
Mais ça continue encore et encore
C'est que le début d'accord, d'accord.

R-
Sol
Quelque chose vient de tomber
Ré
Sur les lames de ton plancher
Mim — *Do*
C'est toujours le même film qui passe
Sol
T'es toute seule au fond de l'espace
Si — *Lam*
T'as personne devant.

3- La même nuit que la nuit d'avant
Les mêmes endroits deux fois trop grands
T'avances comme dans des couloirs
Tu t'arranges pour éviter les miroirs
Mais ça continue encore et encore
C'est que le début d'accord, d'accord.

Reprise du refrain-

Pont-

Sol — *Ré*
Faudrait que t'arrives à en parler au passé
Mim — *Do*
Faudrait que t'arrives à ne plus penser à ça
Sol — *Ré*
Faudrait que tu l'oublies
Mim7 — *Ré*
À longueur de journée
Sol — *Ré*
Dis-toi qu'il est de l'autre côté du pôle
Mim — *Do*
Dis-toi surtout qu'il ne reviendra pas
Sol — *Ré*
Et ça fait marrer
Do2
Les oiseaux qui s'envolent
Ré — *Mi*
Les oiseaux qui s'envolent
Ré4 — *Ré* *Ré4* *Ré*
Les oiseaux qui s'envolent.

4- Tu comptes les chances qu'il te reste
Un peu de son parfum sur ta veste
Tu avais dû confondre les lumières
D'une étoile et d'un réverbère
Et ça continue encore et encore
C'est que le début d'accord, d'accord. *(bis)*

Refrain final-
Y'a des couples qui se défont
Sur les lames de ton plafond
C'est toujours le même film qui passe
T'es toute seule au fond de l'espace
T'as personne devant
Personne…

Reprise du premier refrain-

IL FAUDRA LEUR DIRE

Paroles et musique : Francis CABREL

Mi
1- Si c'est vrai qu'il y a des gens qui s'aiment
Si les enfants sont tous les mêmes
La
Alors il faudra leur dire
Mi
C'est comme des parfums qu'on respire
Si
Juste un regard facile à faire
La Mi
Un peu plus d'amour que d'ordinaire.

2- Puisqu'on vit dans la même lumière
Même s'y a des couleurs qu'ils préfèrent
Nous, on voudrait leur dire
C'est comme des parfums qu'on respire
Juste un regard facile à faire
Un peu plus d'amour que d'ordinaire
La Ré La Mi
Juste un peu plus d'amour encore _
Si La
Pour moins de larmes, pour moins de vide
Mi
Pour moins d'hiver.

3- Puisqu'on vit dans les creux d'un rêve
Avant qu' l'amour ne touche nos lèvres
Nous on voudrait leur dire
Les mots qu'on reçoit
C'est comme des parfums qu'on respire
Il faudra leur dire
Facile à faire
Un peu plus d'amour que d'ordinaire.

4- Si c'est vrai qu'il y a des gens qui s'aiment
Si les enfants sont tous les mêmes
Alors il faudra leur dire les mots qu'on reçoit
C'est comme des parfums qu'on respire
Il faudra leur dire…
Facile à faire.

JE L'AIME À MOURIR

Paroles et musique : Francis CABREL

Fa
1- Moi je n'étais rien et voilà qu'aujourd'hui
Lam7 Rém
Je suis le gardien du sommeil de ses nuits, je l'aime à mourir
Solm Do
Vous pouvez détruire tout ce qui vous plaira
Sib Do
Elle n'a qu'à ouvrir l'espace de ses bras
Fa Lam7 Rém
Pour tout reconstruire, pour tout reconstruire, je l'aime à mourir.

Elle a gommé les chiffres des horloges du quartier
Elle a fait de ma vie des cocottes en papier, des éclats de rire
Elle a bâti des ponts entre nous et le ciel
Et nous les traversons à chaque fois qu'elle
Ne veut pas dormir, ne veut pas dormir, je l'aime à mourir.

La Rém Do Fa
R- Elle a dû faire toutes les guerres pour être aussi forte aujourd'hui
La Mib Fa
Elle a dû faire toutes les guerres de la vie et l'amour aussi.

2- Elle vit de son mieux son rêve d'opaline
Elle danse au milieu des forêts qu'elle dessine, je l'aime à mourir
Elle porte des rubans qu'elle laisse s'envoler
Elle me chante souvent que j'ai tort d'essayer
De les retenir, de les retenir, je l'aime à mourir.

Pour monter dans sa grotte cachée sous les toits
Je dois clouer des notes à mes sabots de bois, je l'aime à mourir
Je dois juste m'asseoir, je ne dois pas parler
Je ne dois rien vouloir, je dois juste essayer
De lui appartenir, de lui appartenir.

Reprise du refrain-

L'ENCRE DE TES YEUX

Paroles et musique : Francis CABREL

Mi Mi4 Mi Fa#m4
_ _ _ _

Mi Si Do#m
_ Puisqu'on ne vivra jamais tous les deux
La Mi
_ Puisqu'on est fou, puisqu'on est seul
Si
Puisqu'ils sont si nombreux
Mi Si Do#m
_ Même la morale parle pour eux
La Mi
_ J'aimerais quand même te dire
Tout ce que j'ai pu écrire
Si La
_ Je l'ai puisé à l'encre de tes yeux.
Mi Mi4 Mi Fa#m
_ _ _ _

Je n'avais pas vu que tu portais des chaînes
À trop vouloir te regarder j'en oubliais les miennes
On rêvait de Venise et de liberté
J'aimerais quand même te dire
Tout ce que j'ai pu écrire
C'est ton sourire qui me l'a dicté.

Tu viendras longtemps marcher dans mes rêves
Tu viendras toujours du côté où le soleil se lève
Et si malgré ça j'arrive à t'oublier
J'aimerais quand même te dire
Tout ce que j'ai pu écrire
Aura longtemps le parfum des regrets.

Mais puisqu'on ne vivra jamais tous les deux…

SARBACANE

Paroles et musique : Francis CABREL

Si Mi
1- _ On croyait savoir tout
Sur l'amour
Si
Depuis toujours,
Nos corps par cœur et nos cœurs
Fa#
Au chaud dans le velours,
Si Sim
_ Et puis te voilà bout de femme
Mi
Comme _ soufflée d'une sarbacane
Si Sim Fa# Fa#m
Le ciel a même un autre éclat
Si
Depuis toi.

2- Les hommes poursuivent
Ce temps qui court
Depuis toujours
Voilà que t'arrives et que tout s'éclaire
Sur mon parcours
Pendue à mon cou comme une liane
Comme le roseau de la sarbacane
Le ciel s'est ouvert par endroits
Depuis toi.

Si Mi
R1- _ _ Pas besoin de phrases
Si
Ni de longs discours
Mi Ré
_ Ça change tout dedans
Fa# Fa#7
Ça change tout autour _
Si
_ Finis les matins paupières en panne
Mi
Lourdes comme des bouteilles de butane
Si Sim Fa# Fa#m
_ J'ai presque plus ma tête à moi
Si
Depuis toi.

Reprise musicale du couplet-

R2- Pas besoin de faire
De trop longs discours
Ça change tout dedans
Ça change tout autour
Sim
Pourvu que jamais tu ne t'éloignes
Mi
Plus loin qu'un jet de sarbacane
Si Sim Fa#
_ J'ai presque plus ma tête à moi
Si
Depuis toi.

Si Sim
3- _ Et puis te voilà bout de femme
Mi
Comme _ soufflée d'une sarbacane
Si Sim Fa# Fa#m
Le ciel c'est ouvert par endroit
Si
Depuis toi.
Si
Oh depuis toi.

JEAN-PATRICK CAPDEVIELLE

QUAND T'ES DANS LE DÉSERT

Paroles et musique : Jean-Patrick CAPDEVIELLE

Lam
1- Moi je traîne dans le désert depuis plus de vingt-huit jours
Mim
Et déjà quelques mirages me disent de faire demi-tour
Mim *Lam*
La fée des neiges me suit, tapant sur mon tambour
Les fantômes du syndicat des marchands de certitude
Mim
Sont glissés jusqu'à ma dune, reprochant mon attitude
Sol *Lam*
C'est pas très populaire le goût d' la solitude.

Sol Do *Sol*
R- _ _ Quand t'es dans le désert
Lam
Depuis trop longtemps
Do *Sol*
_ Tu t' demandes à qui ça sert
Ré
Toutes les règles un peu truquées
Du jeu qu'on veut t' faire jouer
Lam
Les yeux bandés.

2- Tous les rapaces du pouvoir menés par un gros clown sinistre
Plongent vers moi sur la musique d'un piètre accordéoniste
J' crois pas qu'ils viennent me parler des joies d' la vie d'artiste
D' l'autre côté voilà Caïn toujours aussi lunatique
Son œil est empli de sable et sa bouche pleine de verdicts
Il trône dans un vieux cimetière de vieilles mécaniques.

3- Les gens dis'nt que les poètes finissent tous trafiquants d'armes
On est cinquante millions d' poètes, c'est ça qui doit faire notre charme
Sur la lune de Saturne mon perroquet sonne l'alarme
C'est drôle mais tout l' monde s'en fout !
Vendredi tombant d' nulle part y'a Robinson l' solitaire
Qui m'a dit : "J' trouve plus mon fils, vous n'auriez pas vu la mer
Va falloir que j' lui parle du thermonucléaire !"

4- Hier un homme est venu vers moi d'une démarche un peu traînante
Il m'a dit: "T'as t'nu combien d' jours ?" J'ai répondu : "Bientôt trente !"
Je m' souviens qu'il espérait tenir jusqu'à quarante
Quand j'ai d'mandé son message, il m'a dit d'un air tranquille
Les politiciens finiront tous un jour au fond d'un asile
J'ai compris que j' pourrais bientôt regagner la ville.

JEAN-MICHEL CARADEC

LA COLLINE AUX CORALLINES

Paroles et musique : Jean-Michel CARADEC

Fa Sol
R- De Caroline à Madeline
Lam Mim
Christophe ou Lison
Fa Sol Lam
Sur la colline aux Corallines
Sol7 Do
Chantent cette chanson.

Do
1- Deux petites flaques
Un oiseau qui boite
Sol
Sur le chemin
Do
Donnons-nous la main.
Sautons la barrière
Dans les fougères
Sol7
Cherchons les fleurs
Do-7
De l'accroche-cœur.

2- Si les paroles
Sont un peu folles
C'est que les enfants
Inventent tout le temps.
Chasse l'autruche
À cache-cache elle truche
Quatre moutons
Fument sur le balcon.

3- Changeons le monde
Une seconde
Ça fera pas de mal
Au règne animal.
C'est la baleine
Qui fera la laine
Et le chasseur
Qui aura peur.

4- Le joueur de flûte
À fait la culbute
Son pantalon
N'a plus de fond.
La nuit qui tombe
Fait grandir les ombres :
Il faut rentrer
Maman va s'inquiéter.

Refrain final-
Et Caroline et Madeline
Christophe et Lison
Sur la colline aux Corallines
Se séparent en chansons.

JEAN-ROGER CAUSSIMON

LE FUNAMBULE

Paroles : Jean-Roger CAUSSIMON
Musique : Francis LAI

Capo III

Lam
1- De tous ses copains du cirque forain
Fa Sol
Pas un n'avait dit au vieux funambule
Mim Fa
Qu'il était aussi parfois somnambule
Rém Mi
Ça n'aurait servi strictement à rien.

Lam Rém Lam
2- Le public parti, la lune dehors
Rém Sol
À travers les trous de la vieille toile
Do
Allumait un ciel tout rempli d'étoiles
Rém Fa Mi
Le vieux funambule, arrivait alors.

3- Lui qui n'était pas tellement sûr de lui
Qu'avait mal des reins, qu'avait des vertiges
Était tout changé, c'était un prodige
Oui c'était vraiment le jour et la nuit.

4- Plus besoin d'ombrelle ni de balancier
Les sauts périlleux devenaient faciles
Il était gracieux, il était agile
Comme un demi-dieu, sur son fil d'acier.

5- Et ce fut ainsi qu'un enfant le vit
Un enfant puni ou un fils de pauvre
Qui s'était glissé dans l'odeur des fauves
Et le regardait d'un regard ravi.

6- Spectateur fortuit de ce numéro
L'enfant applaudit à tant de merveilles
Mais un somnambule quand on le réveille
Comme un funambule ça tombe de haut.

7- De tous ses copains du cirque forain
Pas un n'avait dit au vieux funambule
Qu'il était aussi parfois somnambule
Les gens du voyage sont des gens très bien.

CHRISTOPHE

ALINE

Paroles et musique : CHRISTOPHE

Do Mi7
1- J'avais dessiné sur le sable
Fa Sol7
Son doux visage qui me souriait
Do Mi7
Puis il a plu sur cette plage
Fa Sol7
Dans cet orage elle a disparu
Do Mi7 Fa Sol7
Et j'ai crié, crié "Aline", pour qu'ell' revienne
Do Mi7 Fa Sol7
Et j'ai pleuré, pleuré, oh, j'avais trop de peine.

2- Je me suis assis près de son âme
Mais la belle dame s'était enfuie
Je l'ai cherchée sans plus y croire
Et sans un espoir pour me guider
Et j'ai crié…

3- Je n'ai gardé que ce doux visage
Comme une épave sur le sable mouillé
Et j'ai crié…

ÇA FAIT PLEURER LE BON DIEU

Paroles : Étienne RODA-GIL
Musique : Julien CLERC

Fa *Do7*
1- Ils ont au fond d' leurs mouchoirs
Rém
Un tout p'tit peu de brouillard
Solm *Do*
Pour dissimuler leur chagrin
Sib *Do7*
Quand ils pleurent dans leurs mains
Fa *Do7*
On ne saura jamais très bien
Rém
Pourquoi pleurent les enfants
Solm *Do*
Faudrait leur dire plus souvent
Sib *Do7*
Ce que disent les paysans…

Rém *Solm* *Do7*
R- Pleur' donc, pleur' donc pas comm' ça
Rém *La7* *Rém*
Ça fait pleurer l' bon Dieu la la
Rém *La7* *Rém*
Ça fait pleurer l' bon Dieu.
Rém *Solm7* *Do7*
Pleur' donc, pleur' donc pas comm' ça
Rém *La7* *Rém*
Ça fait pleurer l' bon Dieu
Rém *La7* *Rém* *Fa*
Ça fait pleurer l' bon Dieu, bon Dieu.

2- C'est ainsi que les paysans
Berc'nt leurs enfants malheureux
C'est ce que croient les enfants
En essuyant leurs grands yeux
On n' saura jamais très bien
Pourquoi pleurent les enfants
Faudrait leur dire plus souvent
Ce que disent les paysans…

3- Depuis j'ai appris bien sûr
Que l' bon Dieu ne pleurait pas
Du moins pas aussi souvent
Pas aussi souvent que l'on croit
Mais chaque fois que je vois
Quelqu'un pleurer près de moi
Je ne peux pas m'en empêcher
De doucement lui chanter…

LILI VOULAIT ALLER DANSER

Paroles : Luc PLAMONDON
Musique : Julien CLERC

1- *Do*
_ Quand Tony est entré dans le snack-bar
Sol
Il devait être au moins minuit moins l' quart
Lili la serveuse
Semblait très nerveuse
Do
Un dernier client sucrait son café.

2- *Do*
À la télé y' avait un match de boxe
Sol
Pendant qu'on entendait dans le juke-box
Gronder le piano
De Fats Domino
Do
De quoi vous mettre des fourmis dans les pieds.

R1- *Fa Do*
Comme tous les soirs
Ré7 Sol
Après l' snack-bar
Do
Lili voulait aller danser
Sol
Lili voulait aller danser
Lili voulait aller danser
Do Fa
Aller danser le rock' n' roll _
Do Fa Do
Li - li voulait aller danser
Sol
Lili voulait aller danser
Lili voulait aller danser
Do
Mais Tony trouvait ça moins drôle
Fa
Lui qui n'aimait pas du tout
Sol Do
_ Le rock'n'roll.

3- Il lui a dit : "Lili fais-moi un hot-dog !"
Elle a fermé son numéro de Vogue
Elle a obéi
Et puis elle a dit :
"Sais-tu que j'attends depuis une heure ?"

4- Dans son hot dog il a mis du ketchup
Mais quand Lili eut refait son make up
Elle a dit : "Salut,
Tu n' me r'verras plus."
Il lui a mis son couteau sur le cœur.

R2- Et puis il l'a prise dans ses bras :
"Lili j' voudrais bien t'épouser
Si tu voulais ne plus jamais
Ne plus jamais aller danser
Aller danser le rock' n' roll !"
Elle n'a pas su se désister
Elle n'a pas pu lui résister
Elle a dit oui sans hésiter
En pleurnichant sur son épaule
Car elle l'aimait encore plus que
L' rock' n' roll.

5- Il lui a promis d' l'aimer toute sa vie
D'ailleurs on peut lire encore aujourd'hui
Au-d'ssus de leur lit :
"Tony loves Lili"
Dans un cœur en bois gravé au couteau.

R3- Oh oh oh oh
Oh oh
Lili voulait aller danser
Lili voulait aller danser
Lili voulait aller danser
Aller danser le rock'n' roll...

MA PRÉFÉRENCE

Paroles :
Jean-Loup DABADIE
Musique :
Julien CLERC

Ré
\- Je le sais
Lam Si
Sa façon d'être à moi parfois
Mim
Vous déplaît
Solm7
Autour d'elle et moi
La Rém
Le silence se fait
Mais elle est
Solm7 Do
Ma préférence à moi
Lab
Oui je sais
Sim7 Do9
Cet air d'indifférence qui est
Fam
Sa défense
Solm5 Do7
Vous fait souvent offense
Lab
Mais quand elle est
Sibm7 Do9
Parmi mes amis de faïence
Fam
De faïence
Solm7/5 Do
Je sais sa défaillance.

2- Je le sais
On ne me croit pas fidèle à
Ce qu'elle est
Et déjà vous parlez d'elle à
L'imparfait
Mais elle est
Ma préférence à moi
Il faut le croire
Moi seul je sais
Quand elle a froid
Ses regards
Ne regardent que moi
Par hasard
Elle aime mon incertitude
Par hasard
J'aime sa solitude.

3- La la la...Il faut le croire
Moi seul je sais
Quand elle a froid
Ses regards
Ne regardent que moi
Par hasard
Elle aime mon incertitude
Par hasard
J'aime sa solitude
Fa
Je le sais
Dom7 Ré
Sa façon d'être à moi parfois
Solm
Vous déplaît
Sibm7
Autour d'elle et moi
Do Fam
Le silence se fait
Mais elle est
Sibm7 Mib
Elle est ma chance à moi
Sibm7 Mib
Ma préférence à moi
Sibm7 Do7
Ma préférence à moi.

TRAVAILLER C'EST TROP DUR

Traditionnel cajun
Adaptation : Zachary RICHARD

Mi La Mi
R- Travailler, c'est trop dur, et voler, c'est pas beau
Si7 La Si7 Mi
D'mander la charité, c'est quequ' chose j' peux pas fair'
Mi La Mi
Chaque jour que moi j' vis, on m' demande de quoi j' vis
Si7 La Si7 Mi
J' dis que j' vis sur l'amour, et j'espère de viv' vieux !

1- Et je prends mon vieux ch'val, et j'attrap' ma vieille selle
Et je sell' mon vieux ch'val pour aller chercher ma bell'
Tu connais, c'est loin d'un grand bout d' là, de Saint-Antoine à Beaumont
Mais le long du grand Texas, j' l'ai cherchée bien longtemps.

2- Et je prends mon violon, et j'attrap' mon archet
Et je joue ma vieille valse pour fair' le monde danser
Vous connaissez, mes chers amis, la vie est bien trop courte
Pour se faire des soucis, alors..., allons danser !

LA COMPAGNIE CRÉOLE

BA MOIN EN TIBO

Folklore
Adaptation :
D. VANGARDE et J. KLUGER

Fa
R- Ba moin en ti bo
Do7
Deux ti bo, trois ti bo
Doudou
Ba moin en ti bo
Fa
Deux ti bo, trois ti bo
Doudou
Ba moin en ti bo
Fa7 Sib
Deux ti bo, trois ti - bo
Sibm Do7
Ba moin tout ça ou lé
Fa
Pou soulagé cœu moin. } *bis*

Fa
1- Pmoin fé en charm'
Do7
Pou moin charmé n'hom la
Fa
Moin réfléchi ayen dufoce pas bon
Moin prend charme là
Fa7 Sib
Moin jeté dan l'an mé
Sim Do7
Moin di si ainmin moin
Fa
Ya maché deyè moin.

2- Totototo
Qu'est-ce qui frappe à ma porte ?
Cè moin lanmou
Cè moin pain dou sucré.
Depuis deux jou
La pluie qu'a mouillé moin
Par pitié, par humanité
Ouvé la porte ba moin.

3- Le mois de mai
C'est le mois de chaleur
Tout ti zoizeaux
Ka changé plumage yo
Tout ti pis bois
Ka changé feuillage yo
Alors si ou ainmin moin
Ou a changé pou moin.

C'EST BON POUR LE MORAL

Paroles
et musique :
Jean KLUGER et
Daniel VANGARDE

Sol7/4 Sol7
1- Un p'tit feu pour démarrer _
Do Do6
Une caresse pour décoller _
Sol7/4 Sol7
Si tu veux te réchauffer _
Do Do6
Faut savoir bien béguiner. _

Sol7
R- C'est bon pour le moral
Do
C'est bon pour le moral
Sol7
C'est bon pour le moral
Do
C'est bon pour le moral.
Sol7
Si t'es Doudou bien balancée
Do
Ou play-boy super sapé
Sol7/4 Sol7
Et que tu cherches à t'amuser
Do
La Compagnie va te chanter :
Sol7
C'est bon pour le moral
Do
C'est bon pour le moral
Sol7
C'est bon pour le moral
Do
C'est bon pour le moral
Sol7 Do
C'est bon, bon, c'est bon, bon
Sol7 Do
C'est bon, bon, c'est bon, bon.

2- Si tu veux te faire plaisir
Faut surtout pas hésiter
Pour combler mes désirs
Y'a rien de tel qu'un p'tit baiser.

3- Un p'tit feu pour démarrer
Une caresse pour décoller
Si tu veux te réchauffer
Faut savoir bien béguiner.

Final-
Do
C'est bon, bon
Sol7
Roulez, roulez
Do
Dansez, dansez
Sol7
Roulez, roulez
Do
Dansez, dansez.

VIVE LE DOUANIER ROUSSEAU

Paroles et musique :
Daniel VANGARDE et Jean KLUGER

Sol
1- Bonjour, bonjour
Ré7
Je viens vous inviter
Laissez tout tomber
Sol
On va embarquer
Pour un pays
Ré7
Qui va vous enchanter
Vous embéguiner
Sol Sol7
Laissez-vous tenter
Do Rém
C'est une île perdue au milieu de l'océan
La Ré7
Un jardin merveilleux, un spectacle permanent
Comme dans les, comme dans les
Comme dans les, comme dans les…

Ré7 Sol
R1- Comme dans les tableaux du Douanier Rousseau
Ré7 Sol
Y'a des perroquets bleus qui boiv'nt du lait d'coco
Ré7 Sol
Comme dans les tableaux du Douanier Rousseau
Ré7
Y'a des poissons tropicaux
Sol Lam Sim Do Ré7
Pleins d' piquants sur le dos oh oh oh… _

2- La nuit tombée
Si vous le voulez
On ira canoter
Sous les palétuviers.
Aucun danger
On peut se baigner :
Là-bas, les crocodiles
Sont bien intentionnés
Au clair de la lune, dans la forêt endormie
Des ombres félines se dessinent par magie.
Comme dans les, comme dans les
Comme dans les, comme dans les…

R2- Comme dans les tableaux du Douanier Rousseau
Y'a des soleils de feu cachés dans les roseaux.
Comme dans les tableaux du Douanier Rousseau
Y'a des p'tits singes amoureux
Qui jouent les Roméo Oh oh oh…

Ré7 Sol Ré7 Sol Ré7 Sol Ré7 Sol Ré7 Sol
Tou tou tou _ c'est un vrai paradis. Tou tou tou. _

3- C'est une île perdue au milieu de l'océan
Un jardin merveilleux, un spectacle permanent
Comme dans les, comme dans les
Comme dans les, comme dans les…

R3- Comme dans les tableaux du Douanier Rousseau
Y'a des perroquets bleus qui boiv'nt du lait d' coco
Comme dans les tableaux du Douanier Rousseau
Y'a des poissons tropicaux pleins d' piquants sur le dos
Comme dans les tableaux du Douanier Rousseau
Y'a des soleils de feu cachés dans les roseaux.
Comme dans les tableaux du Douanier Rousseau
La la la la la… oh oh oh… Vive le Douanier Rousseau !

ÇA FAIT RIRE LES OISEAUX

Paroles et musique :
Daniel VANGARDE
et Jean KLUGER

Fa
R- Ça fait rir' les oiseaux
Sib
Ça fait chanter les abeilles
Fa
Ça chasse les nuages
Do
Et fait briller le soleil
Fa
Ça fait rir' les oiseaux
Sib
Et danser les écureuils
Fa
Ça rajoute des couleurs
Do
Aux couleurs de l'arc-en-ciel
Fa
Ça fait rir' les oiseaux
Sib Do Fa
_ Oh, oh, oh, rir' les oiseaux.

Fa
1- Une chanson d'amour
Sib
C'est comme un looping en avion
Do
Ça fait battre le cœur
Fa
Des filles et des garçons
Une chanson d'amour
Sib
C'est d' l'oxygén' dans la maison
Do7
Tes pieds n' touch'nt plus par terre
Fa
T'es en lévitation
Rém
Si y'a d' la pluie dans ta vie
Sib
Si le soir te fait peur
Do Fa
La musique est là pour ça
Rém
Y'a toujours une mélodie
Sib
Pour des jours meilleurs
Do
Allez, tape dans tes mains
Ça porte bonheur
C'est magiqu' un refrain
Qu'on reprend tous en chœur.

2- T'es revenu chez toi
La tête pleine de souvenirs
Des soirs au clair de lune
Des moments de plaisir
T'es revenu chez toi
Et tu veux déjà repartir
Retrouver l'aventure
Qui n'aurait pas dû finir
Y'a du gris dans tes nuits
Ou des larmes dans ton cœur
La musique est là pour ça
Y'a toujours une mélodie
Pour des jours meilleurs
Allez, tape dans tes mains
Ça porte bonheur
C'est magiqu' un refrain
Qu'on reprend tous en chœur.

FEMME LIBÉRÉE

Paroles : Joëlle KOPF
Musique : Christian DINGLER

Capo I

Fa#m7 Ré La Mi
1- _ Elle est abonnée à "Marie-Claire"
Fa#m7 Ré La Mi
_ Dans l' "Nouvel Obs" elle ne lit que Brétecher
Fa#m7 Ré La Mi
Le "Monde" y'a longtemps qu'elle fait plus semblant
Fa#m7 Ré La Mi
Elle achète "Match" en cachette c'est bien plus mar-
rant.

Fa#m Ré La Mi
R- Ne la laisse pas tomber, elle est si fragile
Fa#m Ré La Mi
Être une femme libérée tu sais c'est pas si facile. } *bis*

2- Au fond de son lit un macho s'endort
Qui ne l'aimera pas plus loin que l'aurore
Mais elle s'en fout elle s'éclate quand même
Et lui ronronne des tonnes de "je t'aime."

3- Sa première ride lui fait du souci
Le reflet du miroir pèse sur sa vie
Elle rentre son ventre à chaque fois qu'elle sort
Même dans "Elle" ils disent qu'il faut faire un effort.

4- Elle fume beaucoup elle a des avis sur tout
Elle aime raconter qu'elle sait changer une roue
Elle avoue son âge, celui d'ses enfants
Et goûte même un p'tit joint de temps en temps.

MICHEL CORRINGE

LA ROUTE

Paroles et musique :
Michel CORRINGE

Lam Do Mi Lam
1- La route m'appelle et m'attire __ __
Do Mi Rém
À l'est, à l'ouest, au sud, au nord __ __
Ce soir ici, j'ai trouvé un lit
Mi7 Lam
Demain je coucherai dehors
Beaucoup de routes ramènent vers vous
Mais la route m'entraîne toujours
Et j'ajoute des lieues et des lieues
Aux lieues qui me séparent de vous.

Lam
R- Oh bien sûr j'ai souvent faim et froid
Fa
J'ai envie de m'arrêter parfois
Sol Do Mi
Mais ma route m'entraîne toujours __
Lam
Désir de concrétiser un symbole
Fa
De posséder l'unique beauté
Sol Do Mi Lam
Que l'on nomme "liberté - é, liberté."

2- Que m'importent droits et doctrines
Ma seule loi c'est la fatigue
Que m'importe le temps qui passe
Quand mon seul guide est le hasard
Quelquefois une longue halte
Pour satisfaire une compagne
Mais le vent qui crie et qui passe
M'invite à prendre le départ.

Avec l'aimable autorisation des Éditions DANY MUSIC.

LES PAUMÉS

Paroles et musique :
Michel CORRINGE

Avec l'aimable autorisation des Éditions PLURIEL.

Mim Do Ré Mim
1- Venez à moi les paumés __ __ __
Do Ré Mim
Répétait la même voix __ __ __
Sol Ré Mim
Venez, je vous guiderai __
Sol Si7 Mim Ré Mim
Là où le malheureux est roi __ __
Long sera notre chemin
Nul n'aura droit au repos
Avant que soit édifié
Le nouvel Eldorado.

Sol Ré Sol
R- Nos ongles arrache - ront
Ré Sol
Les ronces et le chardon
Mim
Notre sueur amère
Ré Mim Ré Mim
Fera fondre les pierres. __ __

2- Par centaines, ils arrivèrent
Attirés par cette voix
Oubliant tout pour aller
Là où le malheureux est roi
Nul ne sait ce qu'il advint
De ces hommes qui, un matin
Oubliant femmes et enfants
S'éloignèrent en chantant.

3- Et tremblent femmes et mères
Quand certains soirs de tonnerre
Mêlée aux cris des éclairs
La même voix leur répète
Venez à moi les paumés
Les rejetés, les parias
Venez, je vous guiderai
Là où le malheureux est roi.

LES SAINTES MARIES

Paroles : Michel CORRINGE
Musique : Danyel GÉRARD

Lam Mim Do Sol
1- Demain gitan, les guitares joueront
Lam Mim Do Sol
Demain gitan, les femmes danseront
Mim Lam Mim Do Sol Lam
Demain gitan, nous serons aux Saintes Maries
Demain gitan, tu embrasseras la Mamma
Et le front brûlant tu baisseras la tête
Sous la croix des Saintes Maries.

Parlé sur un rythme de flamenco-
Lam
On m'appelle cœur de pierre
Sol
Je ne cherche pas à plaire
Fa
Je n'ai qu'un ami, qu'un frère
Mi
Hernano
Lui qui ne jure que par moi
Il aura mal quand il saura
Quand il saura que je l'ai trahi
Hernano.

2- Demain gitan, les guitares joueront
Demain gitan, les femmes danseront
Demain gitan, nous serons aux Saintes Maries
Demain au pied de la Vierge Noire
Tu feras le serment de tuer
Celui qui t'a déshonoré aux Saintes Maries.

Parlé-
Un homme fier, un vrai gitan
Qui lave l'affront dans le sang
Demain tu te vengeras
Fouet au poing
Lequel de nous deux
Frère gitan
Pleurera sur le corps
De l'autre.

3- Demain gitan, les guitares se taieront
Demain gitan, les femmes pleureront
Demain le fouet claquera aux Saintes Maries
Laï la, laï la, laï…

LES CHAMPS-ÉLYSÉES

Adaptation française : Pierre DELANOË
s/ les motifs de "WATERLOO ROAD"
(Mike WILSH / Mike DEIGHAN)

JOE DASSIN

Sol Si7
1- Je m'baladais sur l'avenue
Mim Sol7
Le cœur ouvert à l'inconnu
Do Sol
J'avais envie de dire bonjour
La7 Ré7
À n'importe qui
Sol Si7
N'importe qui et ce fut toi
Mim Sol7
Je t'ai dit n'importe quoi
Do Sol
Il suffisait de te parler
La7 Ré7 Sol
Pour t'apprivoi - ser.

Sol Si7 Mim Sol7 Do Sol La7 Ré
R- Aux Champs-Ély - sées, aux Champs-Ély - sées
Sol Si7 Mim Sol7
Au soleil, sous la pluie, à midi ou à minuit
Do Sol La7 Ré7 Sol
Il y a tout c' que vous voulez aux Champs-Ély - sées.

2- Tu m'as dit: "J'ai rendez-vous
Dans un sous-sol avec des fous
Qui vivent la guitare à la main
Du soir au matin."
Alors je t'ai accompagnée
On a chanté, on a dansé
Et l'on a même pas pensé
À s'embrasser.

3- Hier soir, deux inconnus
Et ce matin sur l'avenue
Deux amoureux tout étourdis
Par la longue nuit
Et de l'Étoile à la Concorde
Un orchestre à mille cordes
Tous les oiseaux du point du jour
Chantent l'amour.

SIFFLER SUR LA COLLINE

Paroles et musique :
D. PACE, M. PANZERI, L. PILAT, J.-M. RIVAT

Capo II

Ré La7
R- Elle m'a dit d'aller siffler là-haut sur la colline
Ré
De l'attendre avec un petit bouquet d'églantines
La7
J'ai cueilli les fleurs et j'ai sifflé tant que j'ai pu
Ré
J'ai attendu, attendu, elle n'est jamais venue.
Fa#7 Sim
Laï laï laï laï, laï laï laï laï *(bis)*
La Sim
Oh oh oh oh *(bis)*

Sim
1- Je l'ai vue près d'un laurier
La
Elle gardait ses blanches brebis
Mim
Quand j'ai demandé d'où venait
Sim
Sa peau fraîche, elle m'a dit :
"C'est d' rouler dans la rosée
La
Qui rend les bergères jolies."
Mim
Mais quand j'ai dit qu'avec elle
Sim Fa#7
Je voudrais y rouler aussi, elle m'a dit...

2- À la foire du village
Un jour je lui ai soupiré
Que je voudrais être une pomme
Suspendue à un pommier
Et qu'à chaque fois qu'elle passe
Elle vienne me mordre dedans
Mais elle est passée et tout en
Me montrant ses jolies dents, elle m'a dit...

MAURICE DULAC

DIS À TON FILS

Paroles : Boris BERGMAN
Arrangement d'après une musique traditionnelle :
Anne-Marie GARCIA

Sim   Sol
1- Dis à ton fils qu'il doit rentrer
Fa#   Sim
La nuit va bientôt tomber
Sol
- Laisse-le jouer près de l'eau
Fa#   Sim
Le maïs est encore chaud
Ré   Sim   Fa#   Sim
- Mais demain, il va falloir se lever
Ré   Sim   Fa#   Sim
- Je sais bien, il faut planter le café.

2- Dis à ton fils qu'il doit rentrer
Je voudrais bien lui parler
- Je crois qu'il n'est pas encore temps
Ce n'est jamais qu'un enfant
- Mais demain il faudra bien qu'il apprenne
- Son chemin est fait de sang et de peine.

3- Dis à ton fils qu'il doit rentrer
Le mulet est déjà prêt
- Il a son fusil sur le dos
Il t'attend près du rulsseau
- Dès demain nous serons dans la montagne
- Je sais bien, et que Dieu vous accompagne.

4- Tu vois, ton fils n'est pas rentré
Les soldats nous l'ont tué
- Je sais bien qu'il n'est pas mort pour rien
Nous serons libres demain
- Mais demain, il va falloir se lever
- Je sais bien, il faut planter le café.

IL ME MANQUAIT TOUJOURS

Paroles et musique : Yves DUTEIL

R-
Rém7 Sol7
__ Jamais une autre source
Mim7 Lam7
__ N'arrêtera ma course
Rém7 Sol7
__ C'est le fil de ton eau
Do Sol7 Do7
Qui trace mon chemin
Rém7 Sol7
__ Je me perdrais sans doute
Mim7 Lam7
__ En suivant d'autres routes
Rém7 Do Sol7
__ Pour arriver jusqu'à demain.

1-
Do Sol7 Do
__ Parfois je pense à tout ce temps
Fa Do Sol7 Do Sol7
Pour arriver jusqu'à toi __ __ __
Do Sol7 Do
__ À ces méandres un peu lassants
Fa Do Sol7 Do Do7
Que la vie met sous nos pas __ __ __
Fa Sol7 Mim7 Lam7
__ Si j'ai trouvé le chemin __
Rém La7
__ Pour arriver jusqu'au tien
Rém7 Sol7 Do
__ J'ai traversé tout l'univers
Fa Do Sol7 Do Fa Do Rém7 Do
Avec mon cœur en bandoulière __ __ __ __
Fa
__ Il me manquait toujours
Do7
__ Une pierre à ma maison
Rém
__ Une heure au fil des jours
La7
__ Un mot dans ma chanson
Rém
__ Il me manquait alors
Do
__ Une aile à mon moulin
Sol7
__ Je n'avais pas encore
Do Do7
De fruit dans mon jardin
Fa
__ Il me manquait alors
Do
__ Une aile à mon moulin
Sol7 Do Fa Do
__ Pourtant je ne manquais de rien. __ __

2- Je savais bien qu'un jour la vie
M'apporterait le beau temps
Et je prenais les éclaircies
Pour le début du printemps
Mais j'ignorais qu'un matin
Pourrait changer mon destin
Et dans mon cœur à ciel ouvert
Ensoleiller tout l'univers
Il me manquait toujours
Une pierre à ma maison
Une heure au fil des jours
Un mot dans ma chanson
Le bonheur semblait là
À peine un peu plus loin
Mais il manquait toujours
Un mètre à mon chemin
Le bonheur semblait là
À peine un peu plus loin
Pourtant je ne manquais de rien.

3- Voilà pourquoi de tout ce temps
Que la vie met sous nos pas
De ces méandres un peu lassants
Pour arriver jusqu'à toi
Je me souviens d'un matin
Où j'ai croisé ton chemin
Et j'ai compris tout l'univers
Dans un regard de tes yeux verts
Il peut manquer toujours
Une pierre à ma maison
Une heure au fil des jours
Un mot dans mes chansons
Il peut manquer surtout
Un siècle à mon destin
Si tu fais près de moi
Le reste du chemin
Il peut manquer surtout
Un siècle à mon destin
Je ne manquerai plus de rien.

JE VOUDRAIS FAIRE CETTE CHANSON

Paroles et musique : Yves DUTEIL
Interprète : Fabienne THIBEAULT

Capo I

Mim7 Ré6 Ré7 Sol
1- __ Je voudrais faire cette chanson
Sol7M Do Sol
__ Pour faire chanter notre maison
Sol Do Ré7 Sol Do
__ Pour faire chanter tout l'univers __ à ma façon
Sol Ré7 Sol
__ Avec l'amour __ pour diapason
Sol Do Ré7 Sol Do
__ Pour faire chanter tout l'univers __ à l'unisson
Sol Ré6 Ré7 Sol Do Sol
__ Je voudrais faire cette chanson. __ __

2- Avec mon cœur et mes frissons
Les plus beaux jours de nos moissons
Les mots qu'on dit mais qui se perdent à l'horizon
Vers ceux qu'on aime et qui s'en vont
Pour ceux que j'aime et qui peut-être se perdront
Mim7/9 Lam7 Ré7 Sol Do Sol
__ Je voudrais faire cette chanson. __ __

3- Mmm…
Avec nos cœurs et le meilleur de notre histoire
Le bonheur et le désespoir
Avec ton corps et la douceur de ton regard
Dans les accords de ma guitare.

4- Je voudrais faire cette chanson
Pour faire pleurer notre maison
De ces instants parfois trop lourds et bien trop longs
Où le bonheur est en prison
Pour que jamais l'amour ne perde la raison
Je voudrais faire cette chanson.

5- Et jusqu'au jour de nos moissons
Je voudrais de mille façons
Te dire je t'aime et de nos cœurs à l'unisson
Dans un élan, dans un frisson
Offrir au monde un jour ma plus jolie chanson
Sol Ré Sol Do Sol
__ Aux yeux verts __ et aux cheveux blonds. __ __

6- Mmm…
Pour faire chanter tout l'univers à ma façon
Avec l'amour pour diapason
Pour faire chanter
Tout l'univers à l'unisson
Je voulais faire cette chanson.

JONATHAN

Paroles et musique : Yves DUTEIL

Mi7M
1- Va-t'en dire au vent qui t'amène
La7M Si
Que le monde n'est rien sans toi
Il n'y a que l'amour qui t'entraîne
Mi7M
À monter plus haut chaque fois.

Mi7M
2- Et caché derrière ton épaule
La7M Si
Il y a le regard si doux
D'une femme qui sait ton rôle
Sol#7/9 Sol#7
Et qui t'aide à tenir debout.

Do#7
3- C'est le vent qui sonne à ta porte
Fa#
Mais le destin n'existe pas
Il sera ce que tu apportes
Do#7
Tout ce que tu aimes est en toi.

Do#7
4- Tu fabriques une route neuve
Fa#
Que bien d'autres suivront un jour
C'est pour mieux te mettre à l'épreuve
Do #
Qu'une étoile te suit toujours.

La7M/9 Mi7M
5- _ Un bonheur quand il te traverse
La7M Si
N'est déjà plus qu'un souvenir
Il faut du courage à l'inverse
Mi7M
Pour ne pas trop le retenir.

Mi7M
6- L'horizon s'éloigne à mesure
La7M Si
Qu'on avance pour le toucher
Il nous montre une vie plus dure
Sol#7/4 Sol#7
Moins facile à apprivoiser.

Do#7
7- Jonathan ouvre-moi les ailes
Fa#
Le vent souffle vers l'avenir
Et le temps m'emporte vers celle
Do#7
Qui m'apprend à m'appartenir.

La7M/9 Mi7M
8- _ Va-t'en dire au vent qui m'appelle
La7M Si
Que j'irai jusqu'au bout du temps
Pour revivre une vie près d'elle
Mi7M
Entouré de tous nos enfants.

Do#7
9- Va-t'en dire au vent qui t'amène
Fa#
Que le monde n'est rien sans toi
Qu'il n'y a que l'amour qui t'entraîne
Do#7
À voler plus haut chaque fois.

Do#7
10- Et caché derrière mon épaule
Fa#
Il y a le regard si doux
De la femme qui sait mon rôle
Do#
Et que j'aime au-delà de tout.

La7M/9 Mi7M
11- _ Jonathan ouvre-moi les ailes
La7M Si
L'univers n'est pas assez grand
Et les mots seraient infidéles
Mi7M
À décrire ce qui nous attend.

Do#7
12- La beauté des mondes invisibles
Fa#
Qu'on découvre en fermant les yeux
Et l'amour des choses impossibles
Do#
Qui sont vraies quand on est heureux.

Sib7M
13- Va-t'en dire au vent qui t'amène
Dom7
Que le monde n'est rien sans toi
Qu'il n'y a que l'amour qui t'entraîne
Sib
À monter plus haut chaque fois…

14- Et caché derrière ton épaule
Il y a le regard si doux
D'une femme qui sait ton rôle
Et qui t'aide à tenir debout.

LA LANGUE DE CHEZ NOUS

Paroles et musique : Yves DUTEIL

Fa Mi7 Do7/4
1- C'est une langue belle avec des mots superbes
Do7 Sib Do7 Fa
Qui porte son histoire à travers ses accents
Fa Mi7 Do7/4
Où l'on sent la musique et le parfum des herbes
Do7 Sib Do7 Fa
Le fromage de chèvre et le pain de froment.
Mib2 Fa7 Sib
Et du Mont Saint-Michel jusqu'à la Contrescarpe
Ré7 Solm
En écoutant parler les gens de ce pays
Sol#dim (Mi7) Fa
On dirait que le vent s'est pris dans une harpe
Sol Do7 Fa
Et qu'il en a gardé toutes les harmonies.

2- Dans cette langue belle aux couleurs de Provence
Où la saveur des choses est déjà dans les mots
C'est d'abord en parlant que la fête commence
Et l'on boit des paroles aussi bien que de l'eau.
Les voix ressemblent aux cours des fleuves et des rivières
Elles répondent aux méandres, au vent dans les roseaux
Parfois même aux torrents qui charrient du tonnerre
En polissant les pierres sur le bord des ruisseaux.

3- C'est une langue belle à l'autre bout du monde
Une bulle de France au nord d'un continent
Sertie dans un étau mais pourtant si féconde
Enfermée dans les glaces au sommet d'un volcan.
Elle a jeté des ponts par-dessus l'Atlantique
Elle a quitté son nid pour un autre terroir
Et comme une hirondelle au printemps des musiques
Elle revient nous chanter ses peines et ses espoirs.

4- Nous dire que là-bas dans ce pays de neige
Elle a fait face aux vents qui soufflent de partout
Pour imposer ses mots jusque dans les collèges
Et qu'on y parle encore la langue de chez nous.
C'est une langue belle à qui sait la défendre
Elle offre les trésors de richesses infinies
Les mots qui nous manquaient pour pouvoir nous comprendre
Et la force qu'il faut pour vivre en harmonie.

5- Et de l'Île d'Orléans jusqu'à la Contrescarpe
En écoutant chanter les gens de ce pays
On dirait que le vent s'est pris dans une harpe
Et qu'il a composé toute une symphonie.
Et de l'Île d'Orléans jusqu'à la Contrescarpe
En écoutant chanter les gens de ce pays
On dirait que le vent s'est pris dans une harpe
Et qu'il a composé toute une symphonie.

LA PUCE ET LE PIANISTE

Paroles et musique : Yves DUTEIL

1- Un jour sur un piano (Ré, Sol)
Une puce élut domicile (La7, Ré)
Elle posa son sac à dos (Ré7, Sol)
Ses affaires de ville (La7, Ré)
Elle avait beaucoup voyagé (Sol, Si7, Mim)
Beaucoup sauté, beaucoup piqué (La7, Ré)
Et pour ne pas qu'on la voie (Sol, Si7, Mim)
Sur une noire, elle s'installa. (La7, Ré)

2- Mais soudain la lumière apparut
Et des sons frappèrent son oreille
Une main lui marchait dessus
Sa colère fut sans pareille
Elle suivit ses évolutions
Avec des yeux pleins d'attention
Pour essayer de grimper
Sur la main qui l'avait piétinée.

3- Lorsqu'enfin elle y parvint
Elle affina son aiguille
Et se mit à piquer la main
Tout en dansant le quadrille
Mais soudain la main s'agita
Et son rythme s'accéléra
Et la puce tout excitée
De plus belle se remit à piquer.

4- Dans la douleur et la démangeaison
La main se faisait plus rapide
Ne suivait plus la partition
Et n'avait plus aucun guide
Mais dans la salle on applaudissait
Sans deviner que c'était
Grâce à une puce énervée
Que le jazz était né.

LE MUR DE LA PRISON D'EN FACE

Paroles et musique : Yves DUTEIL

Capo I

1- _ En regardant le mur (Sim, Fa#7)
De la prison d'en fa - ce (Sim, Si7)
_ J'entends tous les ragots (Mim7, La7)
_ Et les bruits des autos (Ré7M, Sol7M)
_ Boulevard Arago (Do#m7, Fa#7)
Qui pas - sent. (Sim, Si7)
_ Sur les toits des maisons (Mim7, La7)
_ Qui servent d'horizon (Ré7M, Sol7M)
_ Un bout de la tour Mont- (Do#m7, Fa#7)
Parnasse. (Sim)

2- L'hiver on voit les gens
Dans les maisons d'en face
L'été les marronniers
Les cachent aux prisonniers
Et les bruits du quartier
S'effacent.
Quand l'école a fermé
Combien ont dû penser
Au jour de la rentrée
Des classes.

3- En regardant le mur
J'imagine à sa place
Les grillages ouvragés
D'un parc abandonné
Explosant de rosiers
D'espace.
Les grillages ouvragés
D'un parc abandonné
Où les arbres emmêlés
S'enlacent.

4- En regardant le mur
De la prison d'en face
Le cœur un peu serré
D'être du bon côté
Du côté des autos
Je passe.
Et du toit des maisons
Qui ferment l'horizon
Un morceau de la tour
Dépasse.

LE PETIT PONT DE BOIS

Paroles et musique : Yves DUTEIL

Ré
1- Tu te souviens du pont
Sol Ré
Qu'on traversait naguère
Ré
Pour passer la rivière
Mi7 La
Tout prés de la maison
Si7 Mim
Le petit pont de bois
La7 Ré
Qui ne tenait plus guère
Sim7 Mi7
Que par un grand mystère
La7 Ré
Et deux piquets tout droits _
La7 Ré
_ Le petit pont de bois
Sol Ré
Qui ne tenait plus guère
Ré
Que par un grand mystère
La7 Ré
Et deux piquets tout droits.

2- Si tu reviens par là
Tu verras la rivière
Et j'ai refait en pierre
Le petit pont de bois
Puis je l'ai recouvert
De rondins de bois vert
Pour rendre à la rivière
Son vieil air d'autrefois. } *bis*

3- Elle suit depuis ce temps
Son cours imaginaire
Car il ne pleut plus guère
Qu'une ou deux fois par an
Mais dans ce coin de terre
Un petit pont bizarre
Enjambe un nénuphar
Au milieu des fougères } *bis*
Pour aller nulle part
Et pourtant j'en suis fier.

LES CHEMINS DE LA LIBERTÉ

Paroles et musique : Yves DUTEIL

Do
R- _ Il nous a montré le chemin
La7
_ Qui montait jusqu'à la maison
Rém7
_ Dans le brouillard, dans le crachin
Sol7
_ On se serait perdu sinon
Do
_ Il avait l'air heureux, serein
Rém7 Sol7
_ Et quand on est entré chez lui
Do Fa7M
_ La cuisine avait des parfums
Rém7 Sol7
_ Le couvert était déjà mis.

Do7
1- _ Le sourire lui montait du cœur
Fa
_ Son regard avalait nos yeux
La
_ Et quelquefois au fil des heures
Rém7 Sol7
_ Il était grave et silencieux
Do
_ Tout était vraiment comme avant
La7
_ Et pourtant rien n'était pareil
Rém7
_ Le lendemain c'était beau temps
Sol7 Do Do7
Couleurs d'automne et plein soleil _
Fa
_ On a marché dans les collines
Mim
_ Et couru dans la boue des champs
Fa
_ En s'accrochant dans les épines
La Rém7 Sol7
_ Comme feraient de petits enfants. _

Suite… ▷

(suite et fin)

2- En venant j'étais un peu triste
Et le cœur me serrait un peu
Il y a des jours où tout résiste
On a du mal à être heureux
Lui venait de finir sa peine
Où les mois ressemblent aux années
Il voulait voir couler la Seine
Écouter les oiseaux chanter
Et c'est lui qui sans le savoir
Et c'est lui qui sans s'en douter
M'a fait redécouvrir l'espoir
Les chemins de la liberté.

Do
_ Puis on a repris nos bagages
Rém7 Sol7
_ Avec l'envie de revenir
Do Fa7M
_ Remplir nos yeux de son visage
Rém7 Sol7 Do Do7
_ Et nos cœurs de son souvenir _
Do
_ Et c'est lui qui sans le savoir
La
_ Et c'est lui qui sans s'en douter
Rém7 Do
_ M'a fait redécouvrir l'espoir
Fa7M Sol7 Do
Les chemins de la liberté.

LES GENS SANS IMPORTANCE

Paroles et musique : Yves DUTEIL

Capo II

Mi7/4 Mi7 La La7M
1- _ Ce sont des gens sans importan - ce
Ré7M Sim7
_ Avec des gestes quotidiens _
Mi7 Do#7 Fa#m
_ Qui font renaître l'espérance
Fa#m7 Si7/4 Si7 Sim7 Mi
_ Et le bonheur entre leurs mains. _

2- Ce sont des gens sans artifices
Qui vous sourient quand ils sont bien
Et vont cacher leurs cicatrices
Fa#m7 Sim7 Mi7 La Ré
Parmi les fleurs _ de leurs jardins. _

La Sim7 Ré
3- _ Ils ont le cœur un peu fragile
Mi La Do#7
_ Et la pudeur de leurs chagrins _
Fa#m Fa#m7 Si7/4
_ Leur donne un doux regard tranquille
Si7 Sim7 Mi
_ Un peu lointain. _

Mi7/4 Mi7 La La7M
4- _ Ce sont des gens sans importan - ce
Ré7M Sim7
_ Et qui parfois ne disent rien
Mi7 Do#7 Fa#m Fa#m7
_ Mais qui sont là par leur silence _
Sim7 Mi7 La
_ _ Quand ils sont loin.

Ré Do#m7/5
5- _ Moi j'ai le cœur en plein décembre
Fa# Sim
_ L'ami Pierrot s'en est allé
Ré Do#7/4
_ En emportant mes chansons tendres
Do7 Mim6 Fa#7
_ Et ton passé. _

6- Et tous les mots sans importance
Qui résonnaient dans la maison
Mais qui sont lourds de son absence
Dans ma chanson.

7- C'est peut-être à ceux-là qu'on pense
Quand la mort vient rôder pas loin
En emportant notre insouciance
Un beau matin.

Mi7/4 Mi7 La La7M
8- _ À tous ces gens sans importan - ce
Ré7M Sim7
_ Avec lesquels on est si bien _
Mi7 Do#7 Fa#m
_ Qui font renaître l'espérance
Fa#m7 Sim7 Mi7 La Ré
_ Et sans lesquels on n'est plus rien. _

MÉLANCOLIE

Paroles et musique : Yves DUTEIL

Mi7 Lam
1- Il y a des jours où quand le jour se lève
Si5dim Mi7
On voudrait rentrer tout au fond d'un rêve
Lam
Et puis soudain lorsque le clocher sonne
Fa#m Mi7
Il y a des jours où l'on est plus personne.

Lam
2- Alors on ferme les yeux un instant
Si5dim Mi7
Quand on les rouvre tout est comme avant
Lam
Les gens vous voient et leur regard s'étonne
Fa#m Lam
Il y a des jours où l'on est plus personne.

Do
3- Comme au milieu d'un cinéma désert
Sol7
On rembobine et tout passe à l'envers
Lam
Et quand on pense aux gens qu'on abandonne
Mi7
Il y a des jours où l'on est plus personne.

Pont-

Lam Si5dim Mi7 Lam Fa#dim Lam
La la la la la la
La la la
La la la

Do
4- Ouvrir son cœur à tous les vents qui passent
Sol7
Et qu'un matin tous les chagrins s'effacent
Lam
Pour oublier dans le bonheur qu'on donne
Mi7
Qu'il y a des jours où l'on est plus personne.

Lam
5- Qu'il y a des jours où quand le jour se lève
Si5dim Mi7
On voudrait rentrer tout au fond des rêves
Lam
Et s'endormir lorsque le clocher sonne
Fa#dim Mi7 Lam
Il y a des jours où l'on est plus personne.

PRENDRE UN ENFANT

Paroles et musique : Yves DUTEIL

Capo I

Ré
1- Prendre un enfant par la main
La7
Pour l'emmener vers demain
Pour lui donner la confiance en son pas
Ré
Prendre un enfant pour un roi
Prendre un enfant dans ses bras
Ré7 Sol
Et pour la première fois
Ré
Sécher ses larmes en étouffant de joie
La7 Ré
Prendre un enfant dans ses bras.

2- Prendre un enfant par le cœur
Pour soulager ses malheurs
Tout doucement sans parler, sans pudeur
Prendre un enfant sur son cœur
Prendre un enfant dans ses bras
Mais pour la première fois
Verser des larmes en étouffant sa joie
Prendre un enfant contre soi.

3- Prendre un enfant par la main
Et lui chanter des refrains
Pour qu'il s'endorme à la tombée du jour
Prendre un enfant par l'amour
Prendre un enfant comme il vient
Et consoler ses chagrins
Vivre sa vie des années, puis soudain
Prendre un enfant par la main
En regardant tout au bout du chemin
Prendre un enfant pour le sien.

UN LILAS POUR EULALIE

Paroles et musique :
Yves DUTEIL

Sol Do
1- _ Suis allé courir à l'îlot
Sol Do Sol Do Sol
_ Cueillir un lilas _ _ _
Sol Do
_ Suis allé courir à l'îlot
Sol Do Sol Do Sol
_ Cueillir un lilas _ _ _
Mim Lam7 Ré
Un lilas pour Eulalie
Mim Lam7 Ré
Eulalie pour un lilas
Sol Do
Suis allé courir à l'îlot
Sol Do Sol
_ Cueillir un lilas
Ré Sol
Elle m'aimera
Sol Do
Suis allé courir à l'îlot
Sol Do Sol
_ Cueillir un lilas
Sol Ré Sol
_ Elle m'aimera.

2- En chemin j'ai croisé Lili
Qui voit le lilas
En chemin j'ai croisé Lili
Qui voit le lilas
Le lilas pour Eulalie
Mim Lam Ré
Eulalie pour un lilas
Sol Do Ré
Et Lili qui n'a personne
Sol Do Ré
Moi le lilas je lui donne
Sol Do
En chemin j'ai croisé Lili
Sol Do Sol
_ Qui prend le lilas
Ré Sol
Et qui m'aimera
Sol Do
En chemin j'ai croisé Lili
Sol Do Sol
_ Qui prend le lilas
Sol Ré Sol
_ Et qui m'aimera.

3- Mais déjà Lili m'abandonne
Lili s'en va
Près de moi je n'ai plus personne
Et plus de lilas
De lilas pour Eulalie
Eulalie pour un lilas
Et Lili qui n'a personne
Moi le lilas je lui donne
Mais déjà Lili m'abandonne
Lili s'en va
Ne m'aimera pas
Mais déjà Lili m'abandonne
Lili s'en va
Ne m'aimera pas.

4- Suis retourné cueillir alors
Un autre lilas
Suis retourné cueillir alors
Un autre lilas
Du lilas j'ai pris le "li"
Pour dormir quand vient le soir
Et du lilas d'Eulalie
Reste un "la" pour ma guitare
Et demain j'irai pour de bon
Chanter mes chansons
Elles m'aimeront
Et demain j'irai pour de bon
Chanter mes chansons
Elles m'aimeront.

GENTLEMAN CAMBRIOLEUR

Paroles : Franck HARVEL et Yves DESSCA
Musique : Jean-Pierre BOURTAYRE
Extrait de la série télévisée :
Les aventures d'Arsène Lupin.

Do Sol Fa Fam Sol7
— — — — —

Sol7 Do
1- — C'est le plus grand des voleurs
Do Rém
— Oui mais c'est un gentleman
Rém
Il s'empar' de vos valeurs
Sol7 Do
— Sans vous menacer d'une arm'
Do Do
Quand il détrouss' une femm'
Do Do7 Fa
— Il lui fait porter des fleurs
Rém Sol7 Do La7
— Gentleman cambrioleur —
Rém Sol7 Do
— Est un grand seigneur. —
Do
Il vient chez vous la nuit
Sans déranger votre sommeil
Il décroche sans bruit
Rém
Le tableau acheté la veill'
Puis avant de partir
Après ses coupables travaux
Sol7
Il laisse un mot sur le piano.

2- C'est le plus grand des voleurs
Oui mais c'est un gentleman
Et chaque femme à son heure
Rêve de voir son visag'
De l'actrice à la danseuse
À l'épouse la meilleur'
Gentleman cambrioleur
À gagné les cœurs.

JACQUES DUTRONC

IL EST CINQ HEURES, PARIS S'ÉVEILLE

Paroles : Jacques LANZMANN, Anne SEGALEN
Musique : Jacques DUTRONC

Lam Rém
1- — Je suis l' dauphin d' la place Dauphine
Do Mi7
Et la place Blanche a mauvais' mine —
Lam Rém
— Les camions sont pleins de lait
Do
Les balayeurs sont pleins d' balais.

Mi7 La Sim Mi7 Lam
R- Il est 5 heures, Paris s'éveille, Paris s'éveille.

2- Les travestis vont se raser
Les streap-teaseuses sont rhabillées
Les traversins sont écrasés
Les amoureux sont fatigués.

3- Le café est dans les tasses
Les cafés nettoient leurs glaces
Et sur le boulevard Montparnasse
La gare n'est plus qu'une carcasse.

4- Les banlieusards sont dans les gares
À la Villette on tranche le lard
Paris by night regagne les cars
Les boulangers font des bâtards.

5- La Tour Eiffel a froid aux pieds
L'Arc de Triomphe est ranimé
Et l'Obélisque est bien dressé
Entre la nuit et la journée.

6- Les journaux sont imprimés
Les ouvriers sont déprimés
Les gens se lèvent ils sont brimés
Do Mi7
C'est l'heure où je vais me coucher. —

Refrain final-

La Sim
— Il est 5 heures, Paris se lève
Mi7 Lam Fa7M Lam
Il est 5 heures, je n'ai pas sommeil. — —

NINO FERRER

LE SUD

Paroles et musique : Nino FERRER

Sol Sim Mim
1- C'est un endroit qui ressemble à la Louisiane
Do Sol
À l'Italie
Sim Mim
Il y a du linge étendu sur la terrasse
Do Sol
Et c'est joli.

Do Sol Sol7
R- On dirait le Sud _
Do Sol Sol7
Le temps dure longtemps _
Do Sol Si7 Mim
Et la vie sûr'ment _ _
La Ré
Plus d'un million d'années _
Do Sol
Et toujours en été.

2- Y'a plein d'enfants qui se roulent sur la pelouse
Y'a plein de chiens
Y'a même un chat, une tortue, des poissons rouges
Il ne manque rien.

3- Un jour ou l'autre, il faudra qu'il y ait la guerre
On le sait bien
On n'aime pas ça, mais on ne sait pas quoi faire
On dit c'est le destin.

Refrain final-
Tant pis pour le Sud, c'était pourtant bien
On aurait pu vivre, plus d'un million d'années
Et toujours en été.

LES FORBANS

CHANTE (SHOUT ! SHOUT! - CHANTE, DANSE ET METS TES BASKETS)

Paroles anglaises et musique :
Emie MARESCA et Thomas F. BOGDANY
Adaptation française : Albert KASSABI

Fa Rém7 Sib Do7
_ _ _ _

Fa Rém
R- Chant', chant', danse et mets tes baskets
Sib
Chouett', c'est sympa tu verras
Viens, surtout n'oublie pas
Do
Vas-y ramène-toi et tout le monde chez moi.

Fa
1- Ce soir c'est la boum dans le living-room
Rém
Les parents sont partis, faut que tu téléphones
Sib
Ouap pap, ouap pap pala
Do
Et surtout fais bien gaffe de n'oublier personne.

2- Je voudrais nous voir danser tous comme des fous
Que la musique réveille tout ce qui est en nous
Sylvie, Patricia et Barbara
J'aimerais que ce soir vous soyez toutes là.

Sib
3- Y aura pas d'excus' valable
Fa
Tous les absents seront coupabl's
Sol7
Vous connaissez la route qui mèn' chez moi
Do7
Surtout n'oubliez pas, non n'oubliez pas…

4- Nous ferons ce soir tout ce qui nous plaît
Peut-être boirons-nous autre chose que du lait
Marions-nous ce soir jusqu'au lendemain
Venez faut qu'on se marre jusqu'au p'tit matin.

MICHEL FUGAIN

BRAVO, MONSIEUR LE MONDE

Paroles : Pierre DELANOË / Musique : Michel FUGAIN

Si7 Mim Mi7
R- _ Bravo, Monsieur le Monde
Lam Lam7
Chapeau, Monsieur le Monde
Si7 Mim
Même quand les gens diront
Mim7 Lam7 Lam6 Lam
Que vous ne tour - nez pas
Si5+ Si7
Toujours très rond.
Si7 Mim Mi7
_ Bravo, pour vos montagnes
Lam Lam7
C'est beau, c'est formidable
Si7 Mim
Compliments pour vos saisons
Lam Si7
Qui nous donnent des idées
Mim Mi7
De chansons. _

Lam7 Ré7/4 Ré7
1- Bravo la mer, on n'a jamais _
Trouvé un vert plus bleu
Sol7M
Un bleu plus vert
Do7M
Aucune symphonie n'est riche
Fa7M
D'autant d'harmonies
Lam6 Si7
Qu'un merveilleux _ tonnerre
Mim Mi7
Qui fait l'amour avec _ la pluie. _

2- Bravo le vent qui fait danser les blés
Qui fait trembler les océans
Bravo pour le soleil et la colère du volcan
Bravo pour l'arc-en-ciel qui met de la joie
Mim Mim7 Do7M Si
Dans le _ cœur _ d'un enfant. _

Refrain final-

Bravo, Monsieur le Monde
Chapeau, Monsieur le Monde
Nous vous demandons pardon
Pour tous ceux qui vous abîmeront.
Bravo, Monsieur le Monde
Bravo, pour la colombe
Si vous lui laissez la vie
Mim
Nous vous dirons simplement merci.
Lam7 Mim4 Fa#m7 Mim7/9
_ _ _ _

COMME UN SOLEIL

Paroles : Pierre DELANOË et Michel FUGAIN
Musique : Michel FUGAIN et Georges BLANESS

Ré Mim La Ré
R- Comme un soleil, comme une éclaircie
Sim Fa#m Do#7 Fa#m
Comme une fleur que l'on cueille entre les orties
Sol Ré La Ré
_ Elle doit venir, comme vient le beau temps
Sol Ré La Sol
_ Elle doit venir, comme vient le printemps.

Ré Mim
1- _ Demandez-moi tout ce que vous voulez
La Ré
_ Et sans regret, je vous le donne
Sim Fa#m
_ Mais dites-moi où je la trouverai
Do#7 Fa#m
Celle qui me comprendra, celle qui me dira :
Sol Ré
_ "Où que tu ailles je vais avec toi
La Ré
Quel que soit le chemin, je te suis pas à pas."
Sol Ré
_ Et s'il m'arrivait alors de tomber
La Sol
C'est elle qui me relèverait.

2- Demandez-moi tout ce que vous voulez
De ne plus jamais voir personne
De renoncer aux parfums de l'été
Aux accords de guitare, aux fumées de la gloire
Demandez-moi de ne plus croire en rien
Pourvu que je la voie au bout de mon chemin
Demandez-moi tout ce que vous voulez
Mais dites-moi où la trouver.

LE PRINTEMPS

Paroles : Maurice VIDALIN
Musique : Michel FUGAIN
et Georges BLANESS

Lam Mi7 Lam Mi7
1- Le printemps est arrivé, sors de ta maison
Lam Mi7 Lam Mi7
Le printemps est arrivé, la belle saison
Fa Mi7 Lam Rém7 Sol7 Do
L'a - mour et la joie sont revenus chez toi
Rém Mi7 Lam Rém Mi7 Lam
Vive la vie et vive le vent, vive les fill's en tablier blanc
Rém Mi7 Lam Rém Mi7 Lam
Vive la vie et vive le vent et vive le printemps
Do Fa Do Sol7 Do
Dépêche-toi, dépêche-toi, ne perds pas de temps
La7 Rém Sol7 Do
Taille ton arbre et sème ton champ, gagne ton pain blanc
Mi7 La7m Rém Mi7 Lam
L'hirondelle et la fauvette, c'est la forêt qui me l'a dit
Mi7 Lam Rém Mi7 Lam Sol7
L'hirondelle et la fauvette, ont déjà fait leur nid. _

Do Fa Do Fa Do Sol7 Do
Y'a le printemps qui te réveille, t'as le bonjour du printemps ! *(bis)*
La Ré La Ré La Mi7 La
Y'a le printemps qui t'ensoleille, oh, le coquin de printemps ! *(bis)*

2- Le printemps nous a donné le joli lilas
Le printemps nous a donné du rire en éclats
Et plein de bonheur pour nous chauffer le cœur
Vive la vie et vive le vent, vive les fill's en tablier blanc
Vive la vie et vive le vent, et vive le printemps
Dépêche-toi, dépêche-toi, ne perds pas de temps
Donne ta sève et donne ton sang pour faire un enfant
L'hirondelle et la fauvette, c'est la forêt qui me l'a dit
L'hirondelle et la fauvette ont déjà des petits.

Y'a le printemps qui te réveille, t'as le bonjour du printemps ! *(bis)*
Y'a le printemps qui t'ensoleille, oh, le coquin de printemps ! *(bis)*
Y'a le printemps qui te réveille, t'as le bonjour du printemps !

LES ACADIENS

Paroles : Maurice VIDALIN et Michel FUGAIN
Musique : Michel FUGAIN

Sol
1- Y'a dans le sud de la Louisiane
Ré
Et dans un coin du Canada
Ré7
Des tas de gars, des tas de femmes
Ré *Sol*
Qui chant'nt dans la même langue que toi
Mais quand ils font de la musique
Do7
C'est celle de Rufus Thibodeaux
Sol *Fa#* *Fa* *Mi*
Ils rêvent encor' de l'Amé - ri - que
La7
Qu'avait rêvée leur grand-papa
Ré7
Qui pensait peu, qui pensait pas.

Sol
R- Tous les Acadiens
Toutes les Acadiennes
Vont sauter, vont danser
Ré
Sur le violon
Sont Américains
Elles sont Américaines
La faute à qui donc ?
Sol
La faute à Napoléon.

2- Le coton c'est doux, c'est blanc, c'est chouet-te
Pour s' mettr' de la crème sur les joues
Mais ceux qui en font la cueillette
Finiss'nt la journée sur les g'noux
Et puis s'en vont fair' d' la musique
Comm' cell' de Rufus Thibodeaux
Pour oublier que l'Amérique
C'est plus celle de leur grand-papa
C'est bien changé depuis c' temps-là.

3- Quand ils ont bossé six jours de suite
Pour une poignée d' dollars dévalués
Ils mont'nt dans la vieille Oldsmobile
Et fonc'nt dans la ville d'à côté
Pour écouter de la musique
Cell' du grand Rufus Thibodeaux
Et pour repeupler l'Amérique
À la manière de grand-papa
Y'a plus qu' ça qui ne change pas.

TOUT VA CHANGER

Paroles : Pierre DELANOË
Musique : Michel FUGAIN

Do7M Rém7 Sol7 Do7M
1- Tout va changer __ ce soir
Rém7 Mim7 Fa7M Sol7 Mim
__ On prend un nouveau départ
Mim7 Solm La7 Rém Sol7
__ La neige a blanchi le mon - de
Do7M La5+ La Rém Fa Sol
Les enfants sont pleins d'es - poirs. __ __
Do7M Rém7 Sol7 Do7
__ Tout va changer de - main
Rém7 Mim7 Fa7M Si7 Mi
__ Tu n'as qu'à ouvrir les mains
Solm La7 Rém Sol7
Pour que de là-haut te tom - be
Do7M Fa7M Do7M
En rafale, une pluie de cadeaux
Fa7M Do7M
Sur un torrent d'étoiles
Fa7M Do7M Rém7
Demain il fera beau. __

2- Tout va changer ce soir
Selon notre bon vouloir
Les rues seront des théâtres
On jouera sur les trottoirs.
Tout va changer demain
D'hier il ne reste rien
Demain c'est le grand spectacle
Qu'on allume des millions de chandelles
Qu'on change de costume
Ce soir la vie est belle.

3- … *(4 premières lignes)*
Tout a changé déjà
Pendant qu'on chantait tout ça
Demain est venu en douce
Et la course ne s'arrêtera pas
Pas plus que la Grande Ourse
Do7M Fa7M Do7M
Pas plus que toi et moi. __ __

UNE BELLE HISTOIRE

Paroles : Pierre DELANOË
Musique : Michel FUGAIN

Lam Rém
R1- __ C'est un beau roman
Sol Do7M
C'est une belle histoire
Fa7M Mi4
__ C'est une romance d'aujourd'hui
Lam Rém
__ Il rentrait chez lui
Sol Do7M
Là-haut vers le brouillard
Fa7M Mi4
__ Elle descendait dans le Midi
Le Midi.

Lam Rém Sol Do7M
1- __ Ils se sont trouvés au bord du chemin
Fa7M
__ Sur l'autoroute des vacances
C'était sans doute un jour de chance
Lam Rém Sol Do7M
__ Ils avaient le ciel à portée de la main
Fa7M
__ Un cadeau de la providence
Mim
Alors pourquoi penser au lendemain.

R2- Ils se sont cachés
Dans un grand champ de blé
Se laissant porter par le courant
Se sont raconté leur vie qui commençait
Ils n'étaient encore que des enfants
Des enfants.

2- Ils s'étaient trouvés au bord du chemin
Sur l'autoroute des vacances
C'était sans doute un jour de chance
Ils cueillirent le ciel aux creux de leurs mains
Comme on cueille la providence
Refusant de penser au lendemain.

Reprise du refrain 1-

3- Ils se sont quittés au bord du chemin
Sur l'autoroute des vacances
C'était fini le jour de chance
Ils reprirent alors leur chemin
Saluèrent la providence
En se faisant un signe de la main.

Refrain final-

Lam Rém
__ Il rentrait chez lui
Sol Do7M
Là-haut dans le brouillard
Fa7M
__ Elle est descendue
Mi4 Mi Lam
Là-bas dans le __ Midi
Rém
C'est un beau roman
Sol Do7M
C'est une belle histoire
Fa7M Mi4 Mi La
__ C'est une romance d'aujourd'hui. __ __

LAISSEZ-NOUS CHANTER

Paroles : Jacques CARDONA
Musique : Émile WANDELMER

Ré La Ré
1- _ D'accord pour les cris d'angoisse
Sol
Qui vous ont fait pleurer
Ré La
_ Contre la mort qui menace
Ré Sol
Nous sommes à vos côtés _
Ré
Mais n'allez pas jeter la pierre
Sol Ré
Si vous croyez que certains
Sol
Vous ont offensés
La Sol Ré
Car ceux qui dénoncent vos guerres
Sol Ré La
Sont ceux qui tombent les _ premiers. _

Rém Sib
R- Laissez-nous chanter
Solm Solm7 Do
Le peu d'amour qui nous res - te
Mib Sib
Sous vos ailes d'acier
Dom Sib Fa
Oh laissez-nous chanter.
Rém Sib
Laissez-nous rêver
Solm Solm7 Do
Et s'il nous faut faire un ges - te
Mib Sib
C'est à nous de décider
Dom Sib Fa Sol
Mais laissez-nous chanter.

2- Le temps venu, solidaires
Nous serons des milliers
Au pied des mâts solitaires
De vos bannières étoilées
Mais devant les champs de vos ruines
Il faudra bien dire un jour
Où est la vérité
Entre vos orgues de Staline
Et nos guitares en liberté.

3- Vous aurez le choix des larmes
Et des mots déchirés
Aussi longtemps que vos armes
Continueront de parler
Mais n'allez pas jeter la pierre
Si vous croyez que certains
Vous ont offensés
Car ceux qui chantent nos prières
Sont ceux qui donnent les premiers.

VILLE DE LUMIÈRE

Paroles : Jacques CARDONA
Musique : Bernard MAZAURIE

Sim
1- Comme un diamant qui se pose
Mim6 Sim
Aux branches de mes doigts
La7 Ré Sol Mim7
Tu brillais chaque nuit devant moi _
La Ré Sol La Ré Fa#
Ville de lumiè - re, j'ai besoin de toi _
Sim
Mais tes murs de sable rose
Mim6 Sim
Ont perdu leur éclat
La7 Ré Sol Mim7
Sous les ombres noires des soldats _
La Ré Sol La Ré
Ville de lumière, _ qu'ont-ils fait de toi.

Sol La
R- Ne plus pleurer
Sim Ré
Rester là
Sol La7 Ré
À se demander pourquoi
Sol La
N'exister
Sim Ré
Que pour toi
Sol Mi7 La
T'aimer jusqu'au dernier combat.

2- Sur tes pavés de poussière
Et tes chemins de croix
Tes enfants ne jouent plus comme autrefoi
Ville de lumière, j'ai besoin de toi
Et dans ma prison de pierre
Où je tremble et j'ai froid
Je sais… je ne te reverrai pas
Ville de lumière, qu'ont-ils fait de moi.

JEAN-JACQUES GOLDMAN

AU BOUT DE MES RÊVES

Paroles et musique :
Jean-Jacques
GOLDMAN

Mi La Si7
1- __ Et même si le temps presse __ __
Mi La Si7
__ Même s'il est un peu court __ __
Mi La Si7
__ Si les années qu'on me laisse __ __
Mi La Si7
__ Ne sont que minutes et jours. __ __
Et même si l'on m'arrête
Ou s'il faut briser les murs
En soufflant dans les trompettes
Ou la force de murmures.

La Si7 Mi
R1- __ J'irai au bout de mes rêves
La Si7 Mi
__ Tout au bout de mes rêves
La Si7 Do#m
J'irai au bout de mes rêves
Do7 La
Où la raison s'achè - ve
Si7 Mi
Tout au bout de mes rêves __
La Si7 Mi
__ J'irai au bout de mes rêves
La Si7 Do#m
__ Tout au bout de mes rêves
Sol#m La
Où la raison s'a - chève
Si7 Mi
Tout au bout de mes rêves. __

2- Et même s'il faut partir
Changer de terre et de trace
S'il faut chercher dans l'exil
L'empreinte de mon espace.
Et même si les tempêtes
Les dieux mauvais, les courants
Nous feront courber la tête
Plier les genoux sous le vent.

La Si7 Do
R2- __ J'irai au bout de mes rêves
Ré Sol Si7
__ __ __

3- Et même si tu me laisses
Au creux d'un mauvais détour
En ces instants qui dessèchent
La face de nos amours.
Je garderai la blessure
Au fond de moi tout au fond
Mais au-dessus je te jure
Que j'effacerai ton nom.

Reprise du refrain 1-

COMME TOI

Paroles et musique :
Jean-Jacques GOLDMAN

La Rém Rém2 Rém
1- __ Elle avait les yeux clairs et la robe en velours
Solm4 Solm
À côté de sa mère et la famille autour
La7
Elle pose un peu distraite au doux soleil
Rém
De la fin du jour. __
La Rém Rém2 Rém
__ La photo n'est pas bonne mais l'on peut y voir
Solm4 Solm
Le bonheur en personne et la douceur d'un soir
La7 La Rém
Elle aimait la musique, surtout Schumann et puis Mozart.

Solm La4 Rém
R- Comme toi, comme toi, comme toi, comme toi *(bis)*
Solm La
Comme toi que je regarde tout bas __
Rém Solm
Comme toi qui dors en rêvant à quoi __
Sib La4 Rém
Comme toi, comme toi, comme toi, comme toi.

2- Elle allait à l'école au village d'en bas
Elle apprenait les livres, elle apprenait les lois
Elle chantait les grenouilles et les princesses
Qui dorment au bois.
Elle aimait sa poupée, elle aimait ses amis
Surtout Ruth et Anna et surtout Jérémy
Et ils se marieraient un jour peut-être à Varsovie.

3- Elle s'appelait Sarah, elle n'avait pas huit ans
Sa vie c'était douceur, rêve et nuages blancs
Mais d'autres gens en avaient décidé
Autrement.
Elle avait les yeux clairs et elle avait ton âge
C'était une petite fille sans histoire et très sage
Mais elle n'est pas née comme toi ici et maintenant.

C'EST TA CHANCE

Paroles et musique :
Jean-Jacques
GOLDMAN

1-
Sib Rém7 Do Fa
_ Il faudra que tu sois douce _
Sib Rém7 Do Fa
_ Et solitaire aussi _
Sib Rém7 Do Fa
_ Il te faudra gagner pouce à pouce
Sib Rém7 Do Fa
_ Les oublis de la vie _ _
Sib Rém7 Do Fa
_ Oh tu s'ras jamais la reine du bal _
Sib Rém7 Do Fa
Vers qui se tournent les yeux éblouis _ _
Sib Rém7
Pour que tu sois belle
Do Fa
Il faudra que tu le deviennes
Sib Rém7 Do Fa
Puisque tu n'es pas née jolie. _ _

2-
Il faudra que tu apprennes
À perdre, à encaisser
Tout ce que le sort ne t'a pas donné
Tu le prendras toi-même
Oh rien ne sera jamais facile
Il y aura des moments maudits
Oui mais chaque victoire
Ne sera que la tienne
Et toi seule en saura le prix.

R1-
Do7 Lam7 Do Fa Do Sib
_ _ _ C'est ta chance _ _
Do Fa Do Sib
Le cadeau de ta naissance _ _ _
La Rém7
Y'a tant d'envies tant de rêves
Fa Sib Fa
Qui naissent d'une vraie souffrance
Solm7 Fa Sib
_ Qui te lance et te soutient ?
Fa Do Sib
C'est ta chance _ _ _
Do Fa Do Sib
Ton appétit, ton essence _ _ _
La Rém7
La blessure où tu viendras
Fa Sib Fa
Puiser la force et l'impertinence
Solm7 Fa Sib
_ Qui t'avance un peu plus loin.

3-
Toi t'es pas très catholique
Et t'as une drôle de peau
Chez toi les fées soi-disant magiques
Ont loupé ton berceau
Oh tu seras sûrement jamais notaire
Pas de privilège hérité
Et si t'as pas les papiers
Pour être fonctionnaire
Tout seul apprends à fonctionner.

R2-
C'est ta chance
Ta force ta dissonance
Faudra remplacer tous les "pas
De chance" par de l'intelligence
C'est ta chance, pas le choix
C'est ta chance
Ta source, ta dissidence
Toujours prouver deux fois plus
Que les autres assoupis d'évidence
Ta puissance naîtra là.

Reprise du refrain 1-

ENCORE UN MATIN

Paroles et musique : Jean-Jacques GOLDMAN

Sim
1- Encore un matin, un matin pour rien
Sol La Sim
Une argile au creux de mes mains _
Encore un matin sans raison ni fin
Sol La Sim
Si rien ne trace son chemin. _

Mim Fa#m Sim
Matin pour donner _ ou bien matin pour prendre.
Mim Fa#m Sim
Pour oublier ou pour apprendre
Mim Fa#m Sim
Matin pour aimer, _ médire ou mépriser
Sol La
Laisser tomber ou résister.

Sim
Encore un matin qui cherche et qui doute
Sol La Sim
Matin perdu cherch' une route _
Encore un matin du pire ou du mieux
Sol Fa#m La
À éteindre ou mettre le feu. _

Sol La Sim
R- Un matin ça ne sert à rien _
Sol La Sim
Un matin sans un coup de main. _
Sol La Sim
Ce matin c'est le mien, c'est le tien
Mim Fa#m Sol
Un matin de rien pour faire _
La Sim
_ Un rêve plus loin. _

2- Encore un matin ou juge ou coupable
Ou bien victime ou bien capable
Encore un matin ami, ennemi
Entre la raison et l'envie.

Matin pour agir ou attendre la chance
Ou bousculer les évidences
Matin innocence, matin intelligent
C'est toi qui décides du sens.

ENTRE GRIS CLAIR ET GRIS FONCÉ

Paroles et musique : Jean-Jacques GOLDMAN

Ré La
1- _ Décolorés les messages du ciel
Sim Ré
_ Les évidences déteintes au soleil
Sol
_ Fané le rouge sang des enfers
Ré La4 La
_ L'Éden un peu moins pur, un peu moins clair _
Ré La
_ Souillé, taché le blanc des étendards
Sim Ré
_ Brûlé le vert entêtant de l'espoir
Sol
_ La sérénité des gens qui croient
Ré La4 La
_ Ce repos d'âme que donnait la foi. _

2- Organisés les chemins bien fléchés
Largués les idoles et grands timoniers
Les slogans qu'on hurle à plein poumons
Sans l'ombre, l'ombre d'une hésitation
Télévisées les plus belles histoires
Ternis les gentils, troublants les méchants
Les diables ne sont plus vraiment noirs
Ni les blancs absolument innocents.

Sol Ré Sol Sim7 Sol Ré La
R- Oublié, oublié _ _ _
Sol Ré Sol Sim7
Délavées, nos sages années, programmées
Sol Ré La Ré4 Ré Sol
Entre gris clair et gris fon - cé. _ _

3- Scénarisées les histoires d'amour
Tous les "jamais", les "juré", les "toujours"
Longue et semée d'embûches est la route
Du sacré sondage et du taux d'écoute
Psychiatrisée l'amitié des romans
Celle des serments, des frères de sang
Les belles haines qui brûlaient le cœur
Contrôlées à travers un pacemaker.

IL CHANGEAIT LA VIE

Paroles et musique : Jean-Jacques GOLDMAN

La7 Ré Fa#m7
1- _ C'était un cordonnier, sans rien d' particulier
Mim7 La7
Dans un village dont le nom m'a échappé
Ré Fa#m7
Qui faisait des souliers si jolis, si légers
Mim7 La7
Que nos vies semblaient un peu moins lourdes à porter
Mim7 Fa#m7
Il y mettait du temps du talent et du cœur
Ré Sol Sim7
Ainsi passait sa vie au milieu de nos heures
Mim7 La7
Et loin des beaux discours, des grandes théories
Sib Do9
À sa tâche, chaque jour, on pouvait dire de lui
Rém Sib Solm7 La4 La7
Il changeait la vie. _ _ _ _

2- C'était un professeur, un simple professeur
Qui pensait que savoir était un grand trésor
Que tous les moins que rien n'avaient pour s'en sortir
Que l'école et le droit qu'a chacun de s'instruire
Il y mettait du temps du talent et du cœur
Ainsi passait sa vie au milieu de nos heures
Et loin des beaux discours, des grandes théories
À sa tâche chaque jour on pouvait dire de lui
Il changeait la vie.

3 - C'était un p'tit bonhomme, rien qu'un tout p'tit bonhomme
Malhabile et rêveur, un peu loupé en somme
Se croyait inutile, banni des autres hommes
Il pleurait sur son saxophone
Il y mit tant de temps, de larmes et de douleur
Les rêves de sa vie, les prisons de son cœur
Et loin des beaux discours, des grandes théories
Inspiré jour après jour de son souffle et de ses cris
Il changeait la vie.

JE MARCHE SEUL

Paroles et musique : Jean-Jacques GOLDMAN

1-
Sib Dom Lab
_ Comme un bateau dérive _
Sib Dom Lab
_ Sans but et sans mobile _
Sib Dom Lab
_ Je marche dans la ville _
Sib Dom Lab
_ Tout seul et anonyme. _

Sib Dom Sib Dom
_ La ville _ et ses pièges
Lab Sib
Ce sont mes privilèges
Dom Sib Dom
Je suis riche de ça
Lab Sib
Mais ça ne s'achète pas.

Do Sib Lam
Et j' m'en fous, j' m'en fous, de tout _
Fa Do
De ces chaînes qui pendent à nos cous _
Sol Lam
J' m'enfuis, _ j'oublie _
Fa Do Sol
Je m'offre un' parenthèse, un sursis. _

R1-
La7/6 Ré La
Je marche seul _
Sim Sol La Ré La
_ Dans les rues qui se donnent _
Sim Sol La Ré
_ Et la nuit me par - donne
La Sim La
Je marche seul _
Sol La4
_ En oubliant les heures
La Ré La
Je marche seul _
Sim Sol La Ré La
_ Sans témoin, sans per - sonne _
Sim Sol La Ré
_ Que mes pas qui ré - sonnent
La Sim La
Je marche seul _
Sol La Ré
_ Acteur et voyeur. _

2- Se rencontrer, séduire
Quand la nuit fait des siennes
Promettre sans le dire
Juste des yeux qui traînent.

Oh, quand la vie s'obstine
En ces heures assassines
Je suis riche de ça
Mais ça ne s'achète pas.

Et j' m'en fous, j' m'en fous de tout
De ces chaînes qui pendent à nos cous
J' m'enfuis, j'oublie
Je m'offre une parenthèse, un sursis.

Refrain final-
Je marche seul
Quand ma vie déraisonne
Quand l'envie m'abandonne
Je marche seul
Pour me noyer d'ailleurs.
Je marche seul...

JE TE DONNE

Paroles : Michaël JONES et Jean-Jacques GOLDMAN
Musique : Jean-Jacques GOLDMAN

Mim7 Do Sol Ré Sol
1- _ I can give you a voice, bred with rythm and soul
Mim7 Do2 Ré7 Sol
From the heart of a welsh who's lost his home
Sol Do Ré Mim
Put it in harmony let the words ring
Do Sol Do Ré4
Carry your thoughts in the songs we sing
Ré Mim7 Do Ré Sol
Je te donne mes notes, je te donne mes mots
Mim7 Do Ré Sol
Quand ta voix les emporte à ton propre tempo
Sol Do Ré Mim
Une épaule fragile et solide à la fois
Do2 Sol Do Ré4 Ré
Ce que j'imagine _ et ce que _ je crois. _ _

Do Ré Sol Do
R1- Je te donne _ toutes mes différences _ _
Sol Do Ré Mim
_ Tous ces défauts qui sont autant de chances
Do Ré Sol Lam7
On s'ra jamais des standards, des gens bien comme il faut
Do Sol Do Mim Ré4
Je te donne ce que j'ai, ce que je vaux.

Mim Do Ré Sol
2- I can give you the force _ of my ancestral pride
The will to go on when I'm hurt deep inside
Whatever the feeling, whatever the way
It helps me go on from day to day.

Je te donne nos doutes et notre indicible espoir
Les questions que les routes ont laissées dans l'histoire
Nos filles sont brunes et l'on parle un peu fort
Et l'humour et l'amour sont nos trésors.

R2- Je te donne…
Do Sol Lam7 Sim Do Ré Mi
Je te donne, donne, donne _ ce que je suis.

Lam Sol7 Do
3- I can give you my voice bred with rythm and soul
Lam Fa Sol7 Do
Je te donne mes notes, je te donne ma voix
Do Fa Sol Lam
The songs that I love and the stories I've told
Fa Do Fa Sol
Oh, ce que j'imagine et ce que je crois
Lam Fa Sol Do
I can make you feel good even when I am down
Lam Fa Sol Do
Les raisons qui me portent et stupide espoir
Fa Sol Lam
My force is a platform that you can climb on
Fa Do Fa Sol
Une épaule fragile et forte à la fois.

Do Fa Lam
R3- Je te don - ne, oui
Fa Do Sol
Je te don - ne _
Lam Fa
Tout ce que je vaux
Do
Ce que je suis
Sol Lam
Mes dons, mes défauts,
Fa Do
Mes plus belles chances
Fa Sol
Mes différences.

bis

LA VIE PAR PROCURATION

Paroles et musique :
Jean-Jacques GOLDMAN

Rém Do Sib
R1- Elle met du vieux pain _ sur son balcon
Lam Solm Lam7 Rém
Pour _ attirer les moineaux, les pigeons
Rém Do Sib
Elle vit sa vie par procuration
Lam Solm La7 Rém Solm Do
_ Devant son poste de télévision. _ _

Rém Solm Rém
1- Lever sans réveil, avec le soleil
Sib
Sans bruit, sans angoisse, la journée se passe
Solm Sol4 Solm
Repasser, poussière, y'a toujours à faire _
Rém La4/7 La
Repas solitaire, en point de repère.

2- La maison si nette, qu'elle en est suspecte
Comme tous ces endroits où l'on ne vit pas
Les êtres ont cédé, perdu la bagarre
Les choses ont gagné, c'est leur territoire.

Sib Fa
3- Le temps qui les casse, ne la change pas
Solm Rém Fa
Les vivants se fanent, mais les ombres pas _
Sib Fa
Tout va, tout fonctionne, sans but, sans pourquoi
Solm La4 La Rém
D'hiver en automne, ni fièvre, ni froid. _ _

Rém Do Sib
R2- Elle met du vieux pain sur son balcon
Solm La7 Rém
Pour attirer les moineaux, les pigeons _
Do Sib
Elle vit sa vie par _ procuration
Solm La4 Rém
Devant son poste de télévision _
Do Fa Do
_ Elle apprend dans la presse à scandale
Solm Rém
La vie des autres qui s'étale _
Do Sib Rém
_ Mais finalement de moins pire en banal _
La
Elle finira par trouver ça normal _
Rém Do Sib
Elle met du vieux pain sur son balcon
Solm La Rém
Pour attirer les moineaux, les pigeons.

4- Des crèmes et des bains qui font la peau douce
Mais ça fait bien loin que personne ne la touche
Des mois, des années sans personne à aimer
Et jour après jour l'oubli de l'amour.

5- Ses rêves et désirs, si sages, si possibles
Sans cri, sans délire, sans inadmissible
Sur dix ou vingt pages de photos banales
Bilan sans mystère d'années sans lumière.

LES RESTOS DU CŒUR

Paroles et musique : Jean-Jacques GOLDMAN

(Do Si7)

Sim
1- Moi je file un rencart à ceux qui n'ont plus rien
Fa#m
Sans idéologie, discours ou baratin
Sol
On vous promettra pas les toujours du grand soir
Sim Fa# Sim
Mais juste pour l'hiver à manger et à boire.
Sim
À tous les recalés de l'âge et du chômage
Fa#m
__ Les privés du gâteau, les exclus du partage
Sol
__ Si nous pensons à vous, c'est en fait égoïste
Sim Fa# Sim
__ Demain nos noms peut-être grossiront la liste.

Sol Sim Sol7 Fa#
La La La La

Sim Sol
R- Aujourd'hui, on n'a plus le droit
Fa# Sim
Ni d'avoir faim, ni d'avoir froid
Sim Sol
Dépassé le chacun pour soi
Mim Fa# Sim
Quand je pense à toi, je pense à moi.
Sol La
Je n' te promets pas le grand soir
Ré Mim
Mais juste à manger et à boire
Sol La
Un peu de pain et de chaleur
Sol Fa#
Dans les Restos, les Restos du Cœur
Sim Sol Fa# Sim
Aujourd'hui, on n'a plus le droit ni d'avoir faim, ni d'avoir froid.

Sim Sol La Fa# Sim

2- Autrefois, l'on gardait toujours une place à table
Une chaise, une soupe, un coin dans l'étable
Aujourd'hui, nos paupières et nos portes sont closes
Les autres sont toujours, toujours en overdose.
J'ai pas mauvaise conscience, ça m'empêche pas de dormir
Mais pour tout dire ça gâche un peu le goût de nos plaisirs.
C'est pas vraiment ma faute si y'en a qui ont faim
Mais ça le deviendrait si on n'y change rien.

Mim Sim La Sol
3- J'ai pas de solution pour te changer la vie __ __
Sol Sim
Mais si je peux t'aider quelques heures, allons-y
Mim Sim
Y'a bien d'autres misères, trop pour un inventaire
Fa#
Mais ça se passe ici, ici et aujourd'hui.

Avec l'aimable autorisation des Restaurants du Cœur - 221, rue Lafayette - 75010 Paris.

FRANÇOISE HARDY

TOUS LES GARÇONS ET LES FILLES

Paroles : Françoise HARDY
Musique : Françoise HARDY et Roger SAMYN

1-
Do Lam
Tous les garçons et les filles de mon âge
Fa Sol
Se promènent dans la rue deux par deux
Do Lam
Tous les garçons et les filles de mon âge
Fa Sol
Savent bien ce que c'est d'être heureux.
Do Lam
Et les yeux dans les yeux
Fa Sol
Et la main dans la main
Do Lam
Ils s'en vont amoureux
Fa Sol
Sans peur du lendemain
Do Lam
Oui mais moi je vais seule
Fa Sol
Dans les rues l'âme en peine
Do Lam
Oui mais moi je vais seule
Fa Sol Do
Car personne ne m'aime.
Fa Do
Mes jours comme mes nuits
Fa Sol
Sont en tous points pareils
Fa Do
Sans joies et pleins d'ennuis
Rém Sol
Personne ne murmure je t'aime à mon oreille.

2-
Tous les garçons et les filles de mon âge
Font ensemble des projets d'avenir
Tous les garçons et les filles de mon âge
Savent bien ce qu'aimer veut dire.
Et les yeux dans les yeux…
…
Sans joies et pleins d'ennuis
Oh quand pour moi brillera le soleil.

3-
Comme les garçons et les filles de mon âge
J' connaîtrais bientôt ce qu'est l'amour
Comme les garçons et les filles de mon âge
Je me demande quand viendra le jour.
Où mes yeux dans ses yeux
Où la main dans sa main
J'aurai le cœur heureux
Sans peur du lendemain
Le jour où je n'aurai plus du tout
L'âme en peine
Le jour ou moi aussi
J'aurai quelqu'un qui m'aime.

CELLE QUI M'A FAIT SI MAL

Paroles et musique : Francis LALANNE

Mim7 Mim9 Ré
1- _ C'est pas une fille roulée
Do Sim Lam
Comme celles qu'on voit à la télé
Fa#7 Si7
Comme celles qu'on voit sur les photos
Mim Ré Sol
Dans les kiosques à journaux
La
Quand elle marche sur le trottoir
Do Sim Lam
Les hommes s'arrêtent pas pour la voir
Si7 Mim
Celle qui m'a fait si mal, si mal
Lam Sim Mim
Si mal, si mal, si mal, si mal, si mal.

2- Mes potes me disent chaque fois
Qu'est-ce que tu trouves à cette fille-là
Y comprennent pas qu' je sois blessé
Depuis qu'elle m'a laissé
Sûr qu' c'est pas la plus jolie des filles
Que j'ai eues dans ma vie
Celle qui m'a fait si mal, si mal,
Si mal, si mal, si mal, si mal, si mal.

3- Faut dire qu'elle m'a donné
Son ventre pendant tant d'années
Que loin de son ventre, je suis
Comme loin de ma vie
J' crois pas qu'elle se doutait en partant
Qu'elle me prenait tout autant
Celle qui m'a fait si mal, si mal
Si mal, si mal, si mal, si mal, si mal.

4- On peut tout oublier
Mais pas les filles qu'on a aimées
Moi j' l'aimais pourtant
Elle n'a pas voulu d' moi tout l' temps
Notre histoire d'amour est finie
Comme tant d'autres histoires d'amour
Celle qui m'a fait si mal, si mal
Si mal, si mal, si mal, si mal, si mal.

LA MAISON DU BONHEUR

Paroles et musique : Francis LALANNE

Sol7 Do
1- _ Un jardin
Do7M
Quatre murs
Do7
Un soleil
Fa
Dorée comme un citron mûr
Fam
Ta chaleur
Do
Blottie contre ma chaleur
Fa Sol7/4
Et ton cœur tout contre mon cœur.

Do
2- Tes yeux doux
Do7M
Tes seins lourds
Do7
Mes mains nues
Fa
Couchées contre tes velours
Fam
Nos prénoms
Do
Gravés au feutre en couleur
Fa Sol4 Sol Do
Sur ton cœur, _ sur mon cœur.

Fa Sib
R- Ce serait la maison du bonheur
Fa Do Do4 Do
_ Même à fort loyer j' suis preneur _ _
Fam Do Do4 Do
_ Il n'y aurait que toi contre moi _ _
Fa Sol7/4
Et l'amour contre notre amour…

3- Plus d' auto
Plus d' ciné
Rien qu'un rêve
Sur le bout de ton nez
Tes grains de beauté
Mon grain de folie
Et ta vie tout contre ma vie.

4- Rien qu'un toit
Pour nous deux
Rien qu'une chambre
Avec vue sur tes yeux
Chien qui dort
Et qui veille au bas du lit
Sur ta vie, sur ma vie.

5- Un jardin
Sur la mer
Un chagrin
Jeté comme un fruit amer
Ta chaleur
Serrée contre ma chaleur
Et ton cœur
Tout contre mon cœur.

Sol4 Sol Do
R- … contre notre amour.

TOI MON VIEUX COPAIN

Paroles et musique : Francis LALANNE

Capo II

La
1- Toi mon vieux copain
Cette nuit je t'écris
LaM7
Parce que je ne vais pas bien
La7
Parce que j' suis tout seul
Et que j'ai pas envie
Ré
De me saouler la gueule
Sim7/5b
J' sais qu' si t'étais là
Fa#m
Je pourrais m'appuyer sur toi
Sim7 Mi4/7
Comme autrefois, mais y'a tant de kilomètres
Mi
Entre toi et moi.

2- J' suis fatigué
De plus savoir quoi faire
De mes mots d'amitié
C'est moche d'être si loin
Quand on a si souvent cuvé le même vin
On était gamins, depuis on a fait du chemin
Je m'en souviens, comme si c'était demain.

Ré
R1- C'était au lycée, les trois-quarts d' la journée
Mi
On se faisait vider
RéM7 Fa#m La
Seuls dans les couloirs, on avait l'air d'être les fantômes du manoir
Sim7 Sim7/5b Fa#m
On f'sait des projets, __ en buvant café sur café
Fa#m Sim Mi4/7 Mi
Nos récréations finissaient toutes au bar de la station.

3- Et toi mon vieux copain
T'accrochais toujours un sourire à mes chagrins
Dès 8 heures du mat', on f'sait des plans pour s'évader du cours de maths
Les cours de philo, on rêvait glaces et menthe à l'eau
Les cours d'histoire, on les passait à se raconter nos histoires.

4- Et nos secrets
Batailles navales pour faire semblant de travailler
Quand y'en avait marre, on se f'sait virer pour aller sur le trottoir
Rue Émile Sicard et se faire bronzer comme des lézards
On regardait tomber le soir.

R2- Et tout ce temps-là, on rêvait de voyages, on parlait de nanas
Les jours de cafard, on refaisait le monde en fumant le cigare
Les jours de folie, on n'en avait jamais fini
Pour n'importe quoi, de s' faire un maximum de cinéma.

5- Non mon vieux copain
Maintenant que se sont séparés nos chemins
Moi Lettres et toi Droit, chacun sa fac et chacun sa vie devant soi
Moi j' suis à Paris, et toi t'es resté au pays
Et c'est trop peu, si on s'écrit qu'on est heureux ou malheureux.

6- Mais ne crois pas
Que j' pense à toi seul'ment les jours où ça va pas
J' pense à toi souvent, et je sais qu'on est toujours amis comme avant
Réponds comme tu veux, te fais pas d' bile pour moi mon vieux
Quand je t'écris, j' me sens toujours mieux.

MON AMI, MON MAÎTRE

Paroles : Serge LAMA
Musique : Yves GILBERT

Capo I

Fa#m Mi La
1- __ J'ai essayé à cent reprises
Ré Mi7 Fa#m
__ De vous parler de mon ami
Sim7 Do#7 Fa#m
__ Mais comment parler d'une église
Sol#7 Do#7
Dont l'accés vous est interdit
Fa#m Mi La
__ Mais ce soir je sens sous ma plume
Ré Mi7 Fa#m
__ Un fourmillement familier
Sim7 Do#7 Fa#m
__ Quand le soleil du cœur s'allume
Sol#7 Do#7 Mi7
L'éteindre serait un péché. __
La Ré Mi7 La
__ C'est mon ami et c'est mon maître
Ré Mi
C'est mon maître __ et c'est mon ami
Do#7 Fa#m
__ Dès que je l'ai vu apparaître
Si7 Mi Mi7
__ J'ai tout d' suit' su que c'était lui __
La Mi Fa#m Ré
__ Lui qui allait m'apprendre à ê - tre
Mi4 Mi7 La
__ Ce que modestement je suis.

2- Comme une chèvre vendéenne
De ses secrets il est jaloux
Et même s'il a de la peine
Il ne vous parle que de vous
Il conserve de son bel âge
Un sourire au fond de ses yeux
Et je me dis que c'est dommage
De vous le décrire sans cheveux.
C'est mon ami et c'est mon maître
J' le vouvoie encore aujourd'hui
Et quand j'ai mal dedans mon être
Je passe une heure ou deux chez lui
L'air qu'on respire à sa fenêtre
C'est l'air le plus pur de Paris.

3- Il garde en lui dur comme une arme
Un orgueil au-delà de tout
Au point que même au bord des larmes
Il vous fera croire qu'il s'en fout
C'est lui qui a fortifié mon âme
Et si je suis encore en vie
Je n' le dois pas à cette femme
Qui me rend heureux aujourd'hui.
Mais à mon ami, à mon maître
Et dans la chanson que voici
Je sais qu'il va se reconnaître
Mais puisque nous somm's entre amis
Ce soir je peux bien me permettre
De vous le présenter aussi.

UNE ÎLE

Paroles :
Serge LAMA
Musique :
Yves GILBERT

Ré7 Solm Ré7 Solm
R1- _ Une île entre le ciel et l'eau
Dom7 Fa7 Sib
Une île sans hommes ni bateaux
Ré7 Solm
Inculte, un peu comme une insulte
Dom7 Fa7 Sib
Sauvage, sans espoir de voyage
Dom Solm
Une île, une île
Ré7 Solm
Entre le ciel et l'eau.

Dom7 Fa7
1- Ce serait là, face à la mer immense
Sib Sol
Là, sans espoir d'espérance
Dom7 Fa7
Tout seul face à ma destinée
Sib
Plus seul qu'au cœur d'une forêt
Mib Fa
Ce serait là dans ma propre défaite
Sib7M Sol7
Tout seul sans espoir de conquête
Dom7 Fa7
Que je saurais enfin pourquoi
Sib La7 Ré7
Je t'ai quittée, moi qui n'aime que toi.

R2- Une île comme une cible d'or
Tranquille comme un enfant qui dort
Fidèle à en mourir pour elle
Cruelle à force d'être belle
Une île, une île
Comme un enfant qui dort.

2- Ce serait là, face à la mer immense
Là, pour venger mes vengeances
Tout seul avec mes souvenirs
Plus seul qu'au moment de mourir
Ce serait là, au cœur de Sainte-Hélène
Sans joie, sans amour et sans haine
Que je saurais enfin pourquoi
Je t'ai quittée, moi qui n'aime que toi.

R3- Une île entre le ciel et l'eau.
Une île sans hommes ni bateaux
Inculte un peu comme une insulte
Sauvage, sans espoir de voyage
Une île, cette île
Mon île, c'est toi.

TA KATIE T'A QUITTÉ

Paroles et musique : Boby LAPOINTE

Sol
1- Ce soir au bar de la gare
Igor hagard est noir
Ré7 Ré9+ Ré7
Il n'arrête guère de boire
Car sa Katia
Sol
Sa jolie Katia vient de le quitter
Sa Katie l'a quitté
Il a fait choublanc
Ce grand duc avec ses trucs
Ses astuces
Ré7 Ré9+ Ré7
Ses ruses de Rus - se blanc
"Ma tactique était toc"
Dit Igor qui s'endort
Sol
Ivre mort au comptoir du bar
Sol7
Un Russe blanc qu'est noir
Quel bizarre hasard se marr'nt
Do
Les fêtards paillards du bar
Car encore Igor y dort
Ré7
Mais près d' son oreille
Merveille un réveil vermeil
Sol
Lui prodigue des conseils
Pendant son sommeil :

2- Tic tac, tic tac, ta Katie t'a quitté
Ré7
Tic tac, tic tac, ta Katie t'a quitté
Tic tac, tic tac, t'es cocu, qu'attends-tu ?
Sol
Cuite-toi t'es cocu
Ré7
T'as qu'à t' cuiter
Quitter ton quartier
Ta Katie t'a quitté
Ta tactique était toc
Sol
Ta tactique était toc
Ta Katie t'a quitté
Ré7
Ote ta toque et troque
Sol
Ton tricot tout crotté
Ré7
Et ta croute au couteau
Sol
Qu'on t'a tant attaqué
Ré7
Contre un tacot côté
Sol
Quatre écus tout compté
Ré7
Et quitte ton quartier
Sol
Ta Katie t'a quitté
Ta Katie t'a quitté
Tout à côté
Des catins décaties taquinaient
Ré7 Ré9+ Ré7
Un cocker co - quin
Et d'éthiques coquettes
Tout en tricotant
Sol
Caquetaient et discutaient
Et critiquaient
D'un comte toqué qui comptait en tiquant
Ré7 Ré9+ Ré7
Tout un tas de tickets de quai
Quand tout à coup...
Tic tac... tic tac... brrrr

Sol
3- "Oh mâtin quel réveil
Mâtin quel réveil matin"
Do
S'écrit le Russe blanc de peur
Ré7
"Pour une sonnerie
Sol
C'est une belle connerie !"

LA SAMBA

Paroles et musique : Bernard LAVILLIERS

Mim Fa# Si7 Mim
1- La musique a roulé _ des tempos exotiques
Fa# Si7 Mim
La dame du premier _ a pigé la rythmique
Lam
Et s'est mise à danser la la la la
Mim
Sur des airs des tropiques
Do Si7
Et tout le grand standing a dansé la samba
Mim Fa# Si7 Mim
_ Et tout le grand standing _ a dansé la samba.

2- L'immeuble d'à-côté qui a le sens critique
Étant standardisé pour le cadre moyen
Bientôt contaminé par le rythme excentrique
A coupé la télé et dansé la samba.

3- Les prolos qui logaient dans la cité d'urgence
Dont l'insonorité met vite dans l'ambiance
Étaient habitués à suivre les cadences
Et toute la cité a dansé la samba.

4- Une musique morte impuissante et statique
Suintait par le plafond très aristocratique
Mais la joie authentique remontait des bas-fonds
Monsieur le directeur prit ses dispositions.

5- Alors les CRS d' la répression rythmique
Qui n' balancent pas autrement qu'à la trique
Les oreilles bouchées par d'énormes hublots
Trouvèrent un responsable et firent leur boulot.

6- Z'ont tué le guitariste, lui ont brisé les doigts
Interdit sa musique, surveillé quelques mois
Mais au fond des mémoires sur les marteaux-pilons
Les compagnons d'usine ont gravé la chanson.

ON THE ROAD AGAIN

Paroles : Bernard LAVILLIERS
Musique : Sebastian SANTA MARIA

Ré Mim Sol Sim
1- Nous étions jeunes et larges d'épaules _
Ré Mim Sol Sim
Bandits joyeux, insolents et drôles
Ré Mim Sol Sim
On attendait que la mort nous frôle.

Ré Mim Sol
R- On the road again, again
Ré Mim Sol
On the road again, again.

2- Au petit jour on quittait l'Irlande
Et derrière nous s'éclairait la lande
Il fallait bien un jour qu'on nous pende.

3- La mer revient toujours au rivage
Dans les blés mûrs, y'a des fleurs sauvages
N'y pense plus, tu es de passage.

4- Nous étions jeunes et larges d'épaules
On attendait que la mort nous frôle
Elle nous a pris les beaux et les drôles.

Sim Ré Sol Fa#m7
5- _ Ami sais-tu que les mots d'amour
Sol La
Voyagent mal de nos jours
Sol La4/9
Tu partiras encore plus lourd.

ÇA SERT À QUOI TOUT ÇA

Paroles et musique :
Maxime LE FORESTIER

Do
1- Un beau matin
Fa Do
On vient au mon - de
Fa Do
Le mon - de
Sol
N'en sait rien
Do
Puis on grandit
Lam Mim
On recommen - ce
Lam Mim
La dan - se
Sol
De la vie
Fa Do
Et puis on use nos mains
Fa Do
À continuer le chemin
Lam Sol
Qu'avaient commencé nos ancêtres
Lam Mi
Je sais qu'un jour va venir
Fa Do
Où ce chemin va finir
Lam Sol
Ce jour viendra bientôt peut-être.

Do Do7
R- Ça sert à quoi tout ça ?
Fa Fa7
Ça sert à quoi tout ça ?
Do Sol
Ne me demandez pas de vous suivre.
Do Do7
Ça sert à quoi tout ça ?
Fa Fa7
Ça sert à quoi tout ça ?
Do Sol Do
Il nous reste si peu à vivre.

2- On se connaît
On dit quand même
Je t'aime
Pour toujours
L'éternité
N'est plus en siècles
Des siècles
Mais en jours
Si tu me donnes un enfant
Aura-t-il assez de temps
Pour arriver à l'âge d'homme
S'il reste seul ici-bas
Avec une fille à son bras
Trouveront-ils encore des pommes ?

3- Cette chanson
Quand je la chante
Je chante
Pour du vent
C'est la chanson
Du glas qui sonne
Personne
Ne l'entend
Tu as beau me répéter
Qu'on a jamais rien changé
Avec des notes et des phrases
Je continue de chanter
Les doigts en forme de "v"
En attendant que tout s'embrase.

Refrain final-
Ça sert à quoi tout ça ?
Ça sert à quoi tout ça ?
Ne me demandez pas de vous suivre.
Ça sert à quoi tout ça ?
Ça sert à quoi tout ça ?
Do Sol Fa Do
Pour le peu qu'il nous reste à vi - vre.

COMME UN ARBRE DANS LA VILLE

Paroles : Catherine et Maxime LE FORESTIER
Musique : Maxime LE FORESTIER

Do Ré7 Fa
1- Comme un arbre dans la ville
Sol Do
Je suis né dans le béton
Mim Lam
Coincé entre deux maisons
Ré7 Sol Mi7 Lam
Sans abri sans domici - le
Rém Mi Lam
Comme un arbre dans la vil - le.
Do Ré7 Fa
Comme un arbre dans la ville
Sol Do
J'ai grandi loin des fûtaies
Mim Lam
Où mes frères des forêts
Ré7 Sol Mi Lam
Ont fondé une famil - le
Rém Mi Lam Mi
Comme un arbre dans la vil - le. _
Mi7 Lam
Entre béton et bitume
La Rém
Pour pousser je me débats
Ré Sol Mi
Mais mes branches volent bas _
Mi7 Lam
Si près des autos qui fument
Rém Mi Lam
Entre béton et bitu - me.

2- Comme un arbre dans la ville
J'ai la fumée des usines
Pour prison et mes racines
On les recouvre de grilles
Comme un arbre dans la ville.
Comme un arbre dans la ville
J'ai des chansons sur mes feuilles
Qui s'envoleront sous l'œil
De vos fenêtres serviles
Comme un arbre dans la ville.
Entre béton et bitume
On m'arrachera des rues
Pour bâtir où j'ai vécu
Des parkings d'honneur posthume
Entre béton et bitume.

3- Comme un arbre dans la ville
Ami fais après ma mort
Barricades de mon corps
Et du feu de mes brindilles
Comme un arbre dans la ville.

ÉDUCATION SENTIMENTALE

Paroles : KERNOA
Musique : Maxime LE FORESTIER

Lam
1- Ce soir à la brume, nous irons ma brune
Rém Sol
Cueillir des serments
Sol7 Lam
Cette fleur sauvage qui fait des ravages
Rém Do
Dans les cœurs d'enfants
Fa Sol
Pour toi ma princesse, j'en ferai des tresses
Do
Et dans tes cheveux
Mi Lam
Ces serments, ma belle, te rendront cruelle
Rém Sol7 Do
Pour tes amoureux.
Mi Lam Sol Fa Sol Do
— — — — — —

2- Demain à l'aurore, nous irons encore
Glaner dans les champs
Cueillir des promesses, des fleurs de tendresse
Et de sentiment
Et sur la colline, dans les sauvagines
Tu te coucheras
Dans mes bras, ma brune, éclairée de lune
Tu te donneras.

3 - C'est au crépuscule, quand la libellule
S'endort au marais
Qu'il faudra voisine, quitter la colline
Et vite rentrer
Ne dis rien ma brune, pas même à la lune
Et moi, dans mon coin,
J'irai solitaire, je saurai me taire
Je ne dirai rien.

Reprise du couplet 1-

FONTENAY-AUX-ROSES

Paroles : KERNOA
Musique :
Maxime LE FORESTIER

1- Vous êtes si jolies *(Sol, Do)*
Quand vous passez le soir *(Ré)*
À l'angle de ma rue. _ *(Sol, Si7)*
Parfumées et fleuries *(Do)*
Avec un ruban noir *(Ré)*
Toutes de bleu vêtues. *(Mim)*
Quand je vous vois passer *(Si7)*
J'imagine parfois
Des choses insensées *(Mim)*
Les rendez-vous secrets *(Do)*
Au fond d'un jardin froid *(Ré)*
Des serments murmurés. *(Sol)*

2- Le soir dans votre lit
Je vous devine nues
Un roman à la main.
Monsieur Audiberti
Vous parle d'inconnu
Vous êtes déjà loin.
Vos rêves cette nuit
De quoi parleront-ils
Le soleil fut si lourd ?
Demain c'est samedi
Je guetterai fébrile
Votre sortie du cours.

3- Dimanche sera gris
Je ne vous verrai pas
Pas avant lundi soir.
Où serez-vous parties
Qui vous tiendra le bras
Que vous fera-t-on croire ?
Je crois que je vous dois
De vous faire un aveu
Petites écoutez-moi
C'est la première fois
Que je suis amoureux
De tout un pensionnat.

MON FRÈRE

Paroles et musique :
Maxime LE FORESTIER

1- Toi le frère que je n'ai jamais eu *(Rém, Solm)*
Sais-tu si tu avais vécu *(Do)*
Ce que nous aurions fait ensem - ble *(Do7, Fa)*
Un an après moi tu serais né *(La, Rém)*
Alors on n' se s'rait plus quitté *(Solm)*
Comme deux amis qui se ressemblent. *(Rém, La)*
On aurait appris l'argot par cœur *(Rém, Solm)*
J'aurais été ton professeur *(Do)*
À mon école buissonniè - re *(Do7, Fa)*
Sûr qu'un jour on se serait battu *(La, Rém)*
Pour peu qu'alors on ait connu *(Solm)*
Ensemble la même premiè - re. *(Rém, La)*

R- Mais tu n'es pas là *(Ré, La)*
À qui la fau - te *(Sim, Sol)*
Pas à mon père *(Sol, Sib)*
Pas à ma mère *(Sol, Sib)*
Tu aurais pu chanter cela. *(Sol, La)*

2- Toi le frère que je n'ai jamais eu
Si tu savais ce que j'ai bu
De mes chagrins en solitaire
Si tu ne m'avais pas fait faux-bond
Tu aurais fini mes chansons
Je t'aurais appris à en faire.
Si la vie s'était comportée mieux
Elle aurait divisé en deux
Les paires de gants
Les paires de claques
Elle aurait sûrement partagé
Les mots d'amour et les pavés
Les filles et les coups de matraque.

3- Toi le frère que je n'aurai jamais
Je suis moins seul de t'avoir fait
Pour un instant, pour une fille
Je t'ai dérangé tu me pardonnes
Ici quand tout vous abandonne
On se fabrique une famille.

NÉ QUELQUE PART

Paroles : Maxime LE FORESTIER
Musique : Maxime LE FORESTIER
et Jean-Pierre SABAR

1-
Mim Do7M
__ On choisit pas ses parents
Ré Lam
On choisit pas sa famille __
Mim Do7M
__ On choisit pas non plus
Ré
Les trottoirs de Manille
Lam
De Paris ou d'Algers
Mim Lam
Pour apprendre à marcher. __
Ré Lam
Être né quelque part __
Mim Lam
__ Être né quelque part
Pour celui qui est né
Ré Lam
__ C'est toujours un hasard.
Mim Mim La
Nom'inqwando yes qwag iqwahasa
La Mim La Mim La
__ Nom'inqwando yes qwag iqwahasa. __

2- Y'a des oiseaux de basse-cour
Et des oiseaux de passage
Ils savent où sont leurs nids
Qu'ils rentrent de voyage
Ou qu'ils restent chez eux
Ils savent où sont leurs œufs.
Être né quelque part
Être né quelque part
C'est partir quand on veut
Revenir quand on part.
Nom'inqwando yes qwag iqwa-
hasa. *(bis)*

Pont-
Mim La Mim
Est-ce que les gens naissent égaux en droits
La Mim
À l'endroit où ils naissent ?
La Mim La
Nom'inqwando yes qwag iqwahasa __
Mim La Mim
Est-ce que les gens naissent égaux en droits
La Mim
À l'endroit où ils naissent
La Mim Do7M
Que les gens naissent pareils ou pas ? __
Abantwana bayagxuma, becahselana bexoxa.

3- On choisit pas ses parents
On choisit pas sa famille
On choisit pas non plus
Les trottoirs de Manille
De Paris ou d'Alger
Pour apprendre à marcher.
Je suis né quelque part
Je suis né quelque part
Laissez-moi ce repère
Ou je perds la mémoire.
Nom'inqwando yes qwag iqwahasa. *(ter)*

Pont final-
Est-ce que les gens naissent égaux en droits
À l'endroit où ils naissent
Que les gens naissent pareils ou pas ?
Buka naba bexoshana
Nom'inqwando yes qwag iqwahasa. *(bis)*
Est-ce que les gens naissent égaux en droits
À l'endroit où ils naissent
Que les gens naissent pareils ou pas ?
Buka naba bexoshana
Nom'inqwando yes qwag iqwahasa. *(bis)*

SAN FRANCISCO

Paroles et musique : Maxime LE FORESTIER

1- Mim Sol
C'est une maison bleue
Sim Do
Adossée à la colline
Sol
On y vient à pied, on ne frappe pas
Ré Do Mim
Ceux qui vivent là, ont jeté la clé. _

On se retrouve ensemble
Après des années de route
Et on vient s'asseoir autour d'un repas
Ré La Mim
Tout le monde est là, à cinq heures du soir. _

R1- Mim Sol La
Quand San Francisco s'embrume
La Do Do Ré Mim
Quand San Francisco s'al - lu - me
Sim
San Francisco
Mim
Où êtes-vous
Sol La
Lizzard et Luc
Do
Psylvia
Ré Mim
Attendez-moi. _

2- Nageant dans le brouillard
Enlacés roulant dans l'herbe
On écoutera Tom à la guitare
Phil à la kéna jusqu'à la nuit noire.

Un autre arrivera
Pour nous dire des nouvelles
D'un qui reviendra dans un an ou deux
Puisqu'il est heureux on s'endormira.

R2- Quand San Francisco se lève…

3- C'est une maison bleue
Accrochée à ma mémoire
On y vient à pied, on ne frappe pas
Ceux qui vivent là, ont jeté la clé.

Peuplée de cheveux longs
De grands lits et de musique
Peuplée de lumière et peuplée de fous
Elle sera dernière à rester debout.

R3- Si San Francisco s'effondre…

LE PETIT BONHEUR

Paroles et musique : Félix LECLERC

Lam Rém
1- C'est un petit bonheur que j'avais ramassé
Mi7 Lam
Il était tout en pleurs sur le bord d'un fossé
Rém
Quand il m'a vu passer il s'est mis à crier
Mi7 Lam
Monsieur ramassez-moi, chez vous emmenez-moi
La7 Ré
Mes frères m'ont oublié, je suis tombé, je suis malade
Si7 Mi
Si vous n' me cueillez point je vais mourir quelle balade
La La7 Ré
Je me ferai petit, tendre et soumis je vous le jure
Si7 Mi7 Lam
Monsieur, je vous en prie, délivrez-moi de ma torture.

2- J'ai pris le p'tit bonheur l'ai mis sous mes haillons
J'ai dit faut pas qu'il meure, viens-t'en dans ma maison
Alors le p'tit bonheur a fait sa guérison
Sur le bord de mon cœur y' avait une chanson
Mes jours, mes nuits, mes peines, mes deuils, mon mal, tout fut oublié
Ma vie de désœuvré j'avais l' dégoût de la recommencer
Quand il pleuvait dehors ou qu' mes amis m' faisaient des peines
J' prenais mon p'tit bonheur et j' lui disais c'est toi ma reine.

3- Mon bonheur a fleuri il a fait des bourgeons
C'était le paradis, ça s' voyait sur mon front
Or un matin joli que j' sifflais ce refrain
Mon bonheur est parti sans me donner la main
J'eus beau le supplier, le cajoler, lui faire des scènes
Lui montrer le grand trou qu'il me faisait au fond du cœur
Il s'en allait toujours la tête haute sans joie, sans haine
Comme s'il ne pouvait plus voir le soleil dans ma demeure.

4- J'ai bien pensé mourir de chagrin et d'ennui
J'avais cessé de rire, c'était toujours la nuit
Il me restait l'oubli, il me restait l' mépris
Enfin je me suis dit il me reste la vie
J'ai repris mon bâton, mes deuils, mes peines et mes guenilles
Et je bats la semelle dans des pays de malheureux
Aujourd'hui quand je vois une fontaine ou une fille
Je fais un grand détour ou bien je me ferme les yeux. *(bis)*

MOI, MES SOULIERS

Paroles et musique : Félix LECLERC

Capo I

La Ré Mi
1- Moi mes souliers ont beaucoup voyagé
Mi7 La Ré Mi7
Ils m'ont porté de l'école à la guer - re
La Mim Fa#7 Sim
J'ai traversé sur mes souliers ferrés
La Si7 Mi7 La
Le monde et sa misè - re.

2- Moi mes souliers ont passé dans les prés
Moi mes souliers ont piétiné la lune
Puis mes souliers ont couché chez les fées
Et fait danser plus d'une.

3- Sur mes souliers y a de l'eau des rochers
D' la boue des champs et des pleurs de femmes
J' peux dire qu'ils ont respecté le curé
L' pays, l' bon Dieu et l'âme.

4- S'ils ont marché pour trouver l' débouché
S'ils ont traîné de village en village
Suis pas rendu plus loin qu'à mon lever
Mais devenu plus sage.

5- Tous les souliers qui bougent dans les cités
Souliers de gueux et souliers de reine
Un jour cesseront d'user les planchers
Peut-être cette semaine.

6- Non mes souliers n'ont pas foulé Athènes
Moi mes souliers ont préféré les plaines
Quand mes souliers iront dans les musées
Ce s'ra pour s'y accrocher.

7- Au paradis paraît-il mes amis
C'est pas la place pour les souliers vernis
Dépêchez-vous de salir vos souliers
Si vous voulez être pardonnés.
Sim Si7 Mi7 Ré La
Si vous voulez être pardonnés. _

QUAND LES HOMMES VIVRONT D'AMOUR

Paroles et musique :
Raymond LEVESQUE

Lam Mi Fa#7 Fa#m7 Si7
_ _ _ _ _

Mi Sol#m
1- Quand les hommes vivront d'amour _
Mi7 La
Il n'y aura plus de misère
Lam6 Si7 Mi
_ Et commenceront les beaux jours
La7Maj
Mais nous
Mi Si7 Mi
Nous serons morts, mon frè - re.

Quand les hommes vivront d'amour
Ce sera la paix sur la terre
Les soldats seront troubadours
Et nous
Nous serons morts, mon frère.

La Sol#m
_ Dans la grand' chaîne de la vie _
La Sol#m
_ Où il fallait que nous passions
Do#7 Fa#m
_ Où il fallait que nous soyons
Fadim Fa#m7 Si9
Nous aurons eu la mauvaise partie. _

Mi Mi7Maj
_ Quand les hommes vivront d'amour
Mi7 La
_ Il n'y aura plus de misère
Ré9 Mi
_ Et commenceront les beaux jours
La7Maj
_ Mais nous
Mi Si7 Mi
Nous serons morts, mon frè - re.

2- Mais quand les hommes vivront d'am
Qu'il n'y aura plus de misère
Peut-être song'ront-ils un jour
À nous
Qui serons morts, mon frère.

Nous qui aurons aux mauvais jours
Dans la haine et puis dans la guerre
Cherché la paix, cherché l'amour
Qu'ils connaîtront alors, mon frère.

Dans la grand' chaîne de la vie
Pour qu'il y ait un meilleur temps
Il faut toujours quelques perdants
De la sagesse ici-bas c'est le prix.

Quand les hommes vivront d'amour
Il n'y aura plus de misère
Et commenceront les beaux jours
La7Maj
_ Mais nous
Mi Fa#7 Si7 Mi
Nous serons morts, mon frè - re.
Ré6 Si7Maj Mi7Maj
_ _ _

LA BALLADE DES GENS HEUREUX

Paroles : Pierre DELANOË et Gérard LENORMAN
Musique : Gérard LENORMAN

GÉRARD LENORMAN

Do
1- Notre vieille terre est une étoile
Rém
Où toi aussi tu brilles un peu
Sol Do
Je viens te chanter la ballade
Sol Do
La ballade des gens heureux
Fa
Je viens te chanter…

2- Tu n'as pas de titre, ni de grade
Mais tu dis "tu", quand tu parles à Dieu
Je viens te chanter…

3- Journaliste, pour ta première page
Tu peux écrire tout ce que tu veux
Je t'offre un titre formidable…

4- Toi qui as planté un arbre
Dans ton petit jardin de banlieue
Je viens te chanter…

5- Il s'endort et tu le regardes
C'est ton enfant, il te ressemble un peu
On vient lui chanter la ballade…

6- Toi la star, du haut de ta vague
Descends vers nous, tu nous verras mieux
On vient te chanter la ballade…

7- Roi de la drague, et de la rigolade
Rouleur, flambeur ou gentil petit vieux
On vient te chanter la ballade…

8- Comme un chœur dans une cathédrale
Comme un oiseau qui fait ce qu'il peut
Tu viens de chanter la ballade…

ENRICO MACIAS

MALHEUR À CELUI QUI BLESSE UN ENFANT

Paroles : Jacques DEMARNY
Musique : Enrico MACIAS

Capo II

La Ré Mi
R- Qu'il soit un démon, qu'il soit noir ou blanc
Ré La Mi La
Il a le cœur pur, il est toute innocence
La Ré Mi
Qu'il soit né d'amour ou par accident
Ré La Mi La Lam
Malheur à celui qui blesse un enfant. _

Ré Lam
1- Il n'a pas de père et il n'a pas de mère
Ré Mi
C'est le plus frondeur de tout l'orphelinat
Lam
On cite en exemple son sale caractère
Rém Mi Lam La
Et on le punit car on ne l'aime pas. _

2- Il vole au marché un gâteau, une orange
Et on le poursuit, il faut le rattraper
On donne l'alerte, on arrête un ange
Et pour se défendre il se met à pleurer.

3- Il est émigré d'un pays de misère
Et dans une école, il apprend à parler
Son accent fait rire, il ne peut rien faire
Sans qu'on lui reproche d'être un étran-
ger.

OUVRE-MOI LA PORTE

Paroles : Jacques DEMARNY
Musique : Enrico MACIAS

Ré
R- Ouvre-moi la porte
Sol
Toi qui as la clé
Ré
De la grande école du monde
Ce n'est pas facile
Mim7
De te faire entrer
Sol Mim La Ré
Mais je vais quand même essayer.

Rém Do
1- Tu devras d'abord choisir un bon métier
La Sib La La7 Rém
Et le faire avec pas - sion
Do7 Fa
_ Vivre avec les gens
Mib
Apprendre à les aimer
Solm6 La4 La
Sans te faire trop d'illusions _
Rém Do
Protéger la vie de l'arbre et du ruisseau
Sib La
Te faire des amis parmi les animaux
Rém
Vivre dans l'espoir
Do
Et chanter quand il pleut
Sib La
Alors tu seras heureux.

2- Tu seras soldat non pas pour faire la guerre
Du moins j'ose l'espérer
Quand tu t'en iras
Je suis sûr que ta mère
Se cachera pour pleurer
Tu découvriras qu'il y a sur la terre
Deux hommes sur trois qui sont dans la misère
Libre de partir
Tu verras mon petit
Que rien ne vaut ton pays.

3- À tous les instants il te faudra choisir
Entre le bien et le mal
Tu auras souvent
L'occasion de souffrir
Et d'oublier c'est normal
Alors c'est l'amour que tu rencontreras
Ce sont des beaux jours, tu sais, que ces jours-là
Et puis un enfant
Qui te fera vieillir
Tendrement viendra te dire.

FRÉDÉRIK MEY

BONSOIR MES AMIS

Paroles et musique : Frédérik MEY

Introduction commune
aux trois couplets
et servant de Coda-

La Sim La
— — —

La Sim Mi7
Bonsoir mes amis __

La
Il est temps que je m'en aille

Ré Do#m
__ Ce qui me reste à vous dire

Sim
Ne dure qu'une cigarette

Mi La
__ Et le temps d'un dernier verre.

La Sim Mi
1- __ Pour ce jour, cette nuit sous votre toit, merci

La
Pour la place à votre table et le vin dans mon verre

Sim Mi
Pour le couvert de plus que vous mettez pour moi

La Ré Mi
Comme si rien au monde n'était plus normal.

2- Pour ces heures passées à bavarder, merci
Pour votre patience quand nos avis étaient contraires
Pour n'avoir pas cherché à savoir d'où je venais
Ni pour où je pars, ni quand, ni pourquoi.

3- Merci pour la bonté qui s'abrite chez vous
Derrière cette porte que je dois franchir
Peut-être est-ce par elle qu'à travers vos carreaux
La lumière semble plus chaude qu'ailleurs.

GASPARD

Paroles et musique :
Frédérik MEY

Capo I

Lam Sol Lam
1- On disait qu'il venait d'Angers, __ qu'il ne savait pas dire un mot

Sol Lam
Sur la place du marché __ il fut entouré de badauds

Do Lam
Les uns chuchotaient : "Il n'est pas normal !", et d'autres criaient : "C'est un animal

Rém Sol Lam Mi7 Lam
__ Mais qu'est-ce que vous attendez pour chasser cet idiot, pour chasser cet idiot."

2- Ses cheveux lui tombaient en mèches, il se tenait recroquevillé
"C'est le diable qui l'empêche de marcher la tête levée"
Le curé lui tendit un pot de lait qu'il lapa bruyamment et d'un seul trait
"Faudrait qu'on l'abreuve à la crèche, c'est Satan incarné."

Suite… ▷

(suite et fin)

3- Mon père qui en ce temps-là était maître d'école au village
Alla vers lui tendant son bras malgré les mots de l'entourage
Mon père lui parla doucement, l'étranger murmura en bégayant
Un nom qui sonnait par endroit comme le nom de Gaspard.

4- Mon père le prit avec lui et Gaspard hésita un peu
Ma mère lui lava ses habits et lui coupa les cheveux
Mon père alors lui apprit à parler, à lire, à écrire et à calculer
Et mon père disait de lui : "Quel garçon prodigieux !"

5- Près de l'école il y avait un champ de quelque cinq hectares
Que la commune nous bayait, j'y travaillais avec Gaspard
Comme la récolte était bonne, après les dures journées en automne
Les paysans nous maudissaient quand on rentrait le soir.

6- Plus tard après Noël passé, nos sorties devinrent plus rares
Et puis vint ce jour de janvier étouffé d'un épais brouillard
Gaspard ne rentra pas pour le repas, moi je guettais le bruit de son pas
Mon père gronda excédé : "Mais que fait donc Gaspard."

7- On l'a trouvé au petit matin dans la neige rouge de sang
Couché dans le petit chemin qui va de l'école au champ
Ses yeux ne reflétaient pas la peur mais seulement une infinie stupeur
Ou comme l'immense chagrin d'être haï autant.

8- Un commissaire de passage enquêta fort hâtivement
L'abbé fit le discours d'usage qui nous consola tous bougrement
Le champ depuis est resté en jachère, les gens, leurs chiens ne nous font plus la guerre
Quand je vais au village par le chemin des champs.

J'AIMERAIS BIEN ÊTRE MON CHIEN

Paroles et musique : Frédérik MEY

1- *Ré La Sim*
Certains jours j'aimerais bien être mon chien
Sol Ré
Bien au chaud dans l'édredon
Sol La
Je m'observerais froidement
Ré La Sim
À m'agiter paniqué chaque matin
Sol Ré Mi7 La
Et je me rendormirais à ce spectacle fatigant
Ré Sol Mim
Puisque mon unique centre d'intérêt serait mon ventre
Ré Sol
Que mes seuls efforts seraient mon sommeil
Mi7 La
_ Et ma digestion
Ré Sol La Sim
Mes recherches spirituelles mèneraient à ma gamelle
Sol Mi La
J'aurais pour seul sujet de tourment et de méditation
Sol La La7 Fa#m
La morphologie de mon os quoti - dien
Sol Ré La7 Sim Sol Ré
_ Quelquefois j'aimerais bien être mon chien. _ _

2- Certains jours j'aimerais bien être mon chien
Je ne me creuserais plus la tête en forme de fuseau
Et en disposant d'un nez comme le sien
Je reclasserais le monde à l'échelle de mon museau
En personnes hautes ou rampantes
En bon ou malodorantes.
Et quant aux lécheurs contre qui j'ai toujours eu une dent
J'attendrais qu'ils me caressent
Puis je leur mordrais les fesses
Ce que je ne fais que dans les cas extrêmes actuellement
Car l'état de ma denture est très moyen.
Quelquefois j'aimerais bien être mon chien.

3- Certains jours j'aimerais bien être mon chien
Les mensonges, les ragots me laisseraient indifférent.
On ne m'attraperait plus comme un crétin
Dans ces discussions idiotes qui me font perdre mon temps
Qu'on discute, qu'on débatte
Je lèverais une patte
Pour montrer mon intérêt, pour apporter mon argument
Plus d'importunes visites
Si ça sonnait j'irais vite
Aboyer derrière la porte et je dirais poliment :
"Désolé mais vous êtes venue pour rien
Le patron est sorti et moi je suis le chien."

4- Certains jours j'aimerais bien être mon chien
J'aurais des tas d'avantages sans une ombre de souci
Et tout compte fait j'accepterais fort bien
De manger dessous la table et de dormir au pied du lit.
Plus d'impôts, plus de contraintes
De devoirs, d'ennuis, de craintes.
Mais en tant qu'homme il me reste un talent qui lui fait défaut
Un don qu'il m'envie sans doute
Ça le ronge et le déroute
Car de nous deux je suis celui qui peut ouvrir le frigo
Et je savoure ce geste quand je vois
Que parfois mon chien aimerait être moi.

TYRANNIE

Paroles et musique : Frédérik MEY

Mim Si7 Mim
1- __ Il y a cinq pas d'un mur à l'autre
Lam Ré7 Sol
__ Six de la porte au lit de camp
Si7 Mim
__ Et la fenêtre est bien trop haute
Lam Mim
Pour voir ce qu'il y a dehors
Lam Mim Do
À part un carré de ciel sombre. __
Mim Do Mim Do
__ Je n'aime pas ce temps maussade __
Mim Do Mim Do
__ Il doit être près de sept heures __
Mim Do Sol
__ Ils ont pris ma montre-bracelet
Mes vêtements et mes chaussures
Si7 Mim
__ Et ils m'ont vêtu de treillis.
Lam Ré7 Sol Si7 Mim
__ Et ils m'ont vêtu de treillis. __ __

2- J'ignore de quoi ils m'accusent
Pourquoi donc toutes ces questions ?
Pourquoi l'attente interminable ?
Pourquoi cet interrogatoire
Si j'ignore ce qu'ils me veulent ?
Il y a à peine quelques heures
Qu'ils sont venus en pleine nuit
Avec leurs mitraillettes aux poings
Ils m'ont entraîné ici
Comme on emmène un assassin. *(bis)*

3- J'ai cessé de hurler de rage
Et mes mains saignent et me font mal
À force de cogner à la porte.
J'ai versé la soupe par terre
Et brisé le bol sur le mur
Ils m'ont frappé l'un après l'autre
Ils m'ont tondu les cheveux
Mais je n'avais rien à leur dire
Et pour ça ils m'ont supprimé
La couverture de coton. *(bis)*

4- Aujourd'hui j'ai mangé la soupe
Du bouillon et du pain moisi
Et après l'interrogatoire
Ils ont assombri ma cellule
Je ne sais s'il fait jour ou nuit
Nul bruit ne traverse la porte
Mon souffle est tout ce que j'entends
Et autour de l'ampoule nue
Suspendue à un bout de câble
Le vol énervé d'une mouche. *(bis)*

5- Puis j'entends leurs pas qui résonnent
Ils sont à trois pour me chercher
Debout, j'attends dans un bureau
Leurs questions sont toujours les mêmes
Parfois je tombe de fatigue.
Ils me conduisent à ma cellule
Et leurs pas s'éloignent enfin
Pour revenir l'instant d'après
Ou peut-être après quelques heures
Et tout recommence à nouveau. *(bis)*

6- Je connais le chemin à prendre
Les yeux fermés sous un bandeau
J'entends un enregistrement
Où ma voix donne des réponses
Que je n'ai jamais pu donner
Je n'ai plus aucun sens de l'heure
Cette mouche qui tourne en rond
À vraiment eu de la malchance
De s'égarer dans ma cellule
D'être prise avec le larron. *(bis)*

7- Et ils ont cassé mes lunettes
Et j'entends leurs ricanements
Quand ils ont coupé à mon doigt
Mon alliance avec une pince
Je n'avais pas pu l'enlever
Je n'ai qu'à dire ce qu'ils veulent
Et je retrouverai la paix
Ma couverture de coton
Peut-être un supplément de soupe
Je signerai tout simplement. *(bis)*

NANA MOUSKOURI

L'ENFANT AU TAMBOUR

Adaptation française : Georges COULONGES
suivant les motifs de "THE LITTLE DRUMMER BOY"
(Katherine K. DAVIS, Henry V. ONORATI
et Harry SIMEONE)

Fa Do7 Fa
1- Sur la route parapampampampam
Do7 Fa
Petit tambour s'en va parapampampam
Do Fa Do
_ Il sent son cœur qui bat parapampam - pam
Fa Sib Fa7 Sib
Au rythme de ses pas pa - rapampampam
Fa Do
Rapampampam, rapampampam
Fa Do7 Fa
Oh ! petit enfant pamrapampam
Do7 Fa
Où vas-tu ?

2- Hier mon père…
À suivi le tambour…
Le tambour des soldats…
Alors je vais au ciel…
Rapampampam…
Là, je veux donner pour son retour…
Mon tambour.

3- Tous les anges…
Ont pris leur beau tambour…
Et ont dit à l'enfant…
Ton père est de retour…
Rapampampam…
Et l'enfant s'éveille…
Sur son tambour.

GEORGES MOUSTAKI

GASPARD

Paroles : Paul VERLAINE
Musique : Georges MOUSTAKI

Sim Mi7 La7
— — —

Ré La7
1- Je suis venu comme orphelin
Ré Do
Riche de mes seuls yeux tranquilles
Fa Sol
Vers les hommes des grandes villes
La7 Ré
Ils ne m'ont pas trouvé malin
Sim Sol Fa#m Sim Mi7 La7
In, in, in, in, in, in, in, in, in, in.

2- À vingt ans un souffle nouveau
Sous le nom d'amoureuse flamme
M'a fait trouver belles les femmes
Elles ne m'ont pas trouvé beau…

3- Bien que sans patrie et sans roi
Et très brave, ne l'étant guère
J'ai voulu mourir à la guerre
La mort n'a plus voulu de moi…

4- Suis-je né trop tôt ou trop tard ?
Qu'est-ce que je fais dans ce monde ?
Oh ! vous tous ma peine est profonde
Priez pour le pauvre Gaspard…
… Gaspard

HIROSHIMA

Paroles et musique :
Georges MOUSTAKI

Sol4 Solm Fa Solm Sol4
1- _ Par la colombe et l'olivier _
Solm Fa Sib
Par la détresse du prisonnier
Lab Solm
Par l'enfant qui n'y est pour rien
Fa Solm Sol4
Peut-être viendra-t-elle demain. _

2- Avec les mots de tous les jours
Avec les gestes de l'amour
Avec la peur, avec la faim
Peut-être viendra-t-elle demain.

3- Par tous ceux qui sont déjà morts
Par tous ceux qui vivent encore
Par ceux qui voudraient vivre enfin
Peut-être viendra-t-elle demain.

4- Avec les faibles, avec les forts
Avec tous ceux qui sont d'accord
Ne seraient-ils que quelques-uns
Peut-être viendra-t-elle demain.

5- Par tous les rêves piétinés
Par l'espérance abandonnée
À Hiroshima, ou plus loin
Peut-être viendra-t-elle demain
La paix !

JOSEPH

Paroles et musique :
Georges MOUSTAKI

1- Voilà c' que c'est, mon vieux Joseph
Que d'avoir pris la plus jolie
_ Parmi les filles de Galilée
_ Celle qu'on appelait Marie.

(Accords : Do, Mim, Fa, Do, Lam, Ré7, Sol7, Do)

2- Tu aurais pu, mon vieux Joseph
Prendre Sarah ou Déborah
Et rien ne serait arrivé
Mais tu as préféré Marie.

3- Tu aurais pu, mon vieux Joseph
Rester chez toi, tailler ton bois
_ Plutôt que d'aller t'exiler
Et te cacher avec Marie.

(Accords : Fa, Mim, Sol7, Do, Lam, Ré7, Sol7)

4- Tu aurais pu, mon vieux Joseph
Faire des petits avec Marie
Et leur apprendre ton métier
Comme ton père te l'avait appris.

5- Pourquoi a-t-il fallu, Joseph
Que ton enfant, cet innocent
Ait eu ces étranges idées
Qui ont tant fait pleurer Marie ?

6- Parfois je pense à toi, Joseph
Mon pauvre ami, lorsque l'on rit
De toi qui n'avais demandé
Qu'à vivre heureux avec Marie.

LA PIERRE

Paroles originales : KAMBANELLIS
Paroles françaises : Georges MOUSTAKI
Musique : Manos HADJIDAKIS

1- Devant la pierre abandonnée _
_ Fleurie de quelques fleurs fanées _
_ Juste une croix qui déchire le vent
Mes souvenirs sont les seuls survivants. } *bis*

(Accords : Lam, Rém, Lam, Mi, Lam, Rém, Lam, Mi, Lam, Fa, Sol, Fa, Mi)

2- Combien faudra-t-il de prières
Devant la pierre au cœur de pierre
Pour éveiller une âme qui s'est tue
Dans l'éternel silence des statues ? } *bis*

3- Mais rien ne peut plus ranimer
Les cendres mortes enfermées
Dessous la pierre nue comme la mort
Tendre d'amour, plus lourde qu'un remord. } *bis*

Reprise du couplet 1-

LE FACTEUR
(STERNE DER LIEBE)

Paroles originales
et musique :
Manos HADJIDAKIS
Paroles françaises :
Georges MOUSTAKI

Parlé-

Mim Ré
1- Le jeune facteur est mort
Do Mim
Il n'avait que dix-sept ans
Si7
Tout est fini pour nous deux maintenant.

Chanté-

Mim Ré
L'amour ne peut voyager
Mim Si7
Il a perdu son messager.

Mim Ré
2- C'est lui qui venait chaque jour
Do Si7 Mim
Les bras chargés de tous mes mots d'amour
C'est lui qui portait dans ses mains
La fleur d'amour cueillie dans ton jardin.

Mim Sol Ré
3- Il est parti dans le ciel bleu
Mim Si7
Comme un oiseau enfin libre et heureux
Et quand son âme l'a quitté
Un rossignol quelque part a chanté.

Mim Ré
4- Je t'aime autant que je t'aimais
Do Si7 Mim
Mais je ne peux le dire désormais
Il a emporté avec lui
Les derniers mots que je t'avais écrits.

Do
5- Il n'ira plus sur les chemins
Sol7
Fleuris de rose et de jasmin
Fa Do Sol7 Do Mim
Qui mènent jusqu'à ta maison _ _ _ _
L'amour ne peut plus voyager
Il a perdu son messager
Et mon cœur est comme en prison.

Mim Ré
6- Il est parti l'adolescent
Do Si7 Mim
Qui t'apportait mes joies et mes tourments
L'hiver a tué le printemps
Tout est fini pour nous deux maintenant.

LE MÉTÈQUE

Paroles et musique :
Georges MOUSTAKI

La
1- Avec ma gueule de métèque, de juif errant, de pâtre grec
Mi7
Et mes cheveux aux quatre vents
Avec mes yeux tout délavés, qui me donnent l'air de rêver
La
Moi qui ne rêve plus souvent
Avec mes mains de maraudeur, de musicien et de rôdeur
Mi7
Qui ont pillé tant de jardins
Ré *Do#m* *Sim*
Avec ma bouche qui a bu, qui a embrassé et mordu
La
Sans jamais assouvir sa faim.

2- Avec ma gueule de métèque, de juif errant, de pâtre grec
De voleur et de vagabond
Avec ma peau qui s'est frottée au soleil de tous les étés
Et tout ce qui portait jupon
Avec mon cœur qui a su faire souffrir autant qu'il a souffert
Sans pour cela faire d'histoire
Avec mon âme qui n'a plus la moindre chance de salut
Pour éviter le purgatoire.

3- Avec ma gueule de métèque, de juif errant, de pâtre grec
Et mes cheveux aux quatre vents
Je viendrai ma douce captive, mon âme sœur, ma source vive
Je viendrai boire tes vingt ans
Et je serai prince de sang, rêveur, ou bien adolescent
Comme il te plaira de choisir
Et nous ferons de chaque jour, toute une éternité d'amour
Que nous vivrons à en mourir.
Mi7 *La*
Et nous ferons de chaque jour, toute une éternité d'amour
Ré *Mi7* *La*
Que nous vivrons à en mourir.

LE TEMPS DE VIVRE

Paroles et musique :
Georges MOUSTAKI

La Mi Fa#m Do#m
1- Nous prendrons le temps de vivre
Ré La Ré Mi
D'être libres mon amour
La Mi Fa#m Do#m
Sans projets et sans habitudes
Re La Ré Mi
Nous pourrons rêver notre vie.

La Mi Fa#m Do#m
R- Viens, je suis là, je n'attends que toi
Ré La Ré Mi
Tout est possible, tout est permis.

2- Viens, écoute, les mots qui vibrent
Sur les murs du mois de mai
Ils te disent la certitude
Que tout peut changer un jour.

3- Nous prendrons le temps de vivre
D'être libres mon amour…

MA LIBERTÉ

Paroles et musique : Georges MOUSTAKI

Lam
1- Ma liberté
Rém Rém7
Longtemps je t'ai gardée
Sol Sol7 Do Mi7
Comme une perle ra - re
Lam Rém
Ma liberté, c'est toi qui m'as aidé
Mi7 Lam
À larguer les amarres
Do Fa
Pour aller n'importe où
Do
Pour aller jusqu'au bout
Mi7
Des chemins de fortune
Lam Do
Pour cueillir en rêvant
Mi7
Une rose des vents
Lam
Sur un rayon de lune.

2- Ma liberté
Devant tes volontés
Mon âme était soumise
Ma liberté, je t'avais tout donné
Ma dernière chemise
Et combien j'ai souffert
Pour pouvoir satisfaire
Toutes tes exigences
J'ai changé de pays
J'ai perdu mes amis
Pour gagner ta confiance.

3- Ma liberté
Tu as su désarmer
Mes moindres habitudes
Ma liberté toi qui m'as fait aimer
Même la solitude
Toi qui m'as fait sourire
Quand je voyais finir
Une belle aventure
Toi qui m'as protégé
Quand j'allais me cacher
Pour soigner mes blessures.

4- Ma liberté
Pourtant je t'ai quittée
Une nuit de décembre
J'ai déserté les chemins écartés
Que nous suivions ensemble
Lorsque sans me méfier
Les pieds et poings liés
Je me suis laissé faire
Et je t'ai trahie pour
Une prison d'amour
Et sa belle geôlière.
Rém Lam
Et je t'ai trahie pour
Sol
Une prison d'amour
Lam
Et sa belle geôlière.

L'OISEAU ET L'ENFANT

Paroles : Joe GRACY / Musique : Jean-Paul CARA

Mim Sim Do Si Mim Ré Ré7 Sol
1- Comme un enfant, aux yeux de lumière, qui voit passer au loin les oiseaux
Do Sol Lam Sol Lam Mim Do Si
Comme l'oiseau bleu survolant la terre, vois comme le monde, le monde est beau.

2- Beau ce bateau dansant sur les vagues, ivre de vie d'amour et de vent
Belle la chanson naissante des vagues abandonnée au sable blanc.

3- Blanc l'innocent, le sang du poète, qui en chantant invente l'amour
Pour que la vie s'habille de fête et que la nuit se change en jour.

4- Jour d'une vie où l'aube se lève pour réveiller la ville aux yeux lourds
Do Si Mim
Où les matins effeuillent les rêves pour nous donner un mond' d'a - mour.

Pont-

Mim Sim Do Ré Mim Ré Ré7 Sol
L'a - mour c'est toi, l'a - mour c'est moi
Do Sol Lam Sol Lam Mim Si7 Mim
L'oi - seau c'est toi, l'en - fant c'est moi.

Dom Mib7 Lab Fam Dom Réb Do Fam
5- Moi je ne suis qu'une fille de l'ombre qui voit briller l'étoile du soir
Réb Lab Sibm Lab Sibm Fam Réb Do
Toi mon étoile qui tisse ma ronde viens allumer mon soleil noir.

6- Noire la misère, les hommes et la guerre qui croient tenir les rênes du temps
Pays d'amour n'a pas de frontière pour ceux qui ont un cœur d'enfant.

7- Comme un enfant aux yeux de lumière qui voit passer au loin les oiseaux
Comme l'oiseau bleu survolant la terre, nous trouverons ce mond' d'amour.

Final : reprise du pont-

ARMSTRONG

Paroles : Claude NOUGARO
Musique : traditionnel américain (LET MY PEOPLE GO)
Arrangement : Maurice VANDERSCHUEREN

Mim Si7 Mim
1- Armstrong, je ne suis pas noir
Si7 Mim
Je suis blanc de peau
Si7 Mim
Quand on veut chanter l'espoir
Si7 Mim
Quel manque de pot !
Mim Lam
Oui j'ai beau voir le ciel, l'oiseau
Sol Si7 Mim
Rien, rien, rien ne luit là-haut
Do Mim
Les anges, zéro
Si7 Mim
Je suis blanc de peau.

2- Armstrong, tu te fends la poire
On voit toutes tes dents
Moi je broie plutôt du noir
Du noir en dedans
Chante pour moi, Louis, oh oui
Chante, chante, chante ça tient chaud
J'ai froid, oh moi
Qui suis blanc de peau.

3- Armstrong, la vie quelle histoire !
C'est pas très marrant
Qu'on l'écrive blanc sur noir
Ou bien noir sur blanc
On voit surtout du rouge, du rouge
Sang, sang, sans trêve ni repos
Qu'on soit, ma foi
Noir ou blanc de peau.

4- Armstrong, un jour, tôt ou tard
On n'est que des os…
Est-ce que les tiens seront noirs
Ce s'rait rigolo
Allez Louis, alléluia
Au-delà de nos oripeaux
Noir et Blanc sont ressemblants
Comme deux gouttes d'eau.

LILY

Paroles et musique :
Pierre PERRET

Do Sol7 Do Sol7
— — — —

Do Rém7 Do Sol7
1- _ On la trouvait plutôt jolie, Lily _
Do Rém7 Do Sol7
_ Elle arrivait des Somalies, Lily _
Do Fa Mim
_ Dans un bateau plein d'émigrés
Rém Do
Qui venaient tous de leur plein gré
Sol7 Do Sol Fa Sol7
Vider les poubelles à Paris. _ _ _

Elle croyait qu'on était égaux, Lily
Au pays d' Voltaire et d' Hugo, Lily
Mais pour Debussy en revanch'
Il faut deux noires pour un' blanch'
Ça fait un sacré distinguo.

Do Fa Sol7 Do
Elle aimait tant la liberté, Lily
Mi7 Lam
_ Elle rêvait de fraternité, Lily
Fa Sol7 Do
_ Un hôtelier rue Secrétan
Sol Mi
Lui a précisé en arrivant
Si7 Mi
Qu'on ne recevait que des Blancs.

2- Elle a déchargé des cageots, Lily
Elle s'est tapé les sal's boulots, Lily
Ell' crie pour vendre des choux-fleurs
Dans la rue, ses frères de couleur
L'accompagn'nt au marteau piqueur.

Et quand on l'appelait Blanche Neige, Lily
Elle se laissait plus prendre au piège, Lily
Elle trouvait ça très amusant
Mêm' s'il fallait serrer les dents
Ils auraient été trop contents.

Elle aimait un beau blond frisé, Lily
Qu' était tout près à l'épouser, Lily
Mais la bell' famill' lui dit : "Nous
N' sommes pas racistes pour deux sous
Mais on n' veut pas de ça chez nous."

3- Elle a essayé l'Amérique, Lily
Ce grand pays démocratiqu', Lily
Elle aurait pas cru sans le voir
Que la couleur du désespoir
Là-bas aussi ce fut le noir.

Mais dans un meeting à Memphis, Lily
Elle a vu Angela Davis, Lily
Qui lui dit : "Viens ma petit' sœur
En s'unissant on a moins peur
Des loups qui guettent le trappeur."

Et c'est pour conjurer sa peur, Lily
Qu'ell' lève aussi un poing rageur, Lily
Au milieu de tous ces guguss's
Qui fouttent le feu aux autobus
Interdits aux gens de couleur.

PIERRE PERRET

4- Mais dans ton combat quotidien, Lily
Tu connaîtras un type bien, Lily
Et l'enfant qui naîtra un jour
Aura la couleur de l'amour
Contre laquelle on ne peut rien.

On la trouvait plutôt jolie, Lily
Elle arrivait des Somalies, Lily
Dans un bateau plein d'émigrés
Qui venaient tous de leur plein gré
Vider les poubelles à Paris.

MON P'TIT LOUP

Paroles et musique : Pierre PERRET

Sim *Mim*
R- T'en fais pas mon p'tit loup
La *Mim*
C'est la vie, ne pleure pas
Sim *Mim*
T'oublieras mon p'tit loup
Sim
Ne pleur' pas.

Sim
1- _ Je t'amèn'rai sécher tes larmes
Mim *Sim*
Au vent des quat' points cardinaux
Respirer la violett' à Parme
Mim *La* *Ré*
Et les épices à Colombo
Sim *Mim* *Sim*
On verra le fleuve Amazon'
Mim *Sim*
Et la vallée des Orchidées
Et les enfants qui se savonn'nt
Mim *Sim*
Le ventre avec des fleurs coupées.

2- Allons voir la terre d'Abraham
C'est encore plus beau qu'on le dit
Y'a des Van Gogh à Amsterdam
Qui ressemblent à des incendies
On goût'ra les harengs crus
Et on boira du vin d' Moselle
J' te racont'rai l' succés qu' j'ai eu
Un jour en jouant Sganarelle.

3- Je t'amèn'rai voir Liverpool
Et ses guirlandes de Haddock
Et des pays où y a des poul's
Qui chant'nt aussi haut que les coqs
Tous les livres les plus beaux
De Colette et d' Marcel Aymé
Ceux de Rab'lais ou d' Léautaud
Je suis sûr qu' tu vas les aimer.

4- J' t'apprendrai à la Jamaïque
La pêch' de nuit au lamparo
Et j' t'emmènerai faire un pique-nique
En haut du Kilimandjaro
Et tu grimperas sur mon dos
Pour voir le plafond d' la Sixtine
On s'ra fasciné au Prado
Par les Goya ou les Menine.

5- Connais-tu en quadriphonie
Le dernier tube de Mahler
Et les planteurs de Virginie
Qui ne savent pas qu'y a un hiver
On en a des choses à voir
Jusqu'à la Louisiane en fêt'
Où y a des typ's qui ont tous les soirs
Du désespoir plein la trompett'.

Refrain final-
T'en fais pas mon p'tit loup
C'est la vie ne pleur' pas
Oublie-les les p'tits cons
Qui t'ont fait ça
T'en fais pas mon p'tit loup
C'est la vie ne pleur' pas
J' t'en supplie mon p'tit loup
Ne pleure pas.

OUVREZ LA CAGE AUX OISEAUX

Paroles et musique :
Pierre PERRET

Fa Sib Lam Solm7
— — — —

R-
Do Fa Sib Fa
— Ouvrez, ouvrez la cage aux oi - seaux
Sib Fa
Regardez-les s'envoler c'est beau.
Sib Mi7
Les enfants si vous voyez
Lam7 Ré7
Des p'tits oiseaux prisonniers
Solm7 Do7
Ouvrez-leur la porte vers la liberté. —

1-
Fa Lam
Un p'tit dé à coudre
Sib Do7
Et trois goutt's d'eau dedans
Fa Lam Ré7 Solm7
Au-d'ssus du perchoir un os de seich' tout blanc
Fa Sib
Et un p'tit piaf triste
Ré7 Solm
De vivre en prison
Fa Rém Mib Do7
Ça met du soleil dans la maison —
Fa Lam
C'est c' que vous diront
Sib Do7
Quelques rentiers vic'lards.
Fa Lam
Des vieux schnocks qui n'ont
Ré7 Solm7
Qu' des trous d'air dans l' cigare
Fa Sib
— Un' fois dans vot' vie
Ré7 Solm
Vous qu'êt's pas comme eux
Fa Rém Mib Do7
Faites un truc qui vous rendra heureux... —

2 - Si vot' concierg' fait "cui cui" sur son balcon
Avec ses perruches
Importées du Japon
Ses canaris jaunes et ses bengalis
À vot' tour fait'-leur "guili-guili"
Sournois'ment exclamez-vous :
"Dieu quel plumage !
Mais chèr' madame on vous d'mande
Au troisième étage."
Et dès qu' la bignole aura l' dos tourné
Même si on doit pas vous l' pardonner...

CHANSON POUR PIERROT

Paroles et musique : Renaud SÉCHAN

1- *Fa#m* T'es pas né dans la *Ré* rue
T'es pas né dans l' ruis*Fa#m*seau
T'es pas un enfant per*Ré*du
Pas un enfant d' sa*Fa#m*laud
Vu qu' t'es né qu' dans ma *Sim* tête
Et qu' tu vis dans ma *Fa#m* peau
J'ai construit ta pla*Sim*nète
Au fond de mon cer*Do#*veau.

R- Pierrot, mon *Fa#m* gosse, mon frangin
Mon po*Sim*teau, mon copain
Tu m' tiens *Mi* chaud, Pier*Fa#m*rot.

2- Depuis l' temps que j' te rêve
Depuis l' temps que j' t'invente
Ne pas te voir, j'en crève
Mais j' te sens dans mon ventre.
Le jour où tu t' ramènes
J'arrête de boire, promis
Au moins toute une semaine
Ça s'ra dur, mais tant pis.

3- Qu' tu sois fils de princesse
Ou qu' tu sois fils de rien
Tu s'ras fils de tendresse
Tu s'ras pas orphelin.
Mais j' connais pas ta mère
Et je la cherche en vain
J' connais qu' la misère
D'être tout seul sur l' chemin.

4- Dans un coin de ma tête
Y' a déjà ton trousseau :
Un jean, une mobylette,
Une paire de Santiago.
T'iras pas à l'école
J' t'apprendrai des gros mots
On jouera au football
On ira au bistrot.

5- Tu t' laveras pas les pognes
Avant d' venir à table
Et tu m' traiteras d'ivrogne
Quand j' piquerai ton cartable.
J' t'apprendrai mes chansons
Tu les trouveras débiles
T'auras p't-êtr' bien raison
Mais j' s'rai vexé quand même.

6- Allez, viens, mon Pierrot
Tu s'ras l' chef de ma bande
J' te r'filerai mon couteau
J' t'apprendrai la truande.
Allez, viens, mon copain
J' t'ai trouvé une maman
Tous les trois, ce s'ra bien
Allez, viens, je t'attends.

DANS MON H.L.M.

Paroles et musique :
Renaud SÉCHAN

Ré La
1- Au rez-de-chaussée dans mon H.L.M.
Y'a une espèce de barbouze
Ré
Qui surveille les entrées
La
Qui tire sur tout c' qui bouge
Ré
Surtout si c'est bronzé
Ré
Passe ses nuits dans les caves
La
Avec son Beretta
Traque les mômes qui chouravent
Ré
Le pinard aux bourgeois.
Sol
Y s' recrée l'Indochine
Ré
Dans sa p'tite vie d' peigne-cul.
La
Sa femme sort pas d' la cuisine
Ré
Sinon y cogne dessus.
Sol
Il est tell'ment givré
Ré
Que même dans la Légion
La
Z'ont fini par le j'ter
Ré
C'est vous dire s'il est con !

Ré La
R- Putain c' qu'il est blême, mon H.L.M. !
Ré
Et la môme du huitième, le hasch, elle aime !

2- Au premier dans mon H.L.M.
Y'a l' jeune cadre dynamique
Costard en alpaga
C'ui qu'a payé vingt briques
Son deux-pièces-plus-loggia.
Il en a chié vingt ans
Pour en arriver là
Maint'nant il est content
Mais y parle de s' casser.
Toute façon y peut pas
Y lui reste à payer
Le lave-vaisselle, la télé
Et la sciure pour ses chats
Parc' que naturellement
C' bon contribuable centriste
Il aime pas les enfants
C'est vous dire s'il est triste !

3- Au deuxième dans mon H.L.M.
Y'a une bande d'allumés
Qui vivent à six ou huit
Dans soixante mètres carrés
Y'a tout l' temps d' la musique.
Des anciens d' soixante-huit
Y'en a un qu'est chômeur
Y'en a un qu'est instit'
Y'en a une, c'est ma sœur.
Y vivent comme ça relax
Y'a des mat'las par terre
Les voisins sont furax
Y font un boucan d'enfer.
Y payent jamais leur loyer
Quand les huissiers déboulent
Ils écrivent à Libé
C'est vous dire s'y sont cools !

4- Au troisième dans mon H.L.M.
Y'a l'espèce de conasse
Celle qui bosse dans la pub'
L'hiver à Avoriaz
Le mois d'juillet au Club.
Comme toutes les décolorées
Elle a sa Mini-Cooper
Elle allume tout l' quartier
Quand elle sort son cocker.
Aux manifs des gonzesses
Elle est au premier rang
Mais elle veut pas d'enfants
Parc' que ça fait vieillir
Ça ramollit les fesses
Et pis ça fout des rides
Elle l'a lu dans l'Express
C'est vous dire si elle lit !

Suite… ▷

(suite et fin)

5- Au quatrième dans mon H.L.M.
Y'a celui qu' les voisins
Appellent "le communiste"
Même qu'ça lui plaît pas bien
Y dit qu'il est trotskiste !
J'ai jamais bien pigé
La différence profonde
Y pourrait m'expliquer
Mais ça prendrait des plombes.
Depuis sa pétition
Y'a trois ans pour l' Chili
Tout l'immeuble le soupçonne
À chaque nouveau graffiti
N'empêche que "Mort aux cons"
Dans la cage d'escalier
C'est moi qui l'ai marqué
C'est vous dire si j'ai raison !

6- Pis y'a aussi dans mon H.L.M.
Un nouveau romantique
Un ancien combattant
Un loubard et un flic
Qui s' balade en survêtement
Y fait chaque jour son jogging
Avec son berger all'mand
De la cave au parking
C'est vach'ment enrichissant.
Quand j'en ai marre d' ces braves gens
J' fais un saut au huitième
Pour construire un moment
'vec ma copine Germaine
Un monde rempli d'enfants.
Et quand le jour se lève
On s' quitte en y croyant
C'est vous dire si on rêve !

DÈS QUE LE VENT SOUFFLERA

Paroles et musique :
Renaud SÉCHAN

Mim
1- "C'est pas l'homme qui prend la mer
Ré Mim
C'est la mer qui prend l'homme !"
Ré
Moi, la mer elle m'a pris
Mim
Je m'souviens un mardi. _
Mim
J'ai troqué mes santiag'
Ré Mim
Et mon cuir un peu zone
Ré
Contre une paire de dockside
Mim
Et un vieux ciré jaune.
J'ai déserté les crasses
Ré Mim
Qui m' disaient : "Sois prudent
Ré
La mer c'est dégueulasse
Mim
Les poissons baisent dedans."

Ré
R- Dès que le vent soufflera
Mim
Je repartira
Sol Ré
Dès que les vents tourneront
Si Mim Sol Ré Si
Nous nous en allerons... _ _ _

2- "C'est pas l'homme qui prend la mer
C'est la mer qui prend l'homme !"
Moi la mer elle m'a pris
Au dépourvu tant pis...
J'ai eu si mal au cœur
Sur la mer en furie
Qu' j'ai vomi mon quatre-heures
Et mon minuit aussi.
Je m'suis cogné partout
J'ai dormi dans des draps mouillés
Ça m'a coûté des sous
C'est d' la plaisance, c'est l' pied !

Fam
3- _ "C'est pas l'homme qui prend la mer
Mib Fam
C'est la mer qui prend l'homme !"
Mib
Mais elle prend pas la femme
Fam
Qui préfère la campagne.
Fam
La mienne m'attend au port
Mib Fam
Au bout de la jetée
Mib
L'horizon est bien mort
Fam
Dans ses yeux délavés.
Assise sur une bitte
Mib Fam
D'amarrage, elle pleure
Mib
Son homme qui la quitte
Fam
La mer c'est son malheur !

Suite... ▷

(suite et fin)

R- *Mib*
Dès que le vent soufflera
Fam
Je repartira
Lab Mib
Dès que les vents tourneront
Do Fam Lab Mib
Nous nous en allerons... __ __

4- "C'est pas l'homme qui prend la mer
C'est la mer qui prend l'homme !"
Moi la mer elle m'a pris
Comme on prend un taxi...
Je f'rai le tour du monde
Pour voir à chaque étape
Si tous les gars du monde
Veulent bien m' lâcher la grappe.
J'irai z'aux quatre vents
Foutre un peu le boxon
Jamais les océans
N'oublieront mon prénom...

5- *Fa#m*
__ "C'est pas l'homme qui prend la mer
Mi Fa#m
C'est la mer qui prend l'homme !"
Mi
Moi la mer elle m'a pris
Fa#m
Et mon bateau aussi...
Il est fier mon navire
Mi Fa#
Il est beau mon bateau
Mi
C'est un fameux trois mâts
Fa#m
Fin comme un oiseau hisse ho !
Mais Tabarly, Pajot,
Mi Fa#m
Kersauzon, Riguidel
Mi
Naviguent pas sur des cageots
Fa#m
Ni sur des poubelles !

6- "C'est pas l'homme qui prend la mer
C'est la mer qui prend l'homme !"
Moi la mer elle m'a pris
Je m' souviens un vendredi.
Ne pleure plus ma mère
Ton fils est matelot
Ne pleure plus mon père
Je vis au fil de l'eau.
Regardez votre enfant
Il est parti marin
Je sais c'est pas marrant
Mais c'était mon destin.

R- *Mi*
__
Fa#m
__
La Mi
__
Do# Fa#m La Mi Do#
__ __ __ __ __

EN CLOQUE

Paroles et musique :
Renaud SÉCHAN

Do
1- Elle a mis sur l' mur
Lam
Au d'ssus du berceau
Sol
Une photo d'Arthur
Do
Rimbaud
Do
Avec ses ch'veux en brosse
Lam
Elle trouve qu'il est beau
Sol7
Dans la chambre du gosse
Do
Bravo !

Fa
Déjà les p'tits anges
Do
Sur le papier peint
Sol7
J' trouvais ça étrange
Do
J'dis rien
Elles me font marrer
Lam
Ses idées loufoques
Sol
Depuis qu'elle est
Do
En cloque...

2- Elle s' réveille la nuit
Veut bouffer des fraises
Elle a des envies
Balèzes.
Moi j' suis aux p'tits soins
Je m' défonce en huit
Pour qu'elle manque de rien
Ma p'tite.

C'est comme si j' pissais
Dans un violoncelle
Comme si j'existais plus
Pour elle
Je m' retrouve planté
Tout seul dans mon froc
Depuis qu'elle est
En cloque...

3- Le soir, elle tricote
En buvant d' la verveine
Moi j'démêle ses p'lotes
De laine.
Elle use les miroirs
À s' regarder d'dans
À s' trouver bizarre
Tout l'temps.

J' lui dis qu'elle est belle
Comme un fruit trop mûr
Elle croit qu' j' m' fous d'elle
C'est sûr.
Faut bien dire c'qui est
Moi aussi j' débloque
Depuis qu'elle est
En cloque...

4- Faut qu' j' retire mes grolles
Quand j' rentre dans la chambre
Du p'tit rossignol
Qu'elle couve.
C'est qu'son p'tit bonhomme
Qu'arrive en décembre
Elle le protège comme
Une louve.

Même le chat pépère
Elle en dit du mal
Sous prétexte qu'y perd
Ses poils.
Elle veut plus l' voir traîner
Autour du paddock
Depuis qu'elle est
En cloque...

5- Quand j' promène mes mains
D' l' autr' côté d' son dos
J' sens comm' des coups d' poing
Ça bouge.
J'ui dis : “T'es un jardin,
Une fleur, un ruisseau.”
Alors elle devient
Toute rouge.

Parfois c' qui m' désole
C' qui m' fait du chagrin
Quand j' regarde son ventre
Et l' mien.
C'est qu' même si j' dev'nais
Pédé comme un phoque
Moi j' s'rais jamais
En cloque...

ÉTHIOPIE

Paroles : Renaud SÉCHAN
Musique : Franck LANGOLFF

Sol
1- Ils n'ont jamais vu la pluie
Mim
Ils ne savent même plus sourire
Lam
Il n'y a même plus de larmes
Do *Ré*
Dans leurs yeux si grands.

Les enfants d'Éthiopie
Embarqués sur un navire
Qui n'a plus ni voiles, ni rames
Attendent le vent.

Sol
R- Loin du cœur et loin des yeux
Mim
De nos villes, de nos banlieues
Lam *Sol*
L'Éthiopie meurt peu à peu, peu à peu
Mim
Rien qu'une chanson pour eux
Lam
Pour ne plus fermer les yeux
Do
C'est beaucoup et c'est bien peu
Sol
C'est bien peu.

2- Mais à chaque enfant qui tombe
Qui meurt loin des yeux de l'Occident
Notre ciel devient plus sombre
Et notre avenir moins grand.

Sur cette terre de sécheresse
Ne fleurissent que les tombes
Malgré toutes nos richesses
Leur soleil nous fait de l'ombre.

Coda-

Sim
Donnons-leur des lendemains
Do
En échange de rien
Lam
Donnons-leur la vie
Ré
Seulement la vie, la vie.

3- Chez nous la forêt succombe
Là-bas, le désert avance
Plus vite que la colombe
Dans un ciel d'indifférence.

Les enfants du tiers-monde
N'ont que l'ombre d'une chance
Chaque jour, chaque seconde
Faisons taire le silence.

GERMAINE

Paroles et musique : Renaud SÉCHAN

1- Ré
Elle habitait, Germaine
La7
Une chambre de bonne
Quelque part dans l' cinquième
La7 Ré
À côté d' la Sorbonne.
Les vécés sur l' palier
La7
Une fenêtre sur la cour
La7
En haut d'un escalier
Ré
Qu'avait jamais vu l' jour.
Sol
Et sur les murs sans joie
Sol Ré
De ce pauvre boui-boui
La7
Y'avait Che Guevara
Ré
Les Pink Floyd et Johnny.
Ré Sol
Sur l' vieil électrophone
Ré
Trop souvent détraqué
La7
Elle écoutait les Stones
La7 Ré
Et Maxime Le Forestier.

R- Ré
Germaine, Germaine
Ré La7
Une java ou un tango
La7
C'est du pareil au même
Pour te dire que je t'aime
La7 Ré
Qu'importe le tempo.
Germaine, Germaine,
Un rock and roll ou un slow
C'est du pareil au même
Pour te dire que je t'aime
Et que j' t'ai dans la peau.

2- Ça sentait bon chez elle
L'herbe et le patchouli
Le parfum des poubelles
Au petit matin gris.
On buvait de la bière
Et du thé au jasmin
Assis en rond par terre
Sur un tapis indien.
Les voisins du dessous
Étaient bien sympathiques
Quand on f'sait trop les fous
Ils se plaignaient qu'aux flics.
Enfin, bref, chez Germaine
C'était vraiment Byzance
Tous les jours de la s'maine
On était en vacances.

3- Mais quand elle est partie
Un jour pour Katmandou
Moi, j' vous jure, les amis
Qu' ça m'a fichu un coup.
Sur la place Saint-Michel
Où elle traînait parfois
On parle encore d'elle
Des sanglots dans la voix.
Moi j'ai repris sa piaule
Mais c'est plus comme avant
C'est même plus vraiment drôle
Elle me manque souvent.
Mais son électrophone
Elle me l'a laissé
Comme ses disques des Stones
Et d' Maxime Le Forestier.

Refrain final-
Germaine, Germaine
Une java ou un tango
C'est du pareil au même
Pour te dire que je t'aime
Et que j'aime
La Kanterbraü, oh, oh
Germaine, Germaine,
Un rock and roll ou un slow
C'est du pareil au même
Pour te dire que je t'aime
Et que j' t'ai dans la peau.

LAISSE BÉTON

Paroles et musique : Renaud SÉCHAN

Sim
1- J'étais tranquille, j'étais peinard
Accoudé au flipper
La
Le type est entré dans le bar
Sim
A commandé un jambon-beurre
Puis il s'est approché de moi
Pi y m'a regardé comme ça :
T'as des bottes mon pote
Elles me bottent !
La
J' parie qu' c'est des Santiag'
Sim
Viens faire un tour dans l' terrain vague
La
J' vais t'apprendre un jeu rigolo
Sim
À grands coups de chaîne de vélo
La
J' te fais tes bottes à la baston
Sim
Moi j'y ai dit : "Laisse béton !"
La
Y m'a filé une beigne
Sim
J'y ai filé une torgnole
La
M'a filé une châtaigne
Sim
J' lui ai filé mes grolles.

2- J'étais tranquille, j'étais peinard
Accoudé au comptoir
Le type est entré dans le bar
A commandé un café noir
Puis il m'a tapé sur l'épaule
Et m'a regardé d'un air drôle :
T'as un blouson, mecton
L'est pas bidon !
Moi j' me les gèle sur mon scooter
Avec ça j' s'rai un vrai rocker
Viens faire un tour dans la ruelle
J' te montrerai mon Opinel
Et j' te chourav'rai ton blouson !
Moi j'y ai dit : "Laisse béton !"
Y m'a filé une beigne
J'y ai filé un marron
M'a filé une châtaigne
J'y ai filé mon blouson.

3- J'étais tranquille, j'étais peinard
Je réparais ma mobylette
Le type a surgi sur l' boul'vard
Sur sa grosse moto super-chouette
S'est arrêté l' long du trottoir
Et m'a regardé d'un air bête :
T'as l' même blue-jean que James Dean
T'arrête ta frime !
J' parie qu' c'est un vrai Lévi-Strauss
Il est carrément pas craignos
Viens faire un tour derrière l'église
Histoire que je te dévalise
À grands coups de ceinturon !
Moi j'y ai dit : "Laisse béton !"
Y m'a filé une beigne
J'y ai filé une mandale
M'a filé une châtaigne
J'y ai filé mon futal.

4- La morale de c' te pauvre histoire
C'est qu' quand t'es tranquille et peinard
Faut pas trop traîner dans les bars
À moins d'être fringué en costard
Quant à la fin d'une chanson
Tu t' retrouves à poil sans tes bottes
Faut avoir d' l'imagination
Pour trouver une chute rigolote.

MANU

Paroles et musique :
Renaud SÉCHAN

Sim Fa#m Sim
1- __ Eh ! Manu rentre chez toi y a des larmes plein ta bière
Fa#m Sim
Le bistrot va fermer pi tu gonfles la taulière
La Ré
J' croyais qu'un mec en cuir ça pouvait pas chialer
La Ré
J' pensais même que souffrir ça pouvait pas t'arriver
La Ré
J'oubliais qu' tes tatouages et ta lame de couteau
La Ré
C'est surtout un blindage pour ton cœur d'artichaut
Fa# Sim
Eh ! déconne pas Manu va pas t' tailler les veines
Fa# Mim La6 Sol7M Mim
Une gonzesse de perdue c'est dix copains qui r'viennent. __ __ __

2- On était tous maqués quand toi t'étais tout seul
Tu disais j' me fais chier, j' voudrais sauver ma gueule
T'as croisé cette nana qu'était faite pour personne
T'as dit : "Elle est pour moi où alors y'a maldonne."
T'as été un peu vite pour tatouer son prénom
À l'endroit où palpite ton grand cœur de grand con
Eh ! déconne pas Manu c't à moi qu' tu fais d' la peine...
Une gonzesse de perdue c'est dix copains qui r'viennent.

3- J' vais t' dire on est des loups on est fait pour vivre en bande
Mais surtout pas en couple ou alors pas longtemps
Nous autres ça fait un bail qu'on a largué nos p'tites
Toi t'es toujours en rade avec la tienne et tu flippes
Eh ! Manu vivre libre c'est souvent vivre seul
Ça fait p't-être mal au bide mais c'est bon pour la gueule
Eh ! déconne pas Manu ça sert à rien la haine...
Une gonzesse de perdue c'est dix copains qui r'viennent.

4- Elle est plus amoureuse Manu faut qu' tu t'arraches
Elle peut pas être heureuse dans les bras d'un apache
Quand tu lui dis "je t'aime" si elle te d'mande du feu
Si elle a la migraine dès qu'elle est dans ton pieu
Dis-lui qu' t'es désolé t'as dû t' gourer d' trottoir
Quand tu l'as rencontrée t'as dû t' tromper d'histoire
Eh ! déconne pas Manu, va pas t' tailler les veines
Une gonzesse de perdue c'est dix copains qui r'viennent.

MISTRAL GAGNANT

Paroles et musique : Renaud SÉCHAN

Sim Mim Fa# Sim
_ _ _ _
Sim Mim La Sol
_ _ _ _

Sim
1- Ah… m'asseoir sur un banc
Cinq minutes avec toi
Et regarder les gens
Mim
Tant qu'y en a.

La
Te parler du bon temps
Qu'est mort ou qui r'viendra
En serrant dans ma main
Ré
Tes p'tits doigts.

Sim
Pi donner à bouffer
À des pigeons idiots
Leur filer des coups d' pied
Mim
Pour de faux.

La
Et entendre ton rire
Qui lézarde les murs
Qui sait surtout guérir
Ré
Mes blessures.

Sol
Te raconter un peu
Fa#
Comment j'étais, mino
Sim
Les bombecs fabuleux
Sol
_ Qu'on piquait chez l' marchand
Fa#
Car-en-sac et Mintho
Sim
Caramels à un franc
La *Sol*
_ Et les Mistral gagnants.

2- Ah… marcher sous la pluie
Cinq minutes avec toi
Et regarder la vie
Tant qu'y en a.

Te raconter la terre
En te bouffant des yeux
Te parler de ta mère
Un p'tit peu.

Et sauter dans les flaques
Pour la faire râler
Bousiller nos godasses
Et s' marrer.

Et entendre ton rire
Comme on entend la mer
S'arrêter, repartir
En arrière.

Te raconter surtout
Les Carambars d'antan
Et les Coco-boërs
Et les vrais Roudoudous
Qui nous coupaient les lèvres
Et nous niquaient les dents
Et les Mistral gagnants.

3- Ah… m'asseoir sur un banc
Cinq minutes avec toi
Regarder le soleil
Qui s'en va.

Te parler du bon temps
Qu'est mort et je m'en fous
Te dire que les méchants
C'est pas nous.

Que si moi je suis barge
Ce n'est que de tes yeux
Car ils ont l'avantage
D'être deux.

Et entendre ton rire
S'envoler aussi haut
Que s'envolent les cris
Des oiseaux.

Te raconter enfin
Qu'il faut aimer la vie
Et l'aimer même si
Le temps est assassin
Et emporte avec lui
Les rires des enfants
Et les Mistral gagnants.
Sim *Mim* *Fa#*
Et les Mistral gagnants. _ _

EN CHANTANT

Paroles : Michel SARDOU et Pierre DELANOË
Musique : Toto CUTUGNO

Ré
1- Quand j'étais petit garçon
Je repassais mes leçons
Mim
En chantant
La7
Et bien des années plus tard
Je chassais les idées noires
Ré
En chantant
C'est beaucoup moins inquiétant
De parler du mauvais temps
Mim
En chantant
La7
C'est tell'ment plus mignon
Fa#
De se faire traiter de con
Sim
En chanson
Sol *Ré*
La vie c'est bien plus marrant
La7
C'est moins désespérant
Ré
En chantant.

2- La première fille de ma vie
Dans la rue je l'ai suivie
En chantant
Quand elle s'est déshabillée
J'ai joué le vieil habitué
En chantant
J'étais si content de moi
Que j'ai fait l'amour dix fois
En chantant
Mais je n' peux pas m'expliquer
Qu'au matin elle m'ait quitté
Enchantée
L'amour c'est plus marrant
C'est moins désespérant
En chantant.

3- Tous les hommes vont en galère
À la pêche ou à la guerre
En chantant
La fleur au bout du fusil
La victoire se gagne aussi
En chantant
On ne parle à Jéhova
À Jupiter, à Bouddha
Qu'en chantant
Quelles que soient nos opinions
On fait sa révolution
En chanson
Le monde est plus marrant
C'est moins désespérant
En chantant.

4- Puisqu'il faut mourir enfin
Que ce soit côté jardin
En chantant
Si ma femme a de la peine
Que mes enfants la soutiennent
En chantant
Quand j'irai revoir mon père
Qui m'attend les bras ouverts
En chantant
J'aimerai que sur la terre
Tous mes bons copains m'enterrent
En chantant
La mort c'est plus marrant
C'est moins désespérant
En chantant.

LA MALADIE D'AMOUR

Paroles : Michel SARDOU et Yves DESSCA
Musique : Jacques REVAUX

Capo I

Ré La
R- Elle court, elle court
Sim Fa#m
La maladie d'amour
Sol Ré
Dans le cœur des enfants
Mi7 La
De sept à soixante-dix-sept ans
La7 Ré La
_ Elle chante, elle chante
Sim Fa#m
La rivière insolente
Sol Ré
Qui unit dans son lit
La
Les cheveux blonds
Sol Ré
Les cheveux gris. _

La
1- Elle fait chanter les hommes
Sim Fa#m
_ Et s'agrandir le monde
Sol Ré
Elle fait parfois souffrir
Mi7 La La7
Tout le long d'une vie _
Ré La
Elle fait pleurer les femmes
Sim Fa#m
_ Elle fait crier dans l'ombre
Sol Ré
Mais le plus douloureux
Mi7 La La7
C'est quand on en gué - rit.

2- Elle surprend l'écolière
Sur le banc d'une classe
Par le charme innocent
D'un professeur d'anglais
Elle foudroie dans la rue
Cet inconnu qui passe
Et qui n'oubliera plus
Ce parfum qui volait.

TU ES PIERRE

Paroles : Michel SARDOU et Pierre DELANOË
Musique : Jacques REVAUX

Capo I

Mi Si Mi Si
1- C'était au printemps le grand jour de l'ouverture
Mi Si Mi Si
Pierre surveillait son bouchon _
Sol Ré Sol Ré
Pas le moindre espoir de la plus maigre friture
Do Lam Si
Pas plus d'ablettes que _ de goujons _
Mi Si Mi Si
Quand il aperçut aux alentours de midi
Mi Si Mi
Un genre de prophète, un messie
Si La Si
Qui lui dit, qui lui dit, qui lui dit : oh !

Mi Si La Si Mi Si
R- Tu es Pierre, c'est sur toi que je bâtirai la terre
Fa#m Lam Si
_ Tu dois sauver tes frères
Mi Si La Si Mi Si
Tu es Pierre, salue ton père et va faire ta valise
La Si La Mi Si7/4
_ Sur toi je rebâtirai mon Église. _ _

2- Moi j'aime mon boulot, ma famille et mes copains
Je ne peux pas m'en aller comme ça
J'aurai l'air de quoi à partir sur tes chemins
Pour chanter tes "alléluia"
Fais ce qu'on te dit, lui répondit le messie
Et n'oublie pas ton paradis
C'est écrit, c'est écrit, c'est écrit : oh !

LES LACS DU CONNEMARA

Paroles et musique : Michel SARDOU et Pierre DELANOË
Musique : Jacques REVAUX

Capo I

Ré Sol Ré
R- Terre brûlée au vent des landes de pierre
La Sim
Autour des lacs c'est pour les vivants
La
Un peu d'enfer le Connemara
Mim Si7 Mim
Des nuages noirs qui viennent du nord
Si7 Mim
Colorent la terre, les lacs, les rivières
La
C'est le décor du Connemara.

Ré Sol Ré
1- Au printemps suivant le ciel irlandais
La Sim
Était en paix, Maureen a plongé nue
La Si7
Dans le lac du Connemara
Mim Si7 Mim
Sean Kelly s'est dit je suis catholique
Si7 Mim
Maureen aussi, l'église en granit
Si7 Mim Mim7 La Mim7 La
De Limerick, Maureen à dit "oui"
Fa Sib Fa
De Tipperrary Bally Connelly et de Galway
Do Rém Do Ré7
Ils sont arrivés dans le comté du Connemara
Solm Ré7 Solm
Y avait les Connor, les O' Conolly, les Flaherty
Ré7 Solm Do Sol#7
Du ring of Kerry et de quoi boire trois jours et deux nuits
Do# Sib7 Mibm Mib4 Do# Sol#7
Là-bas, au Connemara on sait tout le prix du silence
Fa7 Sibm Fa Fa#
Là-bas, au Connemara on dit que la vie
Fa Sibm7 Mibm Sol# La7
C'est une folie et que la folie, ça se danse.

2- On y vit encore au temps des Gaels
Et de Cromwell au rythme des pluies
Et du soleil au pas des chevaux
On y croit encore aux monstres des lacs
Qu'on voit nager certains soirs d'été
Et replonger pour l'éternité
On y voit encore des hommes d'ailleurs
Venus chercher le repos de l'âme
Et pour le cœur un goût de meilleur
On y croit encore que le jour viendra
Il est tout près où les Irlandais
Feront la paix autour de la croix
Là-bas, au Connemara on n'accepte pas
La paix des Gallois ni celles des rois d'Angleterre.

LES VIEUX MARIÉS

Paroles : Michel SARDOU et Pierre DELANOË
Musique : Jacques REVAUX

Mi Si Mi Si
1- _ On vient de marier le dernier _
Mi La Mi Si
_ Tous nos enfants sont désormais heureux sans nous
Fa#m Sol#7 Do#m
_ Ce soir il me vient une idée
La Mi
Si l'on pensait un peu à nous
Fa#7 Si Si7
_ Un peu à nous _
Mi Si Mi Si
_ On s'est toujours beaucoup aimé _
Mi La Mi Si
_ Mais sans un jour pour vraiment s'occuper de nous
Fa#m Sol#7 Do#m
_ Alors il me vient une idée
La Mi
Si l'on partait comm' deux vieux fous
Si Mi
_ Comm' deux vieux fous.

Mi La
_ On habiterait à l'hôtel
Sol#m
On prendrait le café au lit
Do#7 Fa#m7
_ On choisirait un petit hôtel
Si7 Sol#7
Dans un joli coin du Midi
Do#m
Ce soir il me vient des idées
Fa#7 Si
Ce soir il me vient des idées.

2- On a toujours bien travaillé
On a souvent eu peur de n' pas y arriver
Maintenant qu'on est tous les deux
Si l'on pensait à être heureux
À être heureux
Tu m'as donné de beaux enfants
Tu as le droit de te reposer maintenant
Alors il me vient une idée
Comm' eux j'aimerais voyager
Hm… voyager.

Mais on irait beaucoup moins loin
On n' partirait que quelques jours
Et si tu me tiens bien la main
Je te reparlerai d'amour
Ce soir il me vient des idées
Ce soir il me vient des idées.

3- Nous revivrons nos jours heureux
Et jusqu'au bout moi je ne verrai plus que toi
Le temps qui nous a rendus vieux
N'a pas changé mon cœur pour ça
Si7 Mi
_ Mon cœur pour ça.

VLADIMIR ILITCH

Paroles : Michel SARDOU et Pierre DELANOË
Musique : Jacques REVAUX et J-P BOURTAYRE

Capo III

Intro-

Sol
Un vent de Sibérie souffle sur la Bohême
Ré Sol
_ Les femmes sont en colère, aux portes des moulins
Do Sol
_ Des bords de la Volga, au delta du Niémen
Si7 Mim Sol7
Le temps s'est écoulé, il a passé pour rien _
Do Sol
_ Puisqu'aucun dieu du ciel ne s'intéresse à nous
Ré7 Mim Sol
Lénine, relève-toi, ils sont devenus fous. _

Do Sol
1- Toi, Vladimir Ilitch, t'as raison, tu rigoles
Rém La
Toi qui as voyagé dans un wagon plombé
Fa Sol Lam
Quand tu vois le Saint-Père, ton cousin de Pologne
Mi Fa Sol7
Bénir tous ces fidèles, dans son auto blindée. _

Toi, Vladimir Ilitch, est-ce qu'au moins tu frissonnes
En voyant les tiroirs de la bureaucratie
Remplis de tous ces noms de gens qu'on emprisonne
Fa La7
Ou qu'on envoie mourir aux confins du pays. _

Pont-

Ré La
Toi, Vladimir Ilitch, au soleil d'outre-tombe
Mim Si
Combien d'années faut-il pour gagner quatre sous
Sol La Sim
Quand on connaît le prix qu'on met dans une bombe ?
Fa# Sol La7
Lénine, relève-toi, ils sont devenus fous. _

Ré La Sim Fa#m
Où sont passés les chemins de l'espoir
Sol Ré Mi7 La7
Dans quelle nuit, au fond de quel brouillard ?
Ré La Sim Fa#
Rien n'a changé, les damnés de la terre
Sol Ré Mi7 La7
N'ont pas trouvé la sortie de l'enfer.

2- Toi qui avais rêvé l'égalité des hommes
Tu dois tomber de haut dans ton éternité
Devant tous ces vieillards en superbe uniforme
Et ces maisons du peuple dans des quartiers privés.

Toi, Vladimir Ilitch, si tu es le prophète
Viens nous parler encore en plein cœur de Moscou
Et répands la nouvelle à travers la planète :
Sol Si7
"Amis du genre humain, ils sont devenus fous." _

LA BLANCHE HERMINE

Paroles et musique : Gilles SERVAT

Couplet 1 + 2 + refrain
couplet 2 + 3 + refrain, etc.

Lam
1- J'ai rencontré ce matin
Sol
Devant la haie de mon champ
Fa
Une troupe de marins
Sol Lam
D'ouvriers de paysans.

Lam
R- La voilà la blanche hermine
Sol
Vive la mouette et l'ajonc
Fa
La voilà la blanche hermine
Sol Lam
Vive Fougères et Clisson.

2- Où allez-vous camarades
Avec vos fusils chargés ?
Nous tendrons des embuscades
Viens rejoindre notre armée.

3- Ma mie dit que c'est folie
D'aller faire la guerre aux Francs
Moi je dis que c'est folie
D'être enchaîné plus longtemps.

4- Elle aura bien de la peine
Pour élever les enfants
Elle aura bien de la peine
Car je m'en vais pour longtemps.

5- Je viendrai à la nuit noire
Tant que la guerre durera
Comme les femmes en noir
Triste et seule, elle m'attendra.

6- Et sans doute pense-t-elle
Que je suis en déraison
De la voir mon cœur se serre
Là-bas devant la maison.

7- Et si je meurs à la guerre
Pourra-t-elle me pardonner
D'avoir préféré ma terre
À l'amour qu'elle me donnait.

8- J'ai rencontré ce matin
Devant la haie de mon champ
Une troupe de marins
D'ouvriers, de paysans.

SIMON AND GARFUNKEL

THE SOUND OF SILENCE

Paroles et musique : Paul SIMON

1- Sim Hello, darkness my old La friend
I've come to talk with you Sim again
Ré _ Because a vision Sol softly Ré creeping
Left its seeds while I Sol was Ré sleeping
And the Sol vision that was planted in my Ré brain
Sol Still Ré remains
Sim _ Within the La7 sound of Sim silence.

2- In restless dreams I walked alone
Narrow streets of cobblestone
Neath the halo of a street lamp
I turned my collar to the cold and damp
When my eyes were stabbed
By the flash of the neon light
That split the night
And touched the sound of silence.

3- And in the naked light I saw
Ten thousand people, may be more
People talking without speaking
People hearing without listening
People writing songs that voices never share
No one dare
Disturb the sound of silence.

4- "Fools" said I, "you do not know
Silence like a cancer grows.
Hear my words, that I might teach you
Take my arms, that I might reach you"
But my words like silent raindrops fell
And echoed
In the wells of silence.

5- And the people bowed and prayed
To the neon god they made
And the sign flashed its warning
In the words that it was forming
And the signs said : "The words of the prophets
Are written on the subway walls
And tenement halls
And whispered in the sounds of silence."

YVES SIMON

MANHATTAN

Paroles et musique :
Yves SIMON

R- Rém Manhat Fa tan, Do Manhat Rém tan.

1- Rém Dans les rues de Fa Central Park
Y' Do a des Noirs porto Rém ricains
Rém Qui bingbonguent Fa du steel-band
Do Et puis frappent Rém dans leurs mains.

2- Dans la 42e Rue
Y' a Ken Jerry et Sandra
Qui vendent avec leur charrette
Des bretzels et du Coca.

3- Les sirènes de la police
Vous rappellent Clyde et Bonnie
Mais c'est pas du cinéma
Quand ils frappent c'est comme ici.

4- Dans la petite Italy
Des femmes causent sur le trottoir
Pendant que leurs maris
Conspirent autour des billards.

5- Sur un trottoir de Harlem
Deux p'tites filles sautent à la corde
Près d'un piano déglingué
Qu'on décharge d'une vieille Ford.

BIDON

Paroles :
Alain SOUCHON
Musique :
Laurent VOULZY

La *Mi*
1- Ell' croyait qu' j'étais James Dean
Fa#m
Américain d'origin'
Do#m
Le fils de Buffalo Bill
Mi7 La Mi Fa#m Mi7
Alors admiration. _ _ _
La *Mi*
Faut dir' qu' j'avais la ch'mise à carreaux
Fa#m
La guitar' derrièr' dans l' dos
Do#m
Pour fair' le cow-boy très beau
Mi7 La Mi Fa#m Fa#7
Mais composition. _ _ _
Sim *Fa#7*
Ell' me parlait anglais tout l' temps
Sim *Fa#7*
J' lui répondais deux, trois mots bidon
Sim *Si7*
Des trucs entendus dans les chansons
La Mi Fa#m Si Mi7
Consternation. _ _ _ _

Ré
R1- J' suis mal dans ma peau, en coureur très beau
Ré7
And I just go with a pince à velo
Sol
J' suis bidon *(bis)*
Ré
J' suis qu'un mec à frime, bourré d'aspirine
Ré7
And I just go with a pince à velo
Sol
J' suis bidon. *(bis)*

2- Ell' croyait qu' j'étais coureur
Qu' j'arrivais des vingt-quatre heur's
Avec mon casque en couleur
Alors admiration.
J' lui disais drapeau à damier
Dérapag' bien contrôlé
Admirateur fasciné
Télévision.
Ell' me dit "Partons à la mer
Dans ton bolide fendant l'air."
Ell' pass' pas l' quatre-vingt ma traction
Consternation.

3- Ell' croyait qu' j'étais chanteur
Incognito voyageur
Tournées sur nos filles en pleurs
Admiration.
Faut dir' qu' j'avais des talons aiguilles
Le manteau d' lapin d'un' fill'
Des micros bracelets aux ch'villes
Exhibition.
Ell' me dit chante-moi une chanson
J'ai avalé deux, trois maxi-tons
Puis j'ai bousillé "Satisfaction"
Consternation.

R2- J' suis mal dans ma peau, en coureur très beau
And I just go with a pince à vélo
J' suis bidon *(bis)*

And I just go with a pince à vélo
J' suis bidon. *(bis)*

J'AI DIX ANS

Paroles : Alain SOUCHON
Musique : Laurent VOULZY

Sol
1- J'ai dix ans
Je sais que c'est pas vrai
Mais j'ai dix ans
Laissez-moi rêver
Do7
Que j'ai dix ans
Ça fait bientôt quinze ans
Sol
Que j'ai dix ans
Ça paraît bizarre mais
Sib Fa
_ Si tu m' crois pas, hé
Lab Mib Sol
_ Tar' ta gueule à la récré.

2- J'ai dix ans
Je vais à l'école
Et j'entends
Des belles paroles
Doucement
Moi je rigol'
Au cerf-volant
Je rêve, je vole
Si tu m' crois pas, hé
Tar' ta gueule à la récré.

Pont-

Fa# Fa Mi Mi9 Lam
_ _ _ Le mercredi j' me bala - de
Ré7 Sol Fa# Fa Mi
_ Une paille dans ma limonade _ _ _
Mi Lam
_ Je vais embêter les quilles à la vanille
Ré Sol La Ré7
Et les gars _ en chocolat.

Bien caché dans ma cabane
Je suis l' roi d' la sarbacane
J'envoie des chewing-gum machés
À tous les vents
J'ai des prix chez le marchand.

3- J'ai dix ans
Je vis dans les sphères
Où les grands
N'ont rien à faire
Je vais souvent
Dans les montgolfières
Des géants
Et les petits hommes verts
Si tu m' crois pas, hé
Tar' ta gueule à la récré.

4- J'ai dix ans
Des billes plein les poches
J'ai dix ans
Les filles c'est des cloches
J'ai dix ans
Laissez-moi rêver
Que j'ai dix ans
Si tu m' crois pas, hé
Tar' ta gueule à la récré.

Reprise du pont-

POULAILLER SONG

Paroles :
Alain SOUCHON
Musique :
Laurent VOULZY

Rém
1- Dans les poulaillers d'acajou
Lam
Les belles basses-cours à bijoux
Sib
On entend la conversation
Fa La
D' la volaille qui fait l'opinion
Qui disent
Rém
On peut pas être gentils tout le temps
Lam
On peut pas aimer tous les gens
Sib
Y'a une sélection, c'est normal
Fa La
On lit pas tous le même journal.

Rém Do
R1- Mais comprenez-moi, c'est une migraine
Sib Mim7 La
Tous ces campeurs sous mes persiennes
Rém Do
Mais comprenez-moi, c'est dur à voir
Sib La
Quels sont ces gens sur mon plongeoir.

2- Dans les poulaillers d'acajou
Les belles basses-cours à bijoux
On entend la conversation
D' la volaille qui fait l'opinion
Qui disent
On peut pas aimer tout Paris
N'est-ce pas y'a des endroits la nuit
Où les peaux qui vous font la peau
Sont plus bronzées que nos p'tits poulbots.

R2- Et comprenez-moi, la djelaba
C'est pas ce qu'il faut sous nos climats
Mais comprenez-moi à Rochechouart
Y'a des taxis qui ont peur du noir.

3- Dans les poulaillers d'acajou
Les belles basses-cours à bijoux
On entend la conversation
D' la volaille qui fait l'opinion
Qui disent
Que font ces jeunes assis par terre
Habillés comme des traîne-misère
On dirait qu'ils n'aiment pas le travail
Ça nous prépare une belle pagaille.

R3- Mais comprenez-moi, c'est inquiétant
Nous vivons des temps décadents
Mais comprenez-moi le respect se perd
Dans les usines de mon grand-père.

S'ASSEOIR PAR TERRE

Paroles et musique : Alain SOUCHON

Sol
R- Tu verras bien qu'un beau matin fatigué
Ré *Sol*
_ J'irai m'asseoir sur le trottoir d'à côté, eh, eh
Tu verras bien qu'il n'y aura pas que moi
Ré *Sol*
_ Assis par terr' comm' ça.

Mim *Lam*
1- _ Le temps d'un gin et d'un film à la télé
Ré *Sol*
_ On se r'trouve à vingt-huit balais
Mim *Lam*
_ Avec dans le cœur plus rien pour s'émouvoir
Ré *Ré7*
_ Alors pourquoi pas s'asseoir.

2- D'puis l' temps qu'on est sur pilote automatique
Qu'on n' fait pas nos paroles et pas not' musique
On a l' vertig' sur nos grand' jamb' de bazar
Alors pourquoi pas s'asseoir.

3- J'appuie sur la gâchette accélérateur
Y'a qu' des ennemis dans mon rétroviseur
Au-dessus d' cent-quatre-vingts je perds la mémoire
Alors pourquoi pas s'asseoir.

4- La nuit je dors debout dans un R.E.R.
Dans mon téléphone, tu sais, j'entends la mer
Y' a pas l' soleil dans ma télé blanche et noire
Alors pourquoi pas s'asseoir.

MY LADY D'ARBANVILLE

Paroles et musique : CAT STEVENS

R1- My lady d'Arbanville (Lam)
Why do you sleep so still ? (Sol)
I'll wake up to morrow (Lam, Sol)
And you will be my fill (Mim)
And you will be my fill. (Lam)

1- My lady d'Arbanville
Why does it grieve me so ?
But your heart seems so silent ?
Why do you heathe so low ?

2- My lady d'Arbanville
You looked so cold to night ?
Your lips feel like winter
Your skin has turned to white. (bis)

3- My lady d'Arbanville
Why does it grieve me so ?
But your heart seems so silent
Why do you heathe so low ?

R2- I loved you my lady
Though in your grave you lie
I'll always be with you
This rose will never die.

SAD LISA

Paroles et musique : CAT STEVENS

1- She hangs her head and cries in my shirt __ (Mim, Ré, Do)
She must be hurt very bad - ly (Ré, Mim, Ré, Sol)
Tell me what's making you sad - ly (Ré, Mim, La)
Open your door, don't hide in the dark (Mim, La, Ré, Do)
You're lost in the dark you can trust me (Ré, Mim, Ré, Sol)
Cause you know that's how had must be. (Ré, Mim, La)

R- Lisa, Lisa, sad Lisa, Lisa. (Mim, La, Si7, Mim)

2- Her eyes like windows trickeling rain
Upon her pain getting deeper
Though my love wants to relieve her
She walks alone from wall to wall
Lost in a hall she can't hear me
Though I know she likes to be near me.

3- She sits in a corner by the door
There must be more I can tell her
If she really wants me to help her
I'll do what I can to show her the way
And may be one day I will free her
Though I know no one can see her.

BOMBE HUMAINE

Paroles et musique : Jean-Louis AUBERT

La La5+
1- Je veux vous parler de l'arme de demain
Fa#m La7
Enfantée du monde, elle en sera la fin
Ré Fa La
Je veux vous parler de moi, de vous
La La5+
Je vois à l'intérieur des images, des couleurs
Fa#m La7
Qui ne sont pas à moi, qui parfois me font peur
Ré Fa La
Sensations _ qui peuvent me rendre fou _
Si7
Nos sens sont des fils, nous pauvres marionnettes
Ré7 Fa7M
Nos sens sont le chemin qui mène droit à nos têtes
La Fa
La bombe humaine tu la tiens dans ta main
La Fa
Tu as l' détonateur juste à côté du cœur
La Fa
La bombe humaine, c'est toi, elle t'appartient
Ré7 Fa
Si tu laisses quelqu'un prendre en main ton destin
La Rém Fa Rém La Rém La
C'est la fin, _ hum, la fin, _ hum, la fin _ et la fin.

2- Mon père ne dort plus sans prendre des calmants
Maman ne travaille plus sans ses excitants
Quelqu'un leur vend de quoi tenir le coup
Je suis un électron bombardé de protons
Le rythme de la ville c'est ça mon vrai patron
Je suis chargé d'électricité
Si par malheur au cœur de l'accélérateur
Fa7M La
J' rencontre une particule qui m' mette de sale humeur. _

Fa7M La La4
Oh, faudrait pas que j' me laisse aller _
Fa7M La La4
_ Faudrait pas que j' me laisse aller, non
La Fa
La bombe humaine, c'est l'arme de demain
La Fa
Enfantée du monde, elle en sera la fin
La Fa
La bombe humaine, c'est toi, elle t'appartient
Ré7 Fa
Si tu laisses quelqu'un prendre en main ton destin
La Fa
C'est la bombe humaine, tu la tiens dans ta main
La Fa
Tu as l' détonateur juste à côté du cœur
La Fa
La bombe humaine, c'est toi, elle t'appartient
Ré7 Fa
Si tu _ laisses quelqu'un prendre ce qui te tient…

CENDRILLON

Paroles : Louis BERTIGNAC
Musique : TÉLÉPHONE

La Do#m
1- Cendrillon pour ses vingt ans
Fa#m Ré
Est la plus jolie des enfants
La
Son bel amant
Do#m
Le prince charmant
Fa#m
La prend
Ré
Sur son cheval blanc
Sol La
Elle oublie le temps
Mi Fa#m
Dans son palais d'argent
Sim
Pour ne pas voir
Qu'un nouveau jour se lève
Ré
Elle ferme les yeux et dans ses rêves…

La Do#m Fa#m
R- Elle part _ _
Do#m Ré La Do#m Fa#m Ré
Jolie petite his - toire. _ _ _ } *bis*

2- Cendrillon pour ses trente ans
Est la plus triste des mamans
Le prince charmant
À foutu le camp
Avec la belle au bois dormant
Elle a vu cent chevaux blancs
Loin d'elle emmener
Ses enfants
Elle commence à boire
À traîner dans les bars
Emmitouflée dans son cafard
Maintenant elle fait le trottoir…

3- Dix ans de cette vie ont suffi
À la changer en Junkie
Et dans un sommeil infini
Cendrillon voit finir sa vie
Les lumières dansent
Dans l'ambulance
Mais elle tue sa dernière chance
Tout ça n'a plus d'importance…

Final-
La Do#m
Notre Père qui êtes si vieux
Fa#m Ré
As-tu vraiment fait de ton mieux ?
La Do#m
Car sur la terre et dans les cieux
Fa# Ré La
Tes anges n'aiment pas devenir vieux.

UN AUTRE MONDE

Paroles : Jean-Louis AUBERT
Musique : TÉLÉPHONE

Ré2 Sim Fa#m
_ _ _

Ré2 Sim Fa#m
1- Je rêvais d'un autre monde
Ré2 Sim Fa#m
_ Où la terre serait ronde
Ré2 Sim Fa#m
_ Où la lune serait blonde
Ré2 Sim Fa#m
_ Et la vie serait féconde
Sol La Sol
_ Je dormais à poings fermés
La Sol
Je ne voyais plus mes pieds
La Sol La
Je rêvais réalité _
Ré2 Sim Fa#m
Ma réalité. _ _ _

2- Je rêvais d'une autre terre
Qui resterait un mystère
Une terre moins terre à terre
Oui je voulais tout foutre en l'air
Je marchais les yeux fermés
Je ne voyais plus mes pieds
Je rêvais réalité
Ma réalité, ma réalité.

3- Oui je rêvais de notre monde
Et la terre est bien ronde
Et la lune est si blonde
Que ce soir dansent les ombres du monde
À rêver immobile
Elle m'a trouvé bien futile
Mais quand bouger l'a faite tournée
Ma réalité m'a pardonné
Et dansent les ombres du monde.

CHARLES TRENET

LA MER

Paroles : Charles TRENET
Musique : Charles TRENET et Albert LASRY

Fa Rém Sib Do7 Fa
1- La mer, _ _ qu'on voit danser
Rém Sib Do7 Fa La7 Rém
Le long des golfes clairs _ _
Do7 Fa Rém Sib Ré7 Solm
À des reflets d'argent, la mer _ _
Do La7 Rém
Des reflets chan - geants
Sib Sol7 Do Do7
Sous la pluie. _ _

2- La mer au ciel d'été
Confond ses blancs moutons
Avec des anges si purs
La mer bergère d'azur
Sib Solm7 Do7 Fa Mi7
Infi - ni - e. _

La Fa#m Sim Mi7 La
3- Voyez, _ prés _ des étangs
Fa#m Sim Mi7 La
Ces grands roseaux mouillés
Sol7 Do Lam Rém Sol7 Do
Vo - yez _ _ ces oiseaux blancs
Lam Rém Sol7 Do Do7 Lam Do7
Et ces maisons rouillées. _ _ _

4- La mer les a bercés
Le long des golfes clairs
Et d'une chanson d'amour
La mer a bercé mon cœur
Sib Sol7 Do Fa
Pour la vi - e.

BORIS VIAN

LE DÉSERTEUR

Paroles : Boris VIAN
Musique : Boris VIAN
et Harold BERG

Do Mim
1- Monsieur le Président
Rém
Je vous fais une lettre
Fam Do
Que vous lirez peut-être
Ré7 Sol7
Si vous avez le temps
Do Mim
Je viens de recevoir
Rém
Mes papiers militaires
Fam Do
Pour partir à la guerre
Ré7 Sol7 Do
Avant mercredi soir.
Fa
Monsieur le Président
Mim
Je ne veux pas la faire
Fa
Je ne suis pas sur terre
Ré7 Sol7
Pour tuer des pauvres gens
Do Mim
C'est pas pour vous fâcher
Rém
Il faut que je vous dise
Fam Do
Ma décision est prise
Ré7 Sol7 Do
Je m'en vais déserter.

2- Depuis que je suis né
J'ai vu mourir mon père
J'ai vu partir mes frères
Et pleurer mes enfants
Ma mère a tant souffert
Qu'elle est dedans sa tombe
Et se moque des bombes
Et se moque des vers.
Quand j'étais prisonnier
On m'a volé ma femme
On m'a volé mon âme
Et tout mon cher passé
Demain de bon matin
Je fermerai ma porte
Au nez des années mortes
J'irai sur les chemins.

3- Je mendierai ma vie
Sur les routes de France
De Bretagne en Provence
Et je dirai aux gens :
"Refusez d'obéir
Refusez de la faire
N'allez pas à la guerre
Refusez de partir."
S'il faut donner son sang
Allez donner le vôtre
Vous êtes bon apôtre
Monsieur le Président
Si vous me poursuivez
Prévenez vos gendarmes
Que je n'aurai pas d'armes
Et qu'ils pourront tirer. *(ter)*

LE DÉFILÉ (ON N'EST PAS LÀ POUR SE FAIRE ENGEULER)

Paroles : Boris VIAN

Musique : Jimmy WALTER

Sol
1- Un beau matin de juillet, le réveil
La7
À sonné dès le lever du soleil
Lam7
Et j'ai dit ma poupée faut t' s'couer
Ré7 Sim7 Sib7 Lam7
_ C'est aujourd'hui qu'il pas - se
Ré7 Sol7Maj Sol6
On arrive sur le boul'vard sans retard
Sol7Maj Sim
_ Pour voir défiler le roi d' Zanzibar
Ré Si7 Mim7 Mib7 La7 Lam7
Mais sur le champ on est refoulé par les a - gents
Ré7 Sol Lam7 Sibdim Sol6
Alors j'ai dit : "On n'est pas là pour se faire engueu-ler
Lam7 Sol Lam7 Ré7
On est là pour voir le défilé _
Sol Ré7 Lam7 Ré7
On n'est pas là pour se faire piétiner
Sol Lam7 Sibdim Sol6
On est là pour voir le défilé _
Do Sol7 Rém7 Sol7
Si tout le monde était resté chez soi
Do Dom
Ça f'rait du tort à la République
Mim7 La7 Dom Sol6 Sol7Maj Sol6
_ Laissez-nous donc qu'on le regar - de
Ré7 Sol Lam7 Sibdim Sol6
_ Sinon, plus tard, quand la reine reviendra
Lam7 Ré7 Sol
Ma parole, nous on r'viendra pas."

2- L' jour de la fête à Julot mon poteau
Je l'ai invité dans un p'tit bistro
Où l'on sert un beaujolais, vrai de vrai
Un nectar de première
On est sorti trés à l'aise et voilà
Que j'ai eu l'idée de l' ramener chez moi
Mais j'ai compris devant le rouleau à pâtisserie
Alors j'ai dit : "On n'est pas là pour se faire engueuler
On est là pour une p'tite belote
On n'est pas là pour se faire assommer
On est là pour la fête à mon pote
Si tout le monde restait toujours seul
Ça serait d'une tristesse pas croyable
Ouvre ta porte et sors tes verres
Ne t'obstine pas ou sans ça l' prochain coup
Ma parole, j' rentre plus du tout."

3- Ma femme a cogné si dur cett' fois-là
Qu'on a trépassé l' soir même et voilà
Qu'on se r'trouve au paradis vers minuit
Devant Monsieur Saint-Pierre
Il y avait quelques élus qui rentraient
Mais sitôt que l'on s'approche du guichet
On est r'foulé et Saint-Pierre se met à râler.
Alors j'ai dit : "On n'est pas là pour se faire engueuler
On est v'nu essayer l'auréole
On n'est pas là pour se faire renvoyer
On est mort, il est temps qu'on rigole
Si vous jetez les ivrognes à la porte
l' doit pas vous rester beaucoup d' monde
Portez-vous bien mais nous on s' barre."
Et puis on est descendu chez Satan...
Et là-bas c'était épatant...
La7 Fa3
C' qui prouve qu'en protestant quand il est encore temps
La7 Lam7 Lab7 Sol7
On peut finir par obtenir des ménag'ments.

GILLES VIGNEAULT

I WENT TO THE MARKET

Paroles : Gilles VIGNEAULT
Musique : Gilles VIGNEAULT
et Gaston ROCHON

Sol
1- In went to the market
Ré7
Mon p'tit panier sous mon bras } *bis*
(Lam7) Ré7 Sol
The first girl I met
Lam Ré7
C'est la fille d'un avocat.

Sol Do Sol
R- I love you vous n' m'entendez guè - re
Lam Ré7 Sol Ré7 Sol
I love you vous ne m'entendez pas.

2- The first girl I met
C'est la fille d'un avocat
She said what have you got
Dans ce beau p'tit panier-là.

3- She said what have you got
Dans ce beau p'tit panier-là
I have got some eggs
N'en achèteriez-vous pas ?

4- I have got some eggs
N'en achèteriez-vous pas ?
I'll taken two dozens
P'is l' bonhomme te paiera ça.

5- I'll taken two dozens
P'is l' bonhomme te paiera ça
I gave her two dozens
Mais l' bonhomme y payait pas.

6- I gave her two dozens
Mais l' bonhomme y payait pas
Such is the business
Avec la fille d'un avocat.

7- Such is the business
Avec la fille d'un avocat
But she hatched my eggs
Elle a fait tout couver ça.

8- But she hatched my eggs
Elle a fait tout couver ça
Should have seen the chickens
Qui sont sortis de d' là.

9- Should have seen the chickens
Qui sont sortis de d' là
To collect my money
Ils ont fondé un syndicat.

10- To collect my money
Ils ont fondé un syndicat
And they fly like ducks
Qui parlent comme des avocats.

11- And they fly like ducks
Qui parlent comme des avocats
When they flew over the barn
Me reconnaissez-vous pas ?

12- When they flew over the barn
Me reconnaissez-vous pas ?
I look you to the market
Mon p'tit panier sous mon bras
I look you to the market
Mon p'tit panier sous mon bras.

13- Comment vous me r'connaissez pas ?
Oh ! ben sâcrement
Oh pis vous comprenez pas
Ce que je dis en plus
Oh ben !
I go and get my gun
J'en vise un p'is je l'abats.

14- I go and get my gun
J'en vise un p'is je l'abats
And just before he died
Il a l' temps de m' dire tout bas.

15- And just before he died
Il a l' temps de m' dire tout bas
Il must speak english
À partir de c'te hauteur-là.

16- I must speak english
À partir de c'te hauteur-là
Un canard même à l'orange
Ça fait pas tout un grand repas.

17- Un canard même à l'orange
Ça fait pas tout un grand repas
Never seen the girl again
J' pense que j' la marierai pas.

Refrain final-
I love you c'est d' valeur
Qu'on m' comprenne guère
I love you c'est d' valeur
Qu'on m' comprenne pas.

LE DOUX CHAGRIN (QU'IL EST DIFFICILE)

Paroles et musique :
Gilles VIGNEAULT

Rém Solm7 Do Fa La7
1- J'ai fait de la peine à ma mie _
Rém Solm7 Do Fa La7
J'ai fait de la peine à ma mie _
Rém Solm7 Do Fa
Elle qui ne m'en eu point fait
Mim7 La7
Qu'il est diffici - le.

Ré Sol Ré
R- Qu'il est difficile d'aimer
La7 Ré
Qu'il est diffici - le
Sol Ré
Qu'il est difficile d'aimer
La7 Ré
Qu'il est difficile.

2- Elle qui ne m'en a point fait
Et moi qui tant en méritais.

3- Et moi qui tant en méritais
Dites ma mie, vous m'en feriez.

4- Dites ma mie, vous m'en feriez
Mais depuis long de temps je sais.

5- Mais depuis long de temps je sais
Que sans peine il n'est point d'aimer.

6- Que sans peine il n'est point d'aimer
Et sans amour pourquoi chanter.

LES AMOURS, LES TRAVAUX

Paroles :
Gilles VIGNEAULT
Musique :
Gilles VIGNEAULT
et Robert BIBEAU

Do
R- Les amours, les travaux
Lam Sol7
Même le chant d'un oiseau
Do
Ton cœur, mes mots
Sol7 Do
Font tourner le monde.

Do
1- Une saison pour semer
Lam
Une saison pour attendre
Sol7 Mim
Les automnes les plus tendres
Lam Ré Sol7
Ont pris source au mois de mai.

2- Je cherche pour mes enfants
De quoi se faire une ronde
Et faire tourner le monde
Sans contrarier le vent.

3- J'ai trouvé dans un berceau
Les seuls propos qui promettent
Et l'espoir de ma planète
Dans les rires d'un ruisseau.

4- Nous aurons fait quelques fois
Chansons de nos voix profondes
J'étais donc votre disciple
Ma voix c'était votre voix.

MON PAYS

Paroles et musique : Gilles VIGNEAULT

Do Rém Sol7 Do
R1- Mon pays ce n'est pas un pays, c'est l'hiver
Ré Mim La7 Ré
Mon jardin ce n'est pas un jardin, c'est la plaine
Sol7 Do Rém Sol Sim7 Mi7
Mon chemin ce n'est pas un chemin, c'est la neige
Lam7 Rém7 Sol7
Mon pays ce n'est pas un pays, c'est l'hiver.

Dom Dom7
1- Dans la blanche cérémonie
Lam7
Où la neige au vent se marie
Fam7
Dans ce pays de poudrerie
Sib7
Mon père a fait bâtir maison
Mib Solm7
Et je m'en vais être fidèle
Do7 Fam
À sa manière, à son modèle
Ré7
La chambre d'amis sera telle
Sol7 Dom
Qu'on viendra des autres saisons
Lab7 Réb7 Sol7
Pour se bâtir à côté d'elle.

R2- Mon pays ce n'est pas un pays, c'est l'hiver
Mon refrain ce n'est pas un refrain, c'est rafale
Ma maison ce n'est pas ma maison, c'est froidure
Mon pays ce n'est pas un pays, c'est l'hiver.

2- De mon grand pays solitaire
Je crie avant que de me taire
À tous les hommes de la terre
Ma maison, c'est votre maison
Entre mes quatre murs de glace
Je mets mon temps et mon espace
À préparer le feu, la place
Pour les humains de l'horizon
Et les humains sont de ma race.

R3- Mon pays ce n'est pas un pays, c'est l'hiver
Mon jardin ce n'est pas un jardin, c'est la plaine
Mon chemin ce n'est pas un chemin, c'est la neige
Mon pays ce n'est pas un pays, c'est l'hiver.

R4- Mon pays ce n'est pas un pays, c'est l'envers
D'un pays qui n'était ni pays, ni patrie
Ma chanson ce n'est pas une chanson, c'est ma vie
C'est pour toi que je veux posséder mes hivers...

BELLE-ÎLE-EN-MER, MARIE-GALANTE

Paroles : Alain SOUCHON / Musique : Laurent VOULZY

```
   Sol
R- _ Belle-Île-en-Mer
             Do
   Marie-Galante
              Sim
   Saint-Vincent
                Mi7/4
   Loin Singapour
        Mim7       Lam7
   Seymour, Ceylan
   Ré7             Sim
   _ Vous c'est l'eau, c'est l'eau
       Mim        Lam
   Qui vous sépare
       Ré7
   Et vous laisse à part.
```

```
   Sol7                  Do
1- Moi des souvenirs d'enfance
   Sol7          Do
   _ En France _
   Sol7         Do
   _ Violence _
   Sol7                  Do
   Manqu' d'indulgence _
               Sol7          Do
   Par les différences que j'ai
   Sol7    Do
   _ Café _
   Sol7     Do
   _ Léger _
            Sol7      Do
   Au lait mélangé _
   Do         Do7         Fa
   _ Séparé petit enfant _
   Sol7           Do
   _ Tout comme vous
               Do7           Fa
   Je connais ce sentiment _
   Mi7          Lam7               Ré7
   De solitude _ et d'isol'ment. _
```

2- Comme laissé tout seul en mer
Corsaire
Sur terre
Un peu solitaire
L'amour je l' voyais passer
Ohé
Ohé
Je le voyais passer
Séparé petit enfant
Tout comme vous
Je connais ce sentiment
De solitude et d'isol'ment.

```
   Do Lam7 Ré7
3- _ Karukera
   Sol          Do
   _ Calédonie _
           Sim7
   Ouessant _
                        Mi7/4
   Vierges des mers _
   Tout's seules
   Mi7              Lam7
   _ Tout l' temps _
   Ré7              Sim7
   _ Vous c'est l'eau
   C'est l'eau
         Mi4    Mim    Lam7
   Qui vous sépare _
         Ré7
   Et vous laisse à part
   Sol  Lam7  Sim7  Do6  Sol6
   Oh,   -    oh...  _    _
```

2e partie

AU RYTHME DU MONDE

JEAN-PIERRE BONSIRVEN

PARTIR

Paroles et musique :
Jean-Pierre BONSIRVEN

Mi Mi6 Mi Mi6 La Si7 Mi Mi6 Mi
R- _ _ Partir n'est jamais une fin _ _
Mi La Si7
Partir, n'est pas un souvenir
La Sol#7 Do#m
Partir, n'aime pas les regrets
Fa#7 Si4 Si7
Partir, c'est un nouveau chemin... _

Mim Sim
1- Partir, c'est le refrain
Mim Sim
De la chanson des jours
Sol Sim
Qui passent et qui toujours
Do Si7
Nous prennent par la main
Mim Sim
Partir est amoureux
Mim Sim
D'une marée d'étoiles
Do Sol
Et d'un grand bateau bleu
Do Si4 Si7
Quand le ciel hisse la grand' voile. _

2- Partir a les deux pieds
Recouverts de poussière
Aux cailloux du sentier
Dans l'eau d'une rivière
Partir presse le pas
Vers d'autres découvertes
Et ne s'attarde pas
Partir, laisse la porte ouverte.

SI TU VIENS À MA TERRE

Paroles et musique :
Jean-Pierre BONSIRVEN

Sol Do Sol
1- Un _ bouquet de soleil
Sol Do Ré7
Accroché à ma terre
Do Sol
Et _ tout le bleu du ciel
Do Sol Ré7
Pour habiller mes rêves _
Sol Do Sol
J'ai écrit la chanson
Do Ré7
Que me soufflait le vent
Do Sol Si7 Mim
Je bâtirai maison _ _
Do Ré7 Sol
Sur _ la pierre _ du temps.

Do Ré Sol
R- Si _ tu viens à ma terre
Ré Sol
Où je bâtis maison
Si7 Mim Do
Et si tu viens en frère _
Ré Sol
Reste dans ma chanson.

2- Un oiseau est parti
Aux premiers jours d'hiver
Et mon cœur l'a suivi
Mes yeux se sont ouverts
Quelques miettes de pain
Et l'hiver passera
Dans le creux de mes mains
Mon oiseau reviendra.

3- Un accord de guitare
Pour célébrer la vie
Un ami qui repart
Le soleil qui fleurit...

Continuer la mélodie, bouche fermée-

TOUS LES ENFANTS DE LA PLANÈTE (DU SOLEIL AU FOND DES YEUX)

Paroles et musique :
Jean-Pierre BONSIRVEN

Sol
R- Tous les enfants de la planète
Do Sol
Ont du soleil au fond des yeux
Si7 Mim
Tous les enfants sont des prophètes
Si7 Ré7
Ils ont l'avenir devant eux.

Sol Do Sol
1- Au pays des enfants, il n'y a pas de frontière
Do Ré
On fait des feux de joie en brûlant les barrières
Do Sol
Qui divisaient les hommes de par la terre entière
La Do Ré7
En suivant les enfants, on trouve la lumière.

2- Au pays des enfants, on aime les couleurs
Tant de races mêlées sur la même palette
Vont repeindre la vie avec les yeux du cœur
Et leur immense toile éclaire la planète.

3- Au pays des entants, on a tous le même âge
Et le même désir ensemble de bâtir
Un regard parle plus que tous les bavardages
On conjugue l'amour au présent du sourire.

4- Au pays des enfants, on prépare la danse
La chanson de la vie qu'on chantera demain
De tous les horizons, la farandole immense
S'habille pour la fête ; l'espoir est en chemin.

JEAN NATY-BOYER

VOUS CONNAISSEZ LE CHEMIN (RÊVEZ, RÊVEZ)

Paroles et musique : Jean NATY-BOYER

Do Rém Do Fa
1- Vous connaissez le chemin de la plage
Do Sol7
Et pourquoi, et pourquoi
Do Sol7
N'y allez-vous donc pas ?
Do Rém Do Fa
Avez-vous peur que le vent de la mer
Do Sol7
Vous propose un voyage
Do Sol7
Que vous n'oserez pas ?

Lam Mim Lam Sol Lam
R- Rêvez, rêvez puisque rêver vous plaît
Rém Lam La Sol Lam
Moi, je ferai mon rêve lorsque je reviendrai.

2- Vous connaissez le chemin des collines,
Et pourquoi, et pourquoi
Ne le prenez-vous pas ?
Avez-vous peur que le chant des bergers
Vous propose une vie
Que vous ne vivrez pas ?

3 - Vous connaissez le chemin de vos frères
Et pourquoi, et pourquoi
Ne le suivez-vous pas ?
Avez-vous peur qu'il vous mène au pays
Des gens dont le malheur
Troublerait votre joie ?

PIERRE CHÊNE

LE VIEUX CHÊNE (TANT DE FORÊTS)

Paroles et musique : Pierre CHÊNE

Rém La7 Rém
1- Dans la forêt il y a un vieux chêne
Rém La7 Rém
Un bon vieillard en bois d'arbre touffu
Solm Rém
Au cœur du chên' murmure une fontain'
Fa7dim Sib7 La7
Une fontain' que nul n'a jamais vue.

Rém Do7 Fa
R- Y'a tant de forêts, y'a tant de ruisseaux,
Solm Rém La7 Rém
Voici mon secret m'a dit un oiseau.

2- Au cœur du cœur de mon ami le chêne
Au cœur du cœur de mon ami chenu
Je sais que chante une pure fontaine
Peut-être même un ruisselet menu.

3- Un soir d'hiver lorsque dormait le chêne
Un soir d'hiver la forêt s'était tue
Un oiselet plus petit qu'une faine
Dessous l'écorce est entré, je l'ai su.

4- Et dans le cœur de mon ami le chêne
Et dans son cœur que nul n'a jamais vu
Il s'est posé au bord de la fontaine
Et, dans son cœur, doucement il a bu.

QUI DONC ÉTAIT CET HOMME ?

Paroles et musique : Pierre CHÊNE
à la mémoire de Victor JARA

Do Sol7 Lam Mim
1- À la vue des fusils pointés sur les maisons
Fa Do Ré7 Sol7
À celle des égouts où crevaient des chansons
Do Sol7 Lam Mim
Il s'est mis à crier quand passait le troupeau
Fa Do Ré7 Sol7 Do
De ses frères promis à la main du bourreau.

Fa Mim Fa Mim
R- Qui donc était cet homme égaré parmi nous
Fa Do Ré7 Sol7
Qu'on entendait chanter lorsque grondaient les loups ?

2- Il a pris sa guitare, quand ils l'ont vu passer
Les soldats en furie sont venus l'arrêter
Au milieu de la ville il y avait un stade
Au milieu de ce stade on a mis une table.

3- Devant tous ses amis en prison sur le stade
On a tenu les mains du chanteur sur la table
Puis avec une hache sans la moindre pitié
On a tranché les doigts de l'homme révolté.

4- "Maintenant chante encore", a dit un officier
En levant les mains rouges il s'est mis à chanter
Et la foule a repris le chant du supplicié
Alors pour qu'il se taise, les soldats ont tiré.

5- Sur des routes sans fin, il paraît qu'il chemine
Pour chanter à jamais dans son pays en ruines
Ce grand oiseau tout blanc aux deux pattes coupées
Do Fa Do
Et qui chante en saignant s'appelle Liberté. _ _

CHANGE TON REGARD

Paroles et musique : Noël COLOMBIER

Fa Rém Sib Lam Solm
R- Change ton regard, ton regard sur les au - tres
Fa Rém Sib(6) Do7 Fa (Sib Do)
Change ton regard, et le monde changera. _ _

Fa Do Rém
1- _ Il y a des jours où sans savoir pourquoi
Lam Do Sib6 Do Fa (Sib Do)
Tu pen - ses que les autres ne sont pas marrants _ _
Fa Do
_ Tu fais la tête
Rém (Lam) La7
Tu les regardes avec méfi - ance
Rém Sib6 Do Fa
_ Tu dis qu'ils sont bêtes et méchants.
La7 Rém Solm7 Do7
Mais si tu pouvais changer de lunettes
La7 Rém Sol7 Do7
Tu remarquerais toutes leurs qualités
Fa Sib Solm7 Lam Do
Et tu oublierais toutes leurs étiquet - tes
La7 Rém Sol7 Do Lam7 Do7
Tu verrais chacun vraiment tel qu'il est. _ _

2- Il y a des jours où
Tu crois que personne ne t'aime
Qu' les autres ne te comprennent pas
Tu t' sens tout seul
Enfermé dans tes p'tits problèmes.
Leur amitié, tu n'en veux pas.
Mais si tu pouvais changer de lunettes
Tu verrais leurs mains tendues pour t'aider
Et tu trouverais que la vie est chouette
Qu'il y a plein de gens prêts à t'écouter.

3- Parfois tes yeux ne voient
Dans un bouquet de roses
Que les épines qui t'ont piqué
Comme avec ces lorgnettes
Qui déforment les choses
Quand on regarde du mauvais côté.
Mais si tu pouvais tourner tes lorgnettes
Tu verrais d'abord la beauté des fleurs
Et si tu voulais changer de lunettes
Tu saurais tout voir du regard du cœur.

4- Certains ne savent voir
Chez ceux qui les entourent
Que ceux qui peuvent leur rapporter
Les autres sont pour eux
Le chewing-gum qu'on savoure
Et puis qu'on laisse de côté.
S'ils pouvaient quitter leurs grosses lunettes
Ils arriveraient à changer un jour
Leur gros cœur de riche, sec et malhonnête
En un cœur de pauvre rempli d'amour.

5- Il y a, tout près de nous
Comme au bout de la terre
Des gens que l'on ne sait pas voir
Nos yeux sont aveuglés par nos murs
Nos frontières qui font comm' des lunettes noires.
Il faudrait casser toutes ces lunettes
Ça nous ferait voir d'un regard nouveau
Qu'il y a partout des gens
Qui se mettent à faire avec nous
Un monde plus beau !

ENSEMBLE

Paroles et musique : Noël COLOMBIER

Sol Lam Ré Sol
R- Ensemble, ensemble, nous pouvons faire ensemble
Sol Lam Ré Sol
Ensemble, ensemble, un monde nouveau.

Sol Lam Ré Sol
1- Ensemble pour chanter, nos voix sont accordées
Sol Do Sol Ré Sol
Nos cœurs le sont aussi, on est u - nis

2- Ensemble pour monter, quand on est en cordée
On peut aller plus haut, c'est bien plus beau.

3- Ensemble pour jouer, au lieu de s'isoler
On peut tout inventer, mieux rigoler.

4- Ensemble pour trouver des routes d'amitié
Où l'on peut s'écouter et se confier.

5- Ensemble pour aimer, apprendre à regarder
La détresse et la faim de nos voisins.

6- Ensemble pour changer ce monde au cœur blessé
Où l'on pourra s'aimer et vivre en paix.

7- Ensemble pour bâtir un plus bel avenir
Plus juste et plus humain, sans guerre ni faim.

8- Ensemble pour construire, faire vivre et rajeunir
L'Église de demain est dans nos mains.

9- Ensemble pour prier, quand on est rassemblé
Jésus est parmi nous, prie avec nous.

GANDHI, LUTHER KING OU JÉSUS-CHRIST

Paroles et musique : Noël COLOMBIER

Mi La Mi
1- Est-ce un tort de vouloir libérer son pays
La Mi Do#m Mi
Pour être à part entière indien ou ben - gali ?
La Mi
Et pourquoi a-t-on traité comme un assassin ?
La Mi Do#m Sol#
Le premier qui fit la grève de la faim. _

Do#m Sol# Do#m
R- Ils ne mettaient jamais la main sur un fusil
Sol# Do#m
Gandhi, Luther King ou Jésus-Christ.
Sol# Do#m
Dites-moi donc pourquoi on leur a pris la vie
Sol# Do#m
Gandhi, Luther King ou Jésus-Christ ?

2- Es-ce mal, dites-moi, de proclamer bien haut
Qu'on ne juge pas les gens sur le teint de leur peau ?
De vouloir que noirs et blancs prient dans les mêmes lieux
Quand chacun dans son cœur adore le même Dieu ?

3- Est-ce mal d'avoir dit juste avant d'être tué :
"Il faudra vous aimer comme je vous ai aimés." ?
Mourir en pardonnant à ses propres bourreaux
Pour qu'on prenne au sérieux ce commandement nouveau.

4- Sur cette même terre où leur sang a coulé
Ces paroles d'amour on les a enterrées.
Mais un prochain printemps elles refleuriront
Alors, oui, ce sera la vraie révolution.

LES ÉTIQUETTES

Paroles et musique : Noël COLOMBIER

Fa Sib
R- On fait souvent des murs avec des mots
Do7 Fa
Alors qu'on devrait faire des ponts. } *bis*

Fa
1- Chacun, c'est pas bête
Do
Fait des étiquettes
Do7
Qu'il colle à la tête
Fa
De ses voisins.
Ainsi, c'est pratique
Do
On sait, tout de suite
Do7
Qui est sympathique
Fa
Ou qui ne l'est point.
La7
Puis après, on classe
Rém
Chacun, à sa place
Sol7
Lui, c'est un gars bien
Do7
Elle, une fille de rien.

2- Il y a les minettes
Et les fortes têtes
Il y'a les crâneurs
Et puis les râleurs.
Lui, c'est un plat d' nouille
Elle, c'est une andouille.
Toi, tu n'es qu'un fou
Lui, c'est un voyou.
Y'a les vieilles commères
Les sales caractères
Et puis les chipies
Et les abrutis.

3- Tout's ces étiquettes
Qu'on s' flanque à la tête
Ça fait des grands murs
Avec des barreaux.
Mais quand on rejette
Ces idées toutes faites
On est délivré
On est libéré.

Avec l'autorisation des Éditions Musicales FLEURUS.

MOI, J'AI BESOIN DES AUTRES

Paroles et musique : Noël COLOMBIER

Ré Sol La
R- Moi, j'ai besoin des au - tres
Sol La Ré
Ils ont besoin de moi
Sol La Fa#m Sim
Je compte sur les au - tres
Sol Ré La
Comme ils comptent sur moi !
Mim La7 Ré
Comme ils comptent sur moi ! } *bis*

Ré Sol Ré Sim Sol La
1- Lorsque ma montre s'arrête, je prends l'heur' chez un ami
Ré Sol Ré Sim La Ré
On vit au rythme des autres, dans la "Dynamic City."
Sol La Ré Sol La Ré
C'est pas l'heur' de l'égoïsme, chacun pour soi dans sa tour
Sol La Ré Mi7 La
Mais chacun règle son cœur à l'horloge de l'amour.

2- Lorsque l'on se décourage, quand on est seul dans son coin
Faut dire "ça réussira", il fera soleil demain
On invente l'impossible et l'on force le destin
Quand tous les jeunes du monde veulent se donner la main.

3- Faut de tout pour faire un monde, comme disait ma grand-mère
Faut des clowns et des savants, des gens qui travaillent la terre
La vie c'est un grand théâtre ; on a son rôle à jouer
Et si l'on n'existait pas, il faudrait nous inventer.

4- Tous ceux qui m'ont précédé m'ont laissé en testament
Les inventions, le progrès, la beauté des monuments
Je profite chaque jour de cet immense trésor
Et maintenant c'est mon tour d'y porter ma pièce d'or.

Avec l'autorisation des Éditions Musicales FLEURUS.

ON NE VOIT BIEN QU'AVEC LE CŒUR

Paroles et musique : Noël COLOMBIER

Ré La7 Sim Sol Ré Sol Ré
1- Lorsque je ferme les yeux, que m'impor - te, que m'impor - te
Ré La7 Sim Sol La4 La
Lorsque je ferme les yeux, que m'importe que tu sois noir ! _
Fa#7 Sim Fa#7 Sim
_ Je ne vois que tes paroles _ aux couleurs de l'amitié
Sol Ré Sol La4 La
_ Je n'entends que les images du pays qui t'a porté. _

Ré Fa Sol Ré
R- On ne voit bien qu'avec le cœur
Fa Sol La
L'essentiel est invisible pour les yeux. } *bis*

2- Lorsque je ferme les yeux, je retrouve en moi l'image
Lorsque je ferme les yeux, je vois le visage de Dieu.
C'est bien le même visage que l'on recherche chacun
Que l'on soit grec ou arabe, israélite ou chrétien.

3- Lorsque je ferme les yeux, que m'importe, que m'importe
Lorsque je ferme les yeux, que m'importe ce que tu parais.
C'est ton amour et ta peine, c'est tes espoirs et ta joie
C'est le meilleur de toi-même que je vois au fond de moi.

GAËTAN
DE
COURRÈGES

ENTRE LES OMBRES ET LA LUMIÈRE

Paroles : Jean DEBRUYNNE
Musique : Gaëtan de COURRÈGES et Olivier DELGUTTE

Sol Ré7 Sol Do
R- Entre les ombres et la lumière _
Sol Ré7 Sol Ré4
Chacun de nous risque un chemin _
Sol Ré7 Sol Do
L'un va devant, l'autre derrière _
Sol Fa#m Si
Mais si nous unissons nos mains
Do Sol
Si nous portons ce monde lourd _
Do Sol
Chacun son pas, chacun son tour _
Do La7 Ré
Nous pourrons voir naître le jour...

Sol Ré/Fa# Mim
1- _ Nous marchons tout le long des nuits _
Mim/Ré Do Mi7
Nous allons d'errance en errance _
Lam Mi7 Lam
_ Franchissant les gués de l'ennui
Sol Ré4 Ré
Pour accueillir nos différence : _
Si7 Mim
_ Nous sommes tous gens de couleurs
Do Sol/Si Mim La7 Ré7
_ Nous sommes tous gens de couleurs ! _

2- Nous venons tous de nos passés
Nos mains sont toujours un peu sales
C'est que nous avons traversé
Tant de vieux mondes en cavale :
Nous sommes tous gens d'un passé
Nous sommes tous gens d'un passé !

3- C'est quand il fait si froid dehors
Que dedans nos soleils nous brûlent.
Main dans la main et cœur à corps
Le gel et la faim nous stimulent :
Nous sommes tous gens de désir
Nous sommes tous gens de désir !

4- Nous avons le cœur en jardin
Avec des rosiers de poètes
Chacun de nous est un chemin
Chacun de nous est un prophète :
Nous sommes tous gens de la paix
Nous sommes tous gens de la paix !

CHANT DE L'AVENIR

Paroles : Claude BERNARD
Musique : Gaëtan De COURRÈGES

Rém Fa Sol Sib Do
R- Ils sont des millions à crier “Je veux vi - vre”
Rém Sib Sol7 Do4 - 7
Des millions à lutter pour le pain _
Fa Lam Solm La7
Chacun porte en soi un soleil qui délivre
Rém Solm7 Do7 Fa La7
L’avenir veut naître par nos mains. _

Rém Solm La7 Rém
1- L'avenir est un cri de naissan - ce
Fa Sol La Do7
Dans un siècle aux aurores fanées _
Fa Sib La7 Rém
Au matin, on a tous une chan - ce :
Sib Solm6 La4 La
Le trésor de la vie est donné. _

2- L'avenir est enfant de lumière
Tout vivant lui prépare un berceau
De ses yeux au regard planétaire
Il découvre le monde nouveau.

3- L'avenir dans nos corps s'enracine
C'est un arbre où fleurit tout l'humain
Ses rameaux sont présence divine
Création continue son chemin.

4- L'avenir est sur tous les visages
Il est jeune, il est noir, il est blanc
Il respecte les peuples et les races
Son drapeau arc-en-ciel flotte au vent.

5- L'avenir au Sahel est un fleuve
Sable mort se réveille en forêt
L'eau jaillit au rocher de l'épreuve
La moisson couvrira les déserts.

6- L'avenir brisera les violences
Les épées deviendront des charrues
L'olivier se nourrit de confiance
Fruit de paix mûrira dans nos rues.

7- L'avenir est un monde à construire
Mégapole aux multiples chantiers.
Mais qui donc a le cœur à survivre
Dans l'enfer d'un tiers-monde oublié ?

8- L'avenir est maison porte ouverte
Mains tendues aux blessés du malheur
Nous croyons à l'amour sans frontières
“Solidaire” est le nom du bonheur.

9- L'avenir est un choix pour la terre
La justice envers l'homme opprimé
Liberté franchira les barrières
Notre Dieu est Sauveur libéré.

10- L'avenir est un feu d'évangile
Une ardeur dont le Christ a brûlé
Aujourd'hui, préparons cette ville
Où Dieu-même sera la clarté.

TOUT LE MONDE TAPEZ DES MAINS

Paroles : Jean DEBRUYNNE
Musique : Gaëtan De COURRÈGES

Fa Sib Fa
R- Tout le monde tapez des mains
Fa Solm7 Do4
Tout le monde tapez des mains
Fa Sib Fa Sol7 Do4-7 Fa
Tout le monde tapez des mains, _ tapez des mains.

La Ré
1- Criez Dieu avec des cris de fête
Sol Do
_ Lui seul se souvient au futur
Sib Fa Rém
_ Finie la vie aux quatre murs
Sol7 Do7
Le monde va en faire une tête.

2- On entend partout grandir les hommes
Ils communient pour inventer
De grands soleils de liberté
C'est déjà trouvé ou c'est tout comme.

3- Il suffit de se baisser par terre
Pour cueillir un bouquet de paix
La justice a moins de palais
Depuis qu'elle est devenue sincère.

4- Allez maintenant place à l'orchestre
Débouchez-nous une chanson
Et nous boirons sans façons
Dieu va ouvrir le grand bal terrestre.

5- Et quand Dieu montera sur scène
L'ovation comme un océan
Jaillira du cri d'un volcan
Dieu ! Dieu ! Dieu qu'il vienne !

CRËCHE

ILS SONT DES FORÊTS

Paroles : MANNICK
Musique : Gaëtan de COURRÈGES

Fa Do Fa La7
R- Ils sont des forêts sous un toit de ter - re
Rém La7 Rém Do
Plus rien désormais ne les fera tai - re
Sib Fa Sib Fa
Ils aimaient la vie moins que la justice
Solm Rém La7 Rém
Ils sont des forêts, ils sont des forêts.

Rém Mib
1- Pablo, ô Pablo _
Rém
Tu n'avais qu'une guitare
Mib
Pour inventer les mots
Rém
Qui parlent au-dessus des fanfares
La Rém
Alors on t'a coupé tes doigts
Do Fa
Et quand tu t'es mis à chanter
Mi7 Lam
Les mitraillettes ont emporté
Do Mi7 La La7
Le dernier souffle de ta voix. _

2- Nadia, ô Nadia !
Tu n'étais pas la dernière
À réclamer le droit
De pouvoir vivre à ta manière
Alors on t'a menée là-bas
Dans le grand nord de ton pays
Pour que tu changes un peu d'a
Dans la solitude et le froid.

3- Yannis, ô Yannis
Tu refusais le silence
Pour que demain tes fils
Sortent des griffes de violence
Alors on t'a brisé le corps
Pour que tu cesses de parler
Mais tout un peuple s'est levé
Comme jailli d'un arbre mort.

IL N'A PAS EU, BONNES GENS

Paroles et musique :
Aimé DUVAL

La
1- Il n'a pas eu, bonnes gens
La7
Il n'a pas eu, bonnes gens
Ré La
Tout son compte de vie
Fa#7 Si7 Mi7
Tout son compte de vie ; _
La
Il n'a pas eu, bonnes gens
La7
Il n'a pas eu, bonnes gens
Ré La
Tout son compte de vie
Mi
Le p'tit gamin du voisin
La
Qu'on enterre ce matin.

La La7 Ré La Si7 Mi7
R- Mais la colère gronde, sur la terre comme aux cieux. _
La La7 Ré La Mi7 La
Mais la colère gronde, la colère du bon Dieu.

2- Il n'a pas eu, bonnes gens
Il n'a pas eu, bonnes gens
Tout son compte d'amour
Tout son compte d'amour ;
Il n'a pas eu, bonnes gens
Il n'a pas eu, bonnes gens
Tout son compte d'amour
Le visage contrefait
Qu'on n'embrasse jamais.

3- Il n'a pas eu, bonnes gens
Il n'a pas eu, bonnes gens
Tout son compte de joie
Tout son compte de joie ;
Il n'a pas eu, bonnes gens
Il n'a pas eu, bonnes gens
Tout son compte de joie
Le vieillard, mon voisin
Qui meurt avec sa faim.

4- S'il n'a pas eu, bonnes gens
S'il n'a pas eu, bonnes gens
Tout son compte de vie
Tout son compte de vie ;
S'il n'a pas eu, bonnes gens
S'il n'a pas eu, bonnes gens
Tout son compte de vie
Et d'amour et de joie
Je sais bien qu'il l'aura.

Refrain final-
Car la colère gronde sur la terre comme aux cieux.
Car la colère gronde, la colère du bon Dieu.

J'AI JOUÉ DE LA FLÛTE

Paroles et musique : Aimé DUVAL

Ré La7 Ré
R- J'ai joué de la flûte
La7 Ré
Sur la place du marché
La7
Et personne avec moi
N'a voulu danser.
Ré La7 Ré
J'ai joué de la flûte
La7 Sim
Sur la place du marché.
La7
Toi qui m'as entendu,
Ré
Viendras-tu danser ?

Ré Sol Ré
1- J'ai fait couler le vin de fê - te
La7 Ré La7
Un soir de no - ces
Ré Sol Ré
J'ai voulu mettre dans leur tê - te
La7 Ré La7
La joie des gos - ses.

2- J'ai fait danser des jambes raides
Sans leurs béquilles
J'ai fait chanter des âmes laides
De diableries.

3- J'ai fait marcher sur l'eau saint Pierre
Dans la tempête
J'ai mis dans ses filets de pêche
Grande cueillette.

4- J'ai allégé le cœur des sages
De leur prudence
J'ai invité les sans-bagages
Pour une danse.

5- J'ai consolé le cœur de peine
Des pécheresses
J'ai redonné un cœur de reine
À Madeleine.

6- Comme Lazar' sortant de l'ombre
À Béthanie
Vous bondirez hors de vos tombes
Dans la féerie.

LE CIEL EST ROUGE

Paroles et musique : Aimé DUVAL

R- *Do*
Le ciel est rouge
Do
Le ciel est rouge
Sol7
Il fera beau
Do
Dans l'homme bouge
Sol7 *Do*
Un cœur nouveau.

1- *Fa*
Les verrières sont ouvertes
La7
Au dessus d' l'atelier
Rém *Sol7*
Et j'entends l'alouette
Do *Do7*
Chanter la liberté
Fa
Les verrières sont ouvertes
Sol *Do*
Au dessus d'l'atelier
Sol7 *Do*
Et j'entends l'alouette
Sol7 *Do*
Chanter la liberté.

2- Ma fille sur ses tresses
A laissé se poser
La main qui la caresse
D'un noir pour l'épouser…

3- Et des champs de tuerie
Les durs soldats d'antan
Par les moissons mûries
Reviennent pénitents…

4- Jésus revient sur terre
Il est chez mon voisin.
On approche nos lèvres
De son visage humain…

5- La foule est réunie
Pour des festins nouveaux
On voit bouger l'envie
Derrière les rideaux…

MA P'TITE TÊTE

Paroles et musique : Aimé DUVAL

R- *Sol* *Sol* *Sol7* *Do* *Lam* *Ré* *Ré9dim*
Qu'est-ce que j'ai dans ma p'tite tête à rêver comme ça le soir _
Sol *Sol* *Ré* *Sol*
D'un éternel jour de fête d'un grand ciel que j' voudrais voir...

1- *Mim* *La7* *Ré*
J'ai roulé, j'ai vécu, j'ai aimé
Mi7 *Lam* *La7*
Et j'ai passé aujourd'hui des moments roses
Ré *Sol* *La7* *Ré7*
Mais j'ose espérer, Seigneur, bien autre chose.

2- Et j'entends déjà de douces voix
Chanter leur joie par la fenêtre du ciel
Et j'entends déjà de douces voix, chanter leur joie d'être avec toi.

3- Et j'attends cœur ouvert, rêvant
Battant la s'melle à la porte de ton ciel
Je crois qu'un beau jour, ton amour l'ouvrira.

4- Et je vois déjà par les rideaux
Ta grande main sur l'épaul' de tes amis
Et je vois déjà par les rideaux, ta grande main qui les étreint.

5- Et voici que Jésus m'a surpris
Que fais-tu là, à m'attendre, mon ami
Le ciel est à faire en travaillant sur terre.

6- Et j'ai vu, Jésus, ta face blonde
Depuis toujours penchée sur la vie du monde
Et j'ai vu, Jésus, ta face blonde, depuis toujours sourir' d'amour.

RUE DES LONGUES-HAIES

Paroles et musique: Aimé DUVAL

R1- (Ré) Rue des Longues-Haies
L'incon(La7)nu pas(Ré)sait } *bis*

1- (Ré) Pendant la nuit (La7) pleine
Il a tissé la (Ré) laine
Il (Sim) rentre avec sa (La7) peine.

2- À l'heure matinale
Dedans ses habits sales
Mon Dieu, comme il est pâle.

R2- Rue des Longues-Haies
Le Seigneur passait

3- Ô (Ré) vous qui cherchez le bon (Fa#m) Dieu
Dans (Sol) les nu(Mi7)a - (La) ges
(Ré7) Vous ne verrez ja(Sol)mais son vi(Ré)sage
Ô vous qui cherchez le Bon (Fa#m) Dieu
Dans (Sol) les nu(Mi7)a - (La) ges
(Ré7) Vous manquerez en(Sol)cor
Son dernier pas(Ré)sa - (La7) ge.

4- Pendant la nuit pleine
Il a tissé la laine
Il rentre avec sa peine.

5- À l'heure matinale
Dedans tes habits sales
Mon Dieu, comme tu es pâle.

SEIGNEUR, MON AMI

Paroles et musique : Aimé DUVAL

1- Sei(La)gneur, mon a(Do)mi
Tu m'as (Sim) pris par la (Mi) main
J'i(Sim)rai avec (Fa#) toi sans ef(Si7)froi
Jusqu'au (Mi7) bout du che(La)min.

R- (Ré) Tra la la la la la...
La — Mi7 — Mi6 — Mi —
Ré — La — Mi7 — La —

2- Je marche avec toi
Dans le vent, dans le froid
Je marche, peu m'importe
Je te porte dans mon cœur avec moi.

3- Partout, c'est la danse
Les sourir's, les plaisirs
Mais moi, je m'avance
En cherchant ton visage en tout ça.

4- J'irai d'un bon pas
En chantant mes chansons
Je sais, tu m'attends
Sur le pas de ta belle maison.

5- Alors tu es là
Je te vois découvert
Je vois ton visage
Et la table où tu mets deux couverts.

AU-DELÀ DE NOS GUITARES

Paroles et musique : Raymond FAU

Ré
1- Au-delà de nos guitares
La7 Ré
Il y a notre monde à construire, notre monde à aimer
Au-delà de nos guitares
La7 Ré
Il y a les garçons et les filles du monde entier
Sol
Au-delà de nos guitares
La7 Ré
Il y a le spectacle du monde à découvrir
Au delà de nos guitares
La7 Ré
Il y a tout l'immense printemps de notre avenir.

Sol Ré
R- Au-delà de nos guitares
Sol Ré
De nos danses et de nos refrains
Lab Mib
Nos jeunes années préparent
Mi7 La7
Le monde meilleur de demain.

2- Au-delà de nos guitares
Il y a la joie de nos seize ans et nos cœurs à donner
Au-delà de nos guitares
Il y a nos chansons de printemps et nos rires d'été
Au-delà de nos guitares
Il y a la souffrance du monde à porter dans nos vies
Au-delà de nos guitares
Il y a et les pleurs des enfants et les cris des fusils.

3- Au-delà de nos guitares
Il y a tous les ruisseaux d'avril, les moissons de demain
Au-delà de nos guitares
Il y a tous les beaux fruits dorés au soleil de juin
Au-delà de nos guitares
Il y a tous les blés plein d'espoir et le pain le plus beau
Au-delà de nos guitares
Il y a les vendanges d'amour au vin toujours nouveau.

COMBIEN DE TEMPS

Paroles et musique : Raymond FAU

Do Sol7 Do
R- Combien de temps nous faudra-t-il encore
Sol7 Do
Combien d'années, combien de jours
Sol7 Do
Combien de nuits, de printemps et d'aurores
Sol7 Do
Pour que ce monde vive d'amour.

Mi7 Lam Fa Mim
1- Combien de temps _ pour que la paix revienne
Do Lam Fa Sol Do
_ Dans nos maisons _ et dans nos cœurs
Mi7 Lam Fa Mim
_ Pour que les blancs _ et les noirs se comprennent
Do Lam Fa Sol
Et donnent ensemble ce qu'ils ont de meilleur.

2- Combien de temps pour que les ruisseaux chantent
Avec les blés dans les déserts
Pour que le pain sur la table accueillante
À chaque enfant puisse enfin être offert.

3- Combien de temps pour qu'elles refleurissent
Les fleurs de vie sous notre toit
Et pour qu'enfin les pauvres s'enrichissent
De tous les ciels d'espérance et de joie.

4- Combien de temps pour oublier la guerre
Pour oublier ce feu qui tue
Pour oublier ce temps qui désespère
Combien de temps, ami, me donnes-tu ?

DANS MES CHANSONS

Paroles et musique : Raymond FAU

Ré Sol La7 Ré
1- Dans mes chansons, j'ai mis le tour du monde
Sol La7 Mim7 La7
Dans mes chansons, j'ai mis tous les pays que j'ai connus
Dans mes chansons, les danses et les rondes
Ré La7 Ré La7
Les souvenirs et puis le temps per - du. _ *(bis)*

Sol Fa#m
R- J'ai mis tous mes voyages
Mim La7 Ré
J'ai mis tous mes amis
Sol Fa#m
Et tous les paysages
Mi7 La7
J'ai mis toute ma vie
Ré
Dans mes chansons.

2- Dans mes chansons, j'ai mis la neige blanche
Dans mes chansons, j'ai mis tous les Noëls que j'ai chantés
Dans mes chansons, j'ai mis tous mes dimanches
Tous mes soleils et tous mes jours d'été. *(bis)*

3- Dans mes chansons, j'ai mis toutes mes peines
Dans mes chansons, j'ai mis tous les ruisseaux que j'ai aimés
Dans mes chansons, j'ai mis mes joies sereines
J'ai mis mon cœur, mes rêves et mes regrets. *(bis)*

J'AI AIMÉ AVEC TOI

Paroles et musique : Raymond FAU

Ré La7 La Ré
1- J'ai aimé avec toi la musique des rivières
Ré Mim7 Mi7 La
J'ai aimé avec toi les nuits bleues étoilées
Si7 Mim La7 Ré
J'ai aimé avec toi les pays de lumière
Fa#7 Sim Mi7 La7
J'ai aimé avec toi la chanson de la paix.

Mim7 La Ré Fa# Sim
R- Tout le long, tout le long de ma vie, de ma vie
Mim7 La7 Ré Ré7
Avec toi, avec toi j'ai aimé, j'ai aimé
Mim7 La Ré Fa# Sim
Tout le long, tout le long de ma vie, de ma vie
Mim7 La7 Ré
Avec toi, avec toi j'aimerai.

2- J'ai aimé avec toi l'arc-en-ciel des fontaines
J'ai aimé avec toi le vent fou dans les blés
J'ai aimé avec toi cette vie qui nous mène
Vers des jours meilleurs d'éternité.

3- J'ai aimé avec toi le long des routes grises
J'ai aimé avec toi l'enfant qui nous souriait
Il y avait des fleurs sur la table bien mise
Et le pain et le vin et les fruits de l'été.

JE PARTIRAI UN JOUR

Paroles et musique : Raymond FAU

Capo I

Ré La Sim Sol Ré
1- _ Une barque, une étoile et la mer, l'immense mer
Sim Fa#m Sol Ré
La mer et ses rêves, la mer et ses enchantements
La Ré
L'immense mer sous les étoiles.

Ré
R- Je partirai un jour, vers des pays nouveaux
La7 Ré
Et le vent chantera dans ma voile
Mon cœur plein de soleil, mes yeux pleins de ciel bleu
La7 Ré
J'en oublierai peut-être mon étoile
Sol Ré Sim
Et je dirai au vent mes plus belles chansons
La7 Ré
Tout le long, tout le long de la route
Sol Ré Sim
Et je dirai au vent mes plus belles chansons
Mim La7 Ré
Tout le long, tout le long de la route.

2- Une plage, son sable d'or et le ciel, l'immense ciel
Le ciel et ses colères, le ciel et ses nuages blonds
L'immense ciel et sa lumière !

3- Un palmier, ses fruits verts, et le vent, l'étrange vent
Le vent et ses tempêtes, le vent et ses parfums d'été
L'étrange vent et sa musique.

L'ESPÉRANCE EST PRÊTE

Paroles : Jean DEBRUYNNE
Musique : Raymond FAU

Do Mim Fa Do
R- L'espérance est prête pour la liberté
Fa Mim Rém7 Sol
Inventons la fête du bal de l'été
Do Mim Fa Do
L'espérance est prête pour la liberté
Fa Mim Sol Do
Inventons la fête du bal de l'été.

Sol
1- Trinquons avec le temps
Mim
Pour casser la routine
Rém7 Sol7
Aux portes de l'instant l'avenir tambourine
Fa Mim
Les battements du coeur ouvriront le possible
Rém7
Sortez des vieilles peurs
Sol7
Vous verrez l'invisible.

2- Abattons les grands murs, brisons la solitude
Libérons le futur et les béatitudes
Écoutez quelqu'un vient, ouvrons grand la porte
Pour les premiers chrétiens l'espérance n'est pas morte.

3- Venez voir le présent s'écrit en paraboles
Dans les yeux d'un enfant l'homme prend la parole
Le pari est risqué il faut qu'on lui réponde
Aujourd'hui éduquer c'est transformer le monde.

4- Les objets sont bavards, parlons le provisoire
Et changeons de regard pour choisir notre histoire
Soulevons l'opinion que les frontières éclatent
Posons la communion comme on pose des actes.

MADELEINE

Paroles et musique : Raymond FAU

Do
1- Elle avait des cheveux de laine, Madeleine
Sol7
Elle avait deux jolis bas blonds, Madelon
Do
Elle n'était pas comme toutes les Madeleines
Sol7 Do
Qui elles ont des bas de laine
Sol7 Do
Et de jolis cheveux blonds.
Sol7
Madeleine tch, tch, tch,
Do
Madelon tch, tch, tch,
Sol7 Do
Madeleine leine, leine, leine, lon.

2- Elle remplissait toutes les fontaines, Madeleine
En vidant l'eau de son cruchon, Madelon
Elle n'était pas comme toutes les Madeleines
Qui elles vont aux fontaines pour s'en remplir leur cruchon.

3- N'avait jamais le cœur en peine, Madeleine
Avait le cœur plein de chansons, Madelon
Elle n'était pas comme toutes les Madeleines
Qui disent le cœur en peine que la vie n'a rien de bon.

4- Voilà pourquoi cette semaine, Madeleine
Elle a dit oui et pris mon nom, Madelon
Elle n'était pas comme toutes les Madeleines
Qui elles ont la bouche pleine, oh ! pas d'oui, mais de non.

MAIN DANS LA MAIN

Paroles et musique : Gérard REY

Fa Do7
R- Main, main, main dans la main
Fa
Main, main, main dans la main
Do7
Main, main, main dans la main
Fa
Main, main, main dans la main.

Fa Do7
1- Laissons un instant nos soucis quotidiens
Fa
Pour nous retrouver la main dans la main
Do7
Mettons dans nos cœurs la joie pour demain
Fa
Que nous donnerons à tous nos copains.

2- Quand nous chanterons ce même refrain
Nous nous souviendrons tout le long du chemin
Qu'il n'y avait qu'un cœur qu'il n'y avait qu'un lien
Quand nous nous tenions la main par la main.

3- Filles et garçons, vous tenez dans vos mains
La joie et l'amour du monde de demain
Nous comptons sur vous pour faire régner
La paix et l'amour dans ce monde troublé.

MON PAYS

Paroles et musique : Raymond FAU

Solm Rém Solm
R- Mon pays éclabousse de soleil
Rém Dom Sib Ré7
Mon pays éclabousse de lumière _ _
Solm Rém Solm
Mon pays éparpille dans le ciel
Rém Solm
Sa joie et ses chansons.

Fa7 Sib
1- Il chante le long des vagues
Fa7 Sib
Il chante le long des vents
Solm Dom6 Rém7 Solm
La joie de vivre et la joie d'aimer
Fa7 Sib
Il chante le long des plaines
Fa7 Sib
Le long des chemins blancs
Solm Dom6 Rém7 Solm
Le parfum des garrigues au soleil de l'été.

2- Il chante le long des routes
Les villages endormis
Et leurs vieilles gens qui s'endorment aussi
Et le long des campagnes
Il chante en plein midi
Les cigales qui crissent dans les pins roussis.

3- Il chante les platanes
Des places ombragées
La douceur des fontaines fraîchissant l'été
Le long des rues qui montent
Entre les murs dorés
Nos maisons où il fait bon se reposer.

PARTAGER

Paroles et Musique :
Raymond FAU

Capo II

Mim Sim Mim Sim
R- Partager ton pain, partager ta vie
Mim Sim Sol Ré7 Sol
Partager tes joies, partager _ tes peines
Fam Sol#m Sim7 Mim
Partager, _ toujours partager.

Mim Lam
1- Qu'il y ait sur ton chemin
Mim Sim7
Du soleil ou des nuages
Mim Do
Qu'il y ait sur ton chemin
Mim Sim
De la boue ou des fleurs
Sim7 Mim
Parta - ge !

2- Qu'il y ait dans ta vie
Plein de chansons et de danses
Qu'il y ait dans ta vie
L'espérance ou la peur
Partage !

3- Et le long du chemin
Et le long de ton voyage
Sans attendre demain
Donn' ton cœur et ta main
Partage !

TOUS LES COPAINS DU MONDE

Paroles et musique : Raymond FAU

La Mi7
R- Tous les copains du monde chanteront ce même refrain
La
Tous les copains du monde se donneront un jour la main
La7 Ré
Tous les copains du monde partiront sur les mêmes chemins
La Mi7 La
Dans la lumière blonde, blonde, blonde d'un matin
Ré Mi7 La
Dans la lumière blonde, blonde, blonde d'un matin.

La
1- Nous ne voulons plus de guerre
Mi7
Et nous voulons que l'amour
Enfin règne sur la terre
La
Enfin règne pour toujours
Nous ne voulons plus de haine
Ré
Nous voulons que chaque jour
La
Il y ait un peu moins de peine
Mi7 La
Dans le monde par l'amour
Ré
Il y ait un peu moins de peine
Mi7 La
Dans le monde par l'amour.

2- Il n'y aura plus de misère
Le mal n'existera pas
Un paradis de lumière
De ciels bleus et d'alléluias
Nos voix deviendront plus claires
Nos chants parfumés de ciel
Il n'y aura plus sur la terre
Que sourires et soleils. *(bis)*

BÂTISSEURS DE PONTS

Paroles : Pierre-Michel GAMBARELLI
Musique : Jean-Pierre KEMPF

Ré La
- De nos mains, mes amis, nous bâtirons un pont
Mim Sim Mi7 La
Et nous passerons la riviè - re
Sol Mim La Fa#7 Sim
De nos vies, mes amis, jaillissent d'au - tres ponts
Mim Ré La7 Ré
R1- Voici les temps où l'homme es - père.
R2- Voici venir une lumière.
R3- Voici l'Alliance avec la terre.
R4- Voici l'Esprit qui régénère.
R5- Voici Celui qui nous libère.

Sol Mim La
- Entre les deux rives du fleu - ve
Sol Mim La
Se dressent les arches d'un pont
Sim Mim Fa#m Sim
Entre nos peurs de fair' peau neu - ve
Mi Mi7 La
Nous bâtirons un pont
Ré Ré7
Un pont comme une envie de croire
Sol Mi7 La
Un pont, comm' un nouvel espoir.

- Entre montagnes et collines
Se dressent les arches d'un pont
Entre le rite et la routine
Nous bâtirons un pont
Un pont jeté sur le passé
Un pont, un défi à lancer.

3- Entre remparts, entre murailles
Se dressent les arches d'un pont
Entre nos cris, nos feux de paille
Nous bâtirons un pont
Un pont, une main qui se tend
Un pont, une main qui se prend.

4- Entre le ciel et notre terre
Se dressent les arches d'un pont
Entre tes rêves, toi mon frère
Nous bâtirons un pont
Un pont où s'unissent nos voix
Un pont, un pont tendu vers toi.

PIERRE-MICHEL GAMBARELLI

COMPAGNON, L'AVENIR

Paroles : Pierre-Michel GAMBARELLI
Musique : Luc CHAUDEUR

Do Mim Lam Sol
1- Compagnon l'avenir s'ouvre quand on est deux
Do Mim Lam Sol
Compagnon d'avenir au soleil plein les yeux
Rém Sol Mi Lam
Compagnon la rencontre fleurit aux carrefours
Rém Sol Fa Sol Do
Compagnon de rencontre mûrie jour après jour.
Rém Sol Do Mi Lam Rém Sol Do
La la la... _ _ _ _ _ _ _

2- Compagnon l'amitié met le monde à l'envers
Compagnon d'amitié regard à cœur ouvert
Compagnon la tendresse s'écrit en lettres d'or
Compagnon de tendresse je veille quand tu dors.
La la la...

3- Compagnon le chemin nous invite à partir
Compagnon de chemin riche de souvenirs
Compagnon la justice s'éveille dans un cri
Compagnon de justice la vie n'a pas de prix.
La la la...

4- Compagnon le désert passage dans le temps
Compagnon de désert tu comptes tes vingt ans
Compagnon l'Évangile éclaire notre nuit
Compagnon d'Évangile d'hier et d'aujourd'hui.
La la la...

LE LABOUREUR A LABOURÉ

Paroles : Pierre-Michel GAMBARELLI
Musique : Jean-Pierre KEMPF

Fa Solm
R- Le laboureur a labouré, à profusion il a semé
Rém Solm Do7
Serré dans un même sillon, chacun grandit à sa façon
Fa Solm
Et dans un champ multicolore, Dieu un jour nous offre d'éclore
Rém Do7 Fa
À la rencontre d'aujourd'hui, préparant un demain fleuri.

Fa Sib Fa Solm Mib Do7
1- Toi tu seras un champ de blé qui moissonné chaque matin _
Fa Sib Lam Rém Sol7 Do7
Fera le pain de l'affamé, _ la force de crier sa faim.

2- Toi tu seras un bouton d'or, dans le théâtre du printemps
La natur' plante le décor, les comédiens sont des enfants.

3- Toi tu seras un olivier pour la colombe fatiguée
De rechercher un coin de paix sur une terre divisée.

4- Toi tu seras la haie d'honneur quand passeront les inconnus :
"On vous offre ces quelques fleurs, on vous souhait' la bienvenue."

5- La parabole du semeur, des graines qui donnent du fruit
Reprendra toute sa saveur, pour un monde qui se construit.

OUI, LA PAIX

Paroles : Pierre-Michel GAMBARELLI
et Jean-Pierre KEMPF
Musique : Jean-Pierre KEMPF

Fa Sib Fa Sib Fa
R- Oui la paix dans les cœurs, oui la paix
Fa Sib Fa Sib Fa
Et la paix dans le monde, oui la paix.

Rém Lam
1- Le regard qui sait écouter
Sib Do
Le regard qui ne juge pas
Fa Sib Fa
Le regard qui se fait tendresse
Do4/7 - 3
C'est la paix. _

2- La tendresse à n'en plus finir
La tendresse à pleurer de joie
La tendresse à crier pardon
C'est la paix.

3- Le pardon oublie le passé
Le pardon se lève aujourd'hui
Le pardon ouvre l'avenir
À la paix.

LE VENT DES PROPHÈTES

Paroles et musique : Pierre-Michel GAMBARELLI

Lam Mi
1- Tu as fait se lever un peuple sans levain
Lam Mi Lam
Le froment est moulu à la force des poings
Sol Do
Le pain cuit au soleil a pris le goût du sang
Rém Mi7
Ton nom vient prolonger la liste des gênants.

Lam Sol Fa Sol Mi4-7
R- Mais le vent des prophètes a soufflé ce matin
Lam Sol
Et l'on a vu des milliers d'alouettes
Fa Mim Lam
Danser autour du pèlerin
Lam Sol
Et l'on a vu sur toute la planète
Fa Mim Lam
Des frères se donner la main.

2- L'injustice ne peut supporter le silence
Mais l'exemple du Christ prend toute sa puissance
Suspendu au gibet au jour de l'abandon
Pour notre humanité il demande pardon.

3- Tu es mort, le printemps n'avait que quelques brins
Tué dans ton église, les statues pour témoins
Prêtre d'El Salvador libre à en mourir
Ton nom vient prolonger la liste des martyrs.

4- Combien d'hommes sont morts et combien meurent encore.
Ils sont pour notre monde cet envers du décor
Cachés par les parades et les marches militaires
Qui pourrait désormais les forcer à se taire ?

TANT QUE RÈGNENT SUR LA TERRE

Paroles : Pierre-Michel GAMBARELLI
Musique : Jean-Pierre KEMPF

Mim Sim Mim
R- Tant que règnent sur la terre
Sim Mim Sim Mim
L'injus - tice et la mi - sère
Ré Sol Ré Sol
Nous chanterons à pleine voix
Ré Sol Ré Sol
Dans chaque rue, sous chaque toit
Lam Mim Lam Mim Lam
Que la liber - té, liber - té
Si7 Mim
Pour tout homme est un droit
Si7 Mim
Un droit.

Mim
1- Dans le silence et dans l'oubli
Do
Tu es au bord de la folie
Sol
Mais le goulag où tu te meurs
Fa#7dim Sim Do
Se met à battre à mille cœurs...
Do7m Fa7m Si7
Mil - le cœurs.

2- Un chant s'élève des ghettos
Entendez-vous gronder l'écho
Ce cri de colère et d'espoir
De tous ceux qui ont la peau noire...
La peau noire.

3- Il doit quitter tous ces amis
Laisser sa maison, son pays
Il doit s'enfuit sur un bateau
Vers un rivage sans bourreau...
Sans bourreau.

4- Entre la peur et la violence
On crève de l'indifférence
Un homme est mort sur le trottoir
Il a fait si froid hier au soir...
Hier au soir.

5- Tant que la mer et l'océan
Verront enchaînés leurs enfants
Nous continuerons de chanter
Ce refrain à la liberté...
Liberté.

CHANTE MA VIE

Paroles et Musique : Jean-Claude GIANADDA

R- *Fam* Chante, chante, chante ma vie
Comme un oiseau *Dom* heureux dans le ciel !
Sol7 Danse, danse, danse ma vie
Comme au printemps *Dom* un jour de soleil *Do7*. *(bis)*

1- *Dom* _ Je sais, ma vie, tout n'est pas rose *Fam*
C'est dur quelque *Sib* fois de chanter *Mib*
Quand il n'y a *Dom* que porte close *Fam*
Quand on a envie *Sol7* de pleurer *Dom*.
Mais on a vu dans la tempête *Fam*
Des marins se *Sib7* mettre à chanter *Dom*
Et on sait que *Fam* seuls, les prophètes *Sol7*
Chantent contre vents et marées *Dom*.

2- Quand tu ne vois qu'indifférence
Pauvre chien perdu sans collier
Quand la rose n'a plus d'importance
Que l'essentiel est crucifié.
Tu sais, ma vie, sur cette terre
Un seul soleil peut réchauffer
Alors, ma vie, il faut tout faire
Il y a tant de joie à tout donner !

3- Il faut, ma vie, être lumière
Dans ce monde découragé
C'est quand le phare les éclaire
Que les marins peuvent espérer.
Il faut, ma vie, renaître au monde
Lui ré-apprendre à danser
Il suffirait d'une colombe
Pour que tout se mette à chanter.

DES COULEURS

Paroles et musique :
Jean-Claude GIANADDA

R- *Fa* Des couleurs pour repeindre *Sib* le monde *Fa*
Mille fleurs pour habiller *Sib* la vie *Do7*
Fa Mille fleurs pour dessiner *Sib* la ronde *Fa*
Des couleurs *Do7* de ton cœur, mon ami *Fa*.

1- *Sib* _ Couleurs par milliers *Do* différen *Fa* - tes *Rém*
Sib _ Sachant nous dire l'unité *Do7*
Sib _ Couleurs secrètes *Do*, mais présen *Fa* - tes *Rém*
Sib _ Car l'important c'est d'exister *Do7*.

2- Couleurs qui s'unissent ensemble
Pour inventer d'autres couleurs
Couleurs dont les tons se ressemblent
Qu'on ne perçoit qu'avec le cœur.

3- Couleurs pleines de discordance
Mais qui inventent l'harmonie
Couleur qui sait que sa présence
Est mise au service d'autrui.

4- Couleur que l'on devine à peine
L'essentiel échappe à nos yeux
Couleurs plus vives que fontaine
Seuls les cœurs purs peuvent voir Dieu.

COMME UN RAYON DE SOLEIL

Paroles et musique :
Jean-Claude GIANADDA

Sol Ré
R- Comme un rayon de soleil
Ré7 Sol
Un regard qui s'émerveille
Do Sol
Comme un enfant qui s'éveille
Ré Sol
À la vie, à l'amour, un amour sans pareil.

Mim Lam Ré Sol
1- La vie danse, lorsque l'on aime souvent (souvent)
Mim Lam Mim Si7 Mim Ré7
Le cœur chante, lorsque l'on aime vraiment (vraiment).

2- La vie danse, lorsqu'on oublie souvent (souvent)
Le cœur chante, lorsqu'on aime vraiment (vraiment).

3- La vie danse, lorsqu'on rencontre souvent
La vie chante, lorsqu'on accueille vraiment.

4- La vie danse, lorsqu'on construit souvent
Le cœur chante, lorsqu'on écoute vraiment.

IL EST VENU LE TEMPS

Paroles et musique : Jean-Claude GIANADDA

Fa Do7 Fa Fa7
R- Il est venu le temps de semer sur la terre
Sib Do7
Ce qu'il y a de meilleur au fond de notre cœur.
Fa Rém
Il est venu le temps de porter la lumière
Do Do7 Fa
Et de bâtir à plusieurs.

Fa Fa7
1- Qu'attendons-nous encore pour déchirer nos rôles
Sib Solm
Et prendre un rendez-vous avec la vérité.
Fa Rém
Laissons le bavardage et prenons la parole
Solm Do7 Fa
Allez, allez, on va changer !

2- Qu'attendons-nous encore pour gagner l'accessible
Et briser nos conforts, l'essentiel c'est d'aimer.
Inventons l'espérance et risquons le possible
Allez, allez, on va chanter !

3- Qu'attendons-nous encore pour qu'enfin le mot "frère"
Soit un morceau de pain chaque instant partagé.
Ouvrons notre maison et que l'amour éclaire
Allez, allez, on va danser !

IL SUFFIT D'UNE LARME

Paroles et musique : Jean-Claude GIANADDA

Sim *Mim*
R- __ Il suffit d'une larme pour que pleure le monde
La *Ré*
D'une seule chanson pour le faire danser.
Sim *Mim*
D'une main dans ma main pour commencer la ronde
Fa# *Sim*
Et si nous sommes deux pourquoi pas des milliers ?

Sim *Mim*
1- Viens, ouvre ta porte
La *Ré*
Sors du fond de toi !
Sim *Mim*
Viens, ce que tu portes
Fa# *Sim*
Peut donner la joie.

2- Viens, c'est l'aventure
Pars pour son pays !
Viens, sa voix est sûre
Viens, risquer un "oui" !

3- Viens, puisqu'il t'appelle
Et n'aie donc plus peur !
Viens, cette nouvelle
Peut brûler les cœurs !

4- Viens, poursuis l'histoire
Du livre d'amour !
Viens, cette nuit noire
Peut devenir jour !

LOVE

Paroles et musique :
Jean-Claude GIANADDA

Rém *Solm*
R- Love, c'était son nom
Do *Fa*
__ Love un vagabond
La7
Qui vivait de soleil
Rém
D'espace et de chansons.

Rém *Solm*
1- Il est venu chez nous, guitare en bandoulière
Do *Fa*
Venait d'on ne sait où, il parcourait la terre
La7 *Rém*
Et dans ses longs cheveux, le vent semblait chanter
La7 *Rém*
Tout au fond de ses yeux, dansait la liberté.

2- Il écoutait le vent, les fleurs et les rivières
Jouait comme un enfant, parlait de la lumière
Il partageait ses rir's, ses rêves et ses projets
Et dans chaque sourire, dansait la liberté.

3- Il est parti un jour, nul ne sait où il est
Au pays de l'amour, tu peux le rencontrer
Et dans notre maison, il nous aura laissé
Avec quelques chansons, un peu de liberté.

METS DANS TES MAINS

Paroles et musique :
Jean-Claude GIANADDA

Mi *La* *Si7*
R- Mets dans tes mains un peu de joie
Mi *Do#m*
Mets dans ton cœur un peu d'amour
Si7
Mets dans tes yeux un peu de vie
Mi *Mi7*
Viens partager et chanter avec nous.

Mi *La* *Mi*
1- Même si tu connais _ des jours de solitude
Si7 *Mi*
Si l'ami attendu ce soir ne viendra pas
Mi *La* *Mi*
Même si tu connais _ la peur, l'incertitude
Si7 *Mi*
Sais-tu que quelque part, on a besoin de toi.

2- Si l'instant est trop long, si trop lourd est le doute
Et si tu ne sais plus, ni comment, ni pourquoi
Même si tu ne vois plus où t'emmène la route
Sois sûr que quelque part, on a besoin de toi.

3- Même s'il faut partir, s'arracher à soi-même
Si pour aller plus loin, il faut sortir de soi
S'il faut mourir un peu en quittant ceux qu'on aime
Allez, viens, quelque part on a besoin de toi.

4- Sur le même bateau, nous hisserons la voile
Le temps est incertain, qu'importe on est tous là
Tu accrocheras bien ton cœur à une étoile
Regarde, c'est devant qu'on a besoin de toi.

RÊVE D'UN MONDE

Paroles et musique :
Jean-Claude GIANADDA

Mi
R- J'ai fait le rêve d'un monde
Si7 *Mi*
Monde plus beau à faire ensemble
Mi *Si7* *Mi*
Rêve d'un monde, monde nouveau.

La
1- Aimer la vie, aimer ensemble
Si7 *Mi*
Créer la vie, créer ensemble
La
Donner sa vie, donner ensemble
Si7
Aimer la vie, toujours risquer sa vie
Pour un monde plus beau.

2- Changer nos cœurs, changer ensemble
Vivre meilleur et vivre ensemble
Chasser la peur, chasser ensemble
Changer nos cœurs, toujours vivre meilleurs
Pour un monde plus beau.

3- Payer de soi, payer ensemble
Risquer de soi, risquer ensemble
Chercher en soi, chercher ensemble
Payer de soi, toujours risquer de soi
Pour un monde plus beau.

4- Faire un chemin, le faire ensemble
Tendre la main, la tendre ensemble
Changer matin, changer ensemble
Faire un chemin, toujours tendre la main
Pour un monde plus beau.

TOI L'INCONNU QUI ME RESSEMBLE

Paroles et musique :
Jean-Claude GIANADDA

La Mi7
R- Toi l'inconnu qui me ressemble
Ré La
Puisque nos pas se sont croisés
Ré La
Pourquoi n'irions-nous pas ensemble
Mi7 La
Sur les chemins de l'amitié
Mi7 La
Sur les chemins de liberté ?

Fa#m Sim
1- Je t'apprendrai l'eau des rivières
Ré Mi7
Et l'espérance du matin
La
Le vent, la fleur et la lumière
Mi7
À la croisée de nos chemins
La
À la croisée de nos chemins.

2- Tu m'apprendras ce qu'est le monde
Le secret de chaque saison
Quand différentes elles se confondent
À la croisée de nos chansons. *(bis)*

3- Nous habiterons la rencontre
Tu seras l'aube et moi le jour
L'eau et la soif viendront se fondre
À la croisée de notre amour. *(bis)*

4- Nous ferons une vie nouvelle
Un demain plus beau qu'aujourd'hui
Nous ferons une terre plus belle
À la croisée de notre vie. *(bis)*

TOUS NOS AMIS

Paroles et Musique :
Jean-Claude GIANADDA

La Mi
R- Tous nos amis, tous nos "je t'aime"
La Mi
_ Tous nos projets, nos souvenirs
Si7 Mi
_ Tous nos printemps, tous nos poèmes
Si7
Et nos hivers, peut-être même
Mi
Feront un plus bel avenir.

Mi
1- _ Même s'il n'y avait plus d'étoile
Pour nous amener à bon port
La Mi
_ Même s'il n'y avait plus de voile
Si7
Sur ce bateau qui perd le nord
Mi
Tu pourrais me chanter encore.

2- Même s'il n'y avait plus de rose
Dans ce jardin si piétiné
Même s'il n'y avait plus grand chose
Que ce spectacle désolé
Tu pourrais encore me chanter.

3- Et s'il n'y avait plus de prophète
Pour nous montrer encore le ciel
Dans ce bastringue, plus de fête
Ni de ferment, ni goût de sel
S'il te plaît, chante cet appel.

UN AMI

Paroles et musique :
Jean-Claude GIANADDA

Fa Do7 Fa
R- Un ami pour inventer la rou - te
Do7 Fa
Et garder la chaleur de sa main dans ma main
Do7
Un ami pour rester à l'écoute
Fa Do7 Fa
Et pour suivre avec lui le chemin.

Sib Do7 Fa
1- Un ami pour chanter comme l'on veut chanter
Do7 Fa
Lorsque l'on est aimé pour de vrai
Sib Fa
Un ami pour donner comme l'on veut donner
Do7 Fa
Lorsque l'on est aimé pour de vrai.

2- Un ami qui comprend à temps et contretemps
Et toujours nous apprend le présent
Un ami confident, aussi fort qu'un serment
Le regard beau d'un enfant, un printemps.

3- Un ami de valeur, comme un révélateur
De c' qu'il y a de meilleur dans ton cœur
Un ami, un semeur, le chant d'un bateleur
Un matin prometteur du bonheur.

4- Un ami pour choisir, pour bâtir et fleurir
Une clé pour ouvrir l'avenir
Un ami pour partir, même s'il faut mourir
Puisque c'est pour servir et grandir.

LAURENT GRZYBOWSKI

GÉNÉRATION ÉNERGIE

Paroles et musique : Laurent GRZYBOWSKI

Capo I

R-
Sol Ré Mim
Ma Génération, c'est énergie
Sol Ré
Une chanson, un cri d'espoir
Mim Sim
Qui veut aussi écrire l'histoire
Do Ré Sol
Ma Génération, c'est énergie. _

1-
Sol Ré Do Ré
C'est pour nous une chance de regarder devant
Mim Do Lam Ré
De vivre au temps présent le temps de ce voyage
Sol Ré Do Ré
Dans une galaxie d'images et de sons.

2- S'éclater à travers la musique et la danse
Longues nuits sans sommeil pour des jours sans réveil
On se refait aussi un morceau d'existence.

3- Quitter enfin ses rêves pour mieux entrer dedans
La tendresse peut aussi envahir nos seize ans
Pour vivre l'un et l'autre, on va prendre le temps.

4- Vivre le quotidien des jours qui se ressemblent
C'est déjà effacer le temps qui est derrière
Tout est à inventer, changeons les habitudes.

5- Donner ses différences, refuser les modèles
Pour la génération qui est déjà demain
C'est à nous aujourd'hui d'écrire cette chanson.

GÉNÉRATION SANS FRONTIÈRES

paroles :
Laurent GRZYBOWSKI,
Jean-Yves GALL
et 3000 jeunes
de "Strasbourg 88"
Musique :
Sophie GALL
et Patrick RICHARD

R-
La Mi Fa#m Do#m
Nous serons l'Europe sans frontiè - res
Ré La Sol Mi7
Nous serons l'Europe de demain. _
La Mi Fa#m Do#m
Nous serons l'Europe sans frontiè - res
Ré La Mi La La7
Nous serons l'Europe de demain. _

1-
La Mi Fa#m
_ Comme l'aurore à l'horizon
Ré Sim7 Mi Mi7
_ Un grand espoir naît dans les cœurs _
Ré Sim La
_ Un continent choisit l'union
Ré Mi
Et tout entier rêve au bonheur.

2- Comme la paix de la colombe
Il est temps de jeter des ponts
Nous bâtirons un autre monde
Une nouvelle génération.

3- Comme un grand vent de liberté
Les droits de l'Homme restent fragiles
Chacun de nous peut s'engager
Nouveau témoin de l'Évangile.

4- Comme un village d'abondance
Tant de pays, tant de nations
Sont riches de toutes leurs différences
Chacun porte sa tradition.

5- Comme un mendiant attend du pain
Des peuples cherchent un passage
Pour tracer leur propre chemin
Nous inventerons le partage.

6- Comme au premier cri de la vie
L'histoire nous donne rendez-vous
Notre avenir c'est aujourd'hui
Nous nous mettons déjà debout.

NOËL EN NOVEMBRE

Paroles et musique : Bernard HAILLANT

Sol Do Rém7 Sol Lam7 Sol7
— — — — — —

Do Sol Do Sol
1- Hélas c'était novem - bre
Do Sol Do Sol
Bien avant la Noël _
Do Sol Lam
Juste au début du mois
Sol Ré Sol
Avant qu'il ne fit froid
Lam Sol Do
Hélas c'était novembre
Sib La7 Rém
Chrysanthèmes à la une
Solm7 Fa Sib
Du temps que la Toussaint
La
Astique un peu ses saints
De marbre
Sib La7 Rém
Avant que les vitrines
Solm Fa Sib
Retroussant cotillons
Solm7 Do Fa
Montrassent ces dessous
Do7 Fa
Qu'à genoux on dénoue.

2- Notez qu' les p'tits, les grands
Ils s'en battraient les choses
Si dans ces falbalas
Leurs doigts ne trouvaient pas
Tous ces trains électriques
Et chapeaux de Zorro
Petit's boîtes à musique
Admirables autos
Poupées
Gonflables et sympathiques
Qui, de leurs gros sabots
Bottent le cul des pauvres
Noël, Noël, bravo !

3- Hélas c'était novembre
Impôts juste payés
Les enguirlandations
Pas encore connectées
Et voici que, surprise
Enfer et damnation
Outrage et déshonneur
Voici le bras d'honneur
Le pied-
De-nez, suprême entorse
Aux règles de l'Avent
Sans crèche et ses chanteurs
Noël mit bas l'enfant.

4- Un enfant sur le pouce
Un enfant d'avant-soldes
Un Jésus qu'est brouillé
'Vec son calendrier
Un p'tit dieu sur son âge
En avance, et voilà
Pleurez petits souliers
Les sapins sont sur pied
La dinde
Aura donc la vie sauve
Et comme ils sont très vieux
Le bœuf et l'âne gris
Pourront souffler un peu.

5- Ne carillonn'ra pas
Le chœur des tiroirs-caisse
Pas plus que les plateaux
Tintant à la grand-messe
Éteignez vos bougies
C'est fait de vous marchands !
Merci seigneur de nous
Délivrer des joujoux
Ainsi
Soit-il, papa Noël
Comme y'en a ras la hotte
Filez au paradis
Voir si des fois j'y suis !

Voyons petit' fillette
Faut pas pleurer pour ça
T'auras ta bicyclette
Quand nouvel an viendra...

PETIT ARLEQUIN

Paroles et musique : Bernard HAILLANT

Do Sol
R1- Ce matin
Mi7 Lam
Petit arlequin
Si Fam5-
Pâle et sans entrain
Sol Sol7
Comme un jour sans pain
Do Sol
Ce matin
Mi7 Lam
Petit arlequin
Si Fam5-
Miséreux pantin
Mi7 Lam
Chantait son chagrin.

Sol Do La Rém
1- Qui m'a fait si mauvaise mine
Do Fa Mi7 Lam
D'un coup de crayon sur mes mots d'amour ?
Fa Mim Si7 Rém Sol7
Qui t'a fait si mauvaise mi - ne ?

R2- Dis-toi bien
Petit arlequin
Y a des gens de bien
Qu'ont le cœur hautain
Dis-toi bien
Petit arlequin
Y a des bons à rien
Qu'iront très loin.

2- Qui a mangé mon blé en herbe,
Ce blé sur ma vie semé tendrement ?
Qui a mangé ton blé en herbe ?

R3- Dis-toi bien
Petit arlequin
Y a des gens de bien
Qui envient ton pain
Dis-toi bien
Petit arlequin
Y a des bons à rien
Qu'iront très loin.

3- Qui a bien pu fermer la cage
Sur mon bel oiseau prêt à s'élancer ?
Qui a bien pu fermer la cage ?

R4- Dis-toi bien
Petit arlequin
Y a des gens de bien
Qui te tiennent en main
Dis-toi bien
Petit arlequin
Y a des bons à rien
Qu'iront très loin.

4- Mais qui a bien pu ronger la corde
Sur laquelle alors tu funambulais ?
Qui a bien pu couper la corde ?

R5- Ce matin
Petit arlequin
Quelques bons à rien
Sont allés trop loin
Ce matin
Petit arlequin
Y a des gens très bien
Qu'ont du sang aux mains.

Et le p'tit chanteur
A perdu son cœur.

ALLEZ CHANGER VOS TÊTES

Paroles : Jean DEBRUYNNE
Musique : Jean HUMENRY

JEAN HUMENRY

Ré
R- Allez changer vos têtes
Sol Ré
Et entrez dans la fête
Fa#m Sol
On n'attend plus que vous
La
On vous cherche partout
Sol Ré
On vous cherche partout.

Ré La Ré
1- Un soleil sur le toit jouera du violoncelle
Fa#m Sol La
Et l'on verra le froid prisonnier de son puits
Sol Ré Sol La
Tourner la manivelle qui ouvre l'appétit
Sol La Ré Sol La Ré
Savez-vous la nouvelle, le vieux monde est fini.

2- Un poisson dans le ciel jouera du saxophone
Pour quatre colonels qui, faute d'ennemis
S'enfuient du Pentagone que l'herbe a envahi
Et qui donc s'en étonne, le vieux monde est fini.

3- Une étoile en papier avec sa clarinette
Fleurira le quartier du nom de mes amis
Sortez de leur cachette vos deux yeux éblouis
Écoutez la trompette, le vieux monde est fini.

4- Un coup de poing du vent jouera de la grosse caisse
Et les enfants devant seront très applaudis
Ouvrant avec adresse la s'maine des quat' jeudis
Venez à la kermesse, le vieux monde est fini.

C'EST UNE ESPÉRANCE

Paroles et musique :
Jean HUMENRY

Mi Fa#m Si7 Mi
R- C'est une espérance qui vient dans le froid d'un soir
Mi Fa#m La Si
C'est une espérance jaillie du brouillard
Mi Fa#m Si7 Mi
C'est une espérance qui bondit de cœur en cœur
Mi Fa#m Si7 Mi
C'est une espérance qui efface nos peurs.

Do#m Sol#m La Mi
1- Dressez-vous tous les boiteux, _ les petits, les miséreux
Fa#m Sol#m La Si
_ Un soleil va _ se lever, _ qui vient tout changer
Do#m Solm La Mi
Le temps qui s'est arrêté, _ à l'heure où l'enfant _ est né
Fa#m Sol#m La Si
_ Remet les choses à l'endroit, et le mendiant devient roi.

2- Levez-vous les amoureux, assoiffés et ventres creux
Chacun sera rassasié, le vin va couler
C'est la fête de la vie, chacun sera bien servi
Vous n'attendrez plus jamais devant des portes fermées.

3- Venez les marchands de paix, quelqu'un vient vous écouter
Vous portez la vérité, c'est le temps d'aimer
La parole est arrivée à bousculer les idées
Les poings ne sont plus serrés, ni les visages fermés.

ECCLÉSIASTE
(PRENDS LE TEMPS)

Paroles et musique : Jean HUMENRY

Mim Si7
R- Prends le temps, écoute un peu le vent
Mim Si7
Prends le temps de poursuivre le vent
Do Ré Sol Lam Si7 Mim
Encore un peu de temps et tu n'auras plus le temps
Do Ré Sol Lam Si7 Mim
Encore un peu de temps et tu n'auras plus le temps.

Mim Si7
1- Le temps de remonter le temps
Mim Si7
Le temps de retrouver l'enfant
Do Ré Sol
L'enfant qui n'était pas parfait
Si7
Mais qui savait rêver.

2- Le temps de compter jusqu'à deux
Le temps de regarder ses yeux
Ses yeux trop pleins d'immensité
Qui gardent leur secret.

3- Le temps de vivre sans détour
Le temps de vivre par l'amour
L'amour qui reste à inventer
Comme ta liberté.

J' COURS DANS MA TÊTE

Paroles : Jean HUMENRY
Musique : Jean HUMENRY et Franck THOMAS

Sol Ré Mim Ré
1- Depuis plus de vingt ans, dans ma chaise à moteur _
Sol Ré Mim
J'ai quand même gardé le cœur à la hauteur des fleurs
Do Sol
Ah ! ça, j'aime bien ma ville, mais j'aime pas ses trottoirs
Lam Do Ré Do
Vu que mes roues de d'vant, elles en ont vraiment marre _
Chacun sur cette terre a sa part de malheur
Y'a ceux qu'ont pas d'argent, les autres c'est leur couleur
Moi, mes jambes sont sans vie, j'ai jamais pu marcher
Mais j'aime tell'ment la vie, que j' m'y suis accroché.

Do Sol Ré7 Sol
R- Alors je cours, je cours, je cours,
Do Sol Lam Ré
Je cours dans ma tête à en mourir
Do Sol Ré7 Sol
Alors je cours, je cours, je cours,
Do Sol Ré Sol Do Sol Do
Je cours dans ma tête à en mourir. _ _ _

Suite... ▷

(suite et fin)

2- Le plus dur c'est l' matin, j'aime pas me réveiller
Souvent dans mon sommeil, je rêve que je marchais
Que je suis sur une plage avec un cheval noir
Entr' la mer et les vagues il y a cette fille du square
J' la vois de ma fenêtre vers cinq heures quand elle sort
J'arrête de souder mes circuits d' transistors
Je la regarde longtemps jouer avec son chien
Les jours où elle vient pas j'ai peur, j' me sens pas bien.

3- Tous les samedis, les copains viennent me voir
On joue à la belote, on fait de la guitare
Quelqu'fois le père d'Antoine nous prête sa voiture
On va se promener près d' la montagne de Lure
J' reste au bord d' la rivière quand les autres vont s' baigner
Avec ma canne à pêche j' vois pas le temps passer
Les dimanches, en hiver, on va au cinéma
Comme y'a des escaliers, ils me portent dans leurs bras.

Je m' dis qu'un jour prochain dans le gouvernement
Il y aura un ministre dans un fauteuil roulant
Qui f'ra voter une loi par tous les députés
Pour qu' les boutons des ascenseurs, je puisse les appuyer.

R- Tu vois qu' je cours, je cours, je cours
Je cours dans ma tête à en mourir
C'est vrai qu' je cours, je cours, je cours
Je cours dans ma tête à en mourir.

LA ROUTE EST COURTE

Paroles et musique : Jean HUMENRY

Fa Solm Do7
R- La route est courte _
Fa
Ce s'rait dommage
Rém Sib6 Do Fa
_ De se croiser sans s' regarder
Solm Do7
La route est courte _
Fa
Ce s'rait dommage
Rém Sib6 Do Fa
De se croiser sans s' rencontrer.

La7
1- J'ai longtemps marché
Rém
Avec les yeux sur mes souliers
Sib Do
_ J'étais un étranger
Do7 Fa
_ Quand tu m'as dérangé.

2- Toi, je te connais
Dis-moi où s'est-on rencontré
Au bord de quel chemin
Au fond de quel jardin ?

3- Je t'ai reconnu
Après un long temps de chemin
Au geste de tes mains
Quand tu as pris le pain.

LIBRES D'AIMER ET DE VIVRE

Paroles : Jean DEBRUYNNE
Musique : Jean HUMENRY

Ré Sol Ré La
R- Libres, li - bres, libres d'aimer et de vivre
Ré Sol Ré La Ré
Libres, li - bres, libres d'aimer et de vi - vre.

Ré Sim
1- Venez les amoureux
Sol La
Flibustiers et poètes
Ré Sim
Compagnons chaleureux
Sol La
On va faire une fête.
Ré Sol
Venez ! c'est aujourd'hui
Ré La
Que j'enterre mon fusil.

2- Venez, tous les copains
Venez porter en terre
Le cercueil en sapin
De mon fusil de guerre.
Venez...

3- Pour son dernier sommeil
Venez qu'on le dépose
Fleurissant de soleil
Et pavoisant de roses.
Venez...

4- Il vaut mieux, les amis
Aller au cimetière
Enterrer son fusil
Que d'enterrer ses frères.
Venez...

OUVRE TES VOLETS

Paroles et musique : Jean HUMENRY

Capo I

Sol Lam Si
R- Ouvre tes volets _
Lam
J'ai une bonne nouvelle
Sol Lam Sim
Qui vient d'arriver _
Lam
Ouvre tout grand tes oreilles
Do Si7 Mim Sol Do
Il faut te lever. _ _

Sol Do Sol
1- _ Lave ta maison _
Do
Mets des fleurs devant la porte
Sol Do Sol
_ Prépare des chansons _
Do
Aujourd'hui la mort est morte
Lam Sim Do
_ C'est un jour de fête _
Ré Sol La Sim Do
C'est un jour de vie. _ _ _ _

Ad lib.-

2- Tu ne peux plus rester
Coincé dans tes habitudes
Trop bien installé
Dans tes vieilles certitudes
Il te faut renaître
Aux jours de l'été.

3- À tous tes voisins
Il faut dire la nouvelle
Aime ton prochain
Aime-le comme toi-même
Vivez ma parole
Alors vous vivrez.

QUE TU SOIS BLANC, QUE TU SOIS NOIR

Paroles et musique :
Jean HUMENRY

Avec l'autorisation des Éditions Musicales FLEURUS/ AUVIDIS.

R- *Ré*
Que tu sois blanc
Mim
Que tu sois noir
La7 Ré
T'as les yeux couleur de l'espoir
Ré7 Sol
Et tu travailles à ta façon
Ré Mim La
_ Pour changer le monde
Ré
Que tu sois blanc
Mim
Que tu sois noir
La7 Ré
T'as les yeux couleur de l'espoir
Ré7 Sol
Et tu travailles à ta façon
Ré La Ré
Pour éclairer l'horizon.

1- *Sol Ré*
Tu vis au Sud ou bien au Nord
La Ré
Dans la misère, dans le confort
Sol Ré
Tu n'emploies pas les mêmes mots
Mim La
Mais ça r'vient au _ même
Mim La
Quand tu dis _ "je t'aime."

2- Dans ton quartier, dans ta cité
Y a des enfants à rencontrer
Alors tu rêves d'inventer
Tout autour du monde
Une immense ronde.

3- En Amérique ou en Asie
Ils ont tous les mêmes soucis
Vivre la vie dans l'amitié
Lire le partage
Sur tous les visages.

UN VENT DE LIBERTÉ

Paroles : Jean DEBRUYNNE
Musique : Jean HUMENRY

R- *Sol Mim*
Un vent de liberté, un vent de liberté
Do Ré Sol Ré
Un vent de liberté vient de souffler. _
Sol Mim
Un vent de liberté, un vent de liberté
Do Ré Sol
Un vent de liberté vient de souffler.

1- *Sol Si7*
Venez et vous verrez tous les regards en fleurs
Do Ré
Paris au beau milieu d'un pré, la vie toute en couleurs
Sol Do Sol Do Ré
Quand la liberté, quand la liberté nous ouvrira les mains.

2- Venez et vous verrez tous les yeux éblouis
Devant les tartines beurrées des enfants réjouis
Quand la liberté, quand la liberté aura chassé la faim.

3- Venez et vous verrez, nous ferons le beau temps
La paix vient d'être déclarée, l'amour vient en chantant
Quand la liberté, quand la liberté sortira du tombeau.

CÉCILE ET JEAN-NOËL KLINGUER

L'ESPRIT DE FÊTE

Paroles et musique : J.-N. KLINGUER

R-
Fa Do Sib Do Fa Rém Solm
L'esprit de fête é - cla - tera dans nos mains
Do Fa
Dans nos yeux, dans nos cœurs
Fa7 Sib Do Fa
Et nous verrons notre terre
Rém Solm Do Fa
Fleurir d'amour sous le soleil.

1-
Sib Do Fa La Rém
Il suffirait d'un arc - en - ciel
Solm Do
Pour faire chanter l'enfant
Rém Sib Do Fa
Il ne faudrait qu'un brin d'amour
Solm Do
Pour se donner la paix.

2- Il suffirait d'un peu de cœur
Pour faire germer le grain
Il ne faudrait que le printemps
Peut-être aussi le vent.

3- Il suffirait d'un peu d'espoir
Pour faire grandir l'amour
Il ne faudrait que nos deux mains
Pour partager le pain.

4- Il suffirait de quelques mots
Pour faire danser la joie
Il ne faudrait que des chansons
Pour fredonner ton nom.

JOHN LITTLETON

VA PLUS LOIN

Paroles : Michel PROPHETTE
Musique : Michel PROPHETTE et John LITTLETON

R-
Sol Do Sol Ré Sol
_ Va plus loin, va plus loin, même si tu te crois arrivé
Sol Do Sol Ré So
Va plus loin, va plus loin, le voyage est à peine commenc
Do Sol
Et la route est encore longue
Do Sol Ré7 Sol
Vers la fraternité et l'horizon de l'amitié.

1-
Sol Do Sol
Viens, suis-moi mon ami, n'aie pas peur
Ré Do Ré
Même si l'obscurité nous aveugle
Sol Sol
Je suis là et je marche avec toi
Ré Do Ré
Ensemble nous irons, l'espoir au fond du cœur
Do Sol
Car au bout de nos pleurs
Do Sol
Et au bout de nos peines
Sol Do Ré Sol Do
Il y a la lumière tout au bout du chemin. _

2- Je suis là, mon ami, près de toi.
Même si tu redoutes d'être seul
Je suis là et je marche avec toi.
Je te donne la main pour aller sans faiblir
Et la joie dans le cœur
Va, regarde plus loin
La lumière promise est au bout du chemin.

3- Va plus loin, mon ami, va toujours
Au-delà de la terre et de la mer
Au-delà de toi-même et de tout.
Si tu donnes la joie par le bien que tu fais
Tu trouveras la joie par ce bien que tu fais
En semant la lumière tout au long du chemin.

MANNICK

BERCEUSE POUR UN PETIT ENFANT À NAÎTRE

Paroles et musique : MANNICK

Sol Ré Mim Do Ré
R- Reste _ au creux de moi, mon enfant mon tout-petit
Sol Ré Mim Do Ré
Reste _ au creux de moi, le voyage n'est pas fini.

Mim Do Lam
1- Je sens que tu es là, enveloppé de nuit
Ré7 Sol
J'écoute sous mes doigts mon ventre qui frémit
Mim Sim
Je ne sais pas encore où cognera le fruit
Do Ré
Ni le cri de mon corps, en m'arrachant ta vie.

2- Je suis ton horizon, ta bouche et ta chaleur
Ma plus belle chanson, c'est le pas de ton cœur
Et quand revient le soir, tu m'offres la douceur
De tes sursauts bavards, et je t'apprends par cœur.

3- Tu glisses à travers moi jusqu'à l'orée du jour
Où tu t'échapperas à force d'être lourd
Tu es le prisonnier de mon toit de velours
Et je ne peux manquer ton rendez-vous d'amour.

Refrain final-
Reste au creux de moi, mon enfant mon tout-petit
Ré Sol
Reste au creux de moi, le voyage n'est pas fini.

Avec l'autorisation de MANNICK.

C'ÉTAIT TOI GRAND-PÈRE

Paroles et musique : MANNICK

La Ré Mi Fa#m Do#m
R- Maintenant je m'en souviens c'était toi grand-père
Ré La Si7 Mi
Qui me conduisais sur le chemin
La Ré Mi Fa#m Do#m
Maintenant je m'en souviens c'était toi grand-père
Ré La Si7 Mi
Qui venais me prendre par la main.

Fa#m Ré Mi La Do#7
1- Mais je ne savais pas que toute mon enfan - ce
Fa#m Sim Do#7 Fa#m Mi7
Était restée là-bas au pays des vacan - ces
Fa#m Ré Do#m Fa#m Mi
Abritée sous le toit d'un petit coin de Fran - ce.

2- Tous les contes de fées qui dorment dans ma tête
Tu me les as donnés comme un cadeau de fête
Lorsque les soirs d'été tu devenais poète.

3- Au temps des premiers pas tu te faisais patience
Tu m'apprenais la vie comme on apprend la danse
C'est vrai qu'auprès de toi j'avais beaucoup de chance.

4- Mais quand tu es parti sur ton bateau de pierre
Ce jour-là j'ai compris qu'en fermant tes paupières
C'est tout mon paradis que l'on a mis sous terre.

Avec l'autorisation de MANNICK.

LA VIE EN TOI

Paroles et musique : MANNICK

La Ré La
1- __ Sais-tu qu'il faut beaucoup de temps
Ré La
Beaucoup de soleil et d'eau vive
Ré La
Pour qu'un beau jour tu arrives
Sol Mi
À être grand ? __

Fa#m Mi Fa#m Mi La
R- Je te dirai, je t'ap - pren - drai
Ré La Sol Mi
__ Tout ce qui vit au fond de toi __
Fa#m Mi Fa#m Mi La
Je te dirai, je t'ap - pren - drai
Ré La Sol Mi
__ Tout ce que toi tu ne sais pas __
Ré Mi La
__ Tout ce que toi tu ne sais pas.

2- Sais-tu le nom de ce qui bat
Tout doucement dans ta poitrine
Un joli nom qui tambourine
À petits pas ?

3- Sais-tu pourquoi, sais-tu comment
L'air et le vent que tu respires
Te font grandir et sourire
À chaque instant ?

Avec l'autorisation de MANNICK.

DÉCHAÎNE TON CŒUR !

paroles : MANNICK
musique : Jo AKEPSIMAS

Mim Si7 Do
1- Si tu t'es noyé dans ton miroir
Fa#m7 Sim Sol
À force de penser à toi
Mim Si7 Do
Si l'amour est mort __ dans ton regard,
Fa#m7 Sim Sol
À force de n'aimer que toi !
Si7 Sol Ré Mim Sim
Tu verras le désert te gagner, pas à pas
Sol Ré Mim Sim7
Tu sentiras l'hiver au plus profond de toi !

Mi Si7 La Mi
R- Raccroche __ il est encore temps !
Si7 La Mi
Tu marches __ et tu es vivant
Si7 Mi Fa#m Si7
C'est parti pour le bonheur, déchaîne ton cœur ! (bis)
Si7 Mi
Déchaîne ton cœur !

2- Depuis tant de mois que tu attends
Devant les portes du travail
Tu entends des mots désespérants
Qui te lézardent et qui font mal
Tu broies dans le noir des moments de ta vie
Quelques miettes d'espoir qu'il te reste aujourd'hui !

3- Combien de soleils, combien de nuits
Ont défilé dans ta prison ?
Depuis que le temps te crucifie
Aux quatre murs de l'horizon
Prisonnier d'un passé qui détruit ton chemin
Tu voudrais t'envoler, sans mémoire, un matin !

4- Tu n'as rien mangé depuis longtemps
Que des racines sans saveur
Tu voudrais arracher tes enfants
À la famine, à la douleur
Mais tu sais que là-bas, dans un autre pays
Ceux qui luttent pour toi, sont déjà tes amis !

FILLE MÈRE

Paroles et musique : MANNICK

Sol La Ré Mim
1- Non, je ne t'ai pas désiré, je n'ai pas voulu que tu viennes
Sim Ré Sol
Il a suffi qu'un jour on s'aime, _ et tu es venu t'annoncer
La Ré Mim
Je n'avais même pas vingt ans, et tu as forcé mon passage
Sim Ré Sol
En moi s'est forgée une ca - ge, demain j'allais être maman.

Dom Fa Sib Fa Solm
R- On m'a donné le nom de "fille-mè - re"
Do Mib Sib Fa Solm
Une façon polie de me montrer du doigt
Dom Fa Sib Fa7 Solm
De me jeter la pierre avec des gants de soie
Do Mib Fa7 Sib Ré7
Je n'ai pas de mari et tu n'as pas de pè - re !

2- Non, je ne t'ai pas désiré, mais prise au piège d'ignorance
Entre ma peur et ton silence, je n'ai pas su te refuser
Quand le mépris parle tout fort, si tu savais ce qu'il en coûte
D'angoisses folles et de déroutes, d'oser n'avoir aucun remords.

3- Non, je ne t'ai pas désiré, mais quand tu as voulu paraître
Je t'ai donné le temps de naître, pour me laisser le temps d'aimer.
Sur ta frimousse de bambin, j'ai retrouvé le goût du rire
Et maintenant je peux le dire, vraiment je ne regrette rien.

Coda-
Je garderai le nom de "fille-mère"
Et mon enfant saura, qu'envers et contre vous
J'ai tenu bon pour lui et si j'en ai le goût
Sib Ré7 Solm
Rien ne m'empêchera de lui donner un pè - re.

vec l'autorisation de MANNICK.

GARDER SA TERRE AU BRÉSIL

Paroles et musique : MANNICK

Mim Ré
1- Ils ont trouvé la terrre abandonnée dans son sommeil
Do Mim
Une portion de terre entrebâillée sous le soleil.
Ré
Ils ont creusé longtemps avec leurs ongles, avec leurs mains
Do Ré Mim Ré Do Ré Mim
Le cœur aiguillonné par des enfants qui avaient faim.

Sol Ré Mim Do Ré Mim
R1- Garder sa terre _ est difficile, quand il faut survivre au Brésil.
Sol Ré Do Sim Mim Sim Mim
Garder sa terre est diffici - le, quand il faut survivre au Brésil.

2- Quand le sol a donné de quoi sortir de la misère
Aux maigres héritiers de ce qui fut un champ de pierres
Les gros propriétaires se sont déclarés brusquement
Possesseurs titulaires appuyés du gouvernement.

R2- Garder l'espoir est difficile, quand l'argent ripaille au Brésil. (bis)

3- J'entends battre le cœur du paysan et de sa terre
À l'heure de vendanger les raisins noirs de la colère
Ensemble ils ont choisi d'affronter même les soldats
Quand ceux-là sont venus pour les priver de tous leurs droits.

R3- Se taire encore est difficile, quand on emprisonne au Brésil. (bis)

R4- Se taire encore est difficile, sur ce qui se passe au Brésil. (bis)

Avec l'autorisation de MANNICK.

JE CONNAIS DES BATEAUX

Paroles et musique : MANNICK

Sol — Lam
1- Je connais des bateaux qui restent dans le port
Ré7 — Sol
De peur que les courants les entraînent trop fort
Mim — Lam
Je connais des bateaux qui rouillent dans le port
Ré — Sol
À ne jamais risquer une voile au dehors.

Mim — Sim
Je connais des bateaux qui oublient de partir
Lam — Ré7 — Sol
Ils ont peur de la mer à force de vieillir
Mim — Sim
Et les vagues, jamais, ne les ont séparés
Lam — Ré7 — Sol
Leur voyage est fini avant de commencer.

Mim — Do
Je connais des bateaux tellement enchaînés
Lam — Ré7 — Sol
Qu'ils en ont désappris comment se regarder
Mim — Sim
Je connais des bateaux qui restent à clapoter
Do — Lam — Ré7 — Sol
Pour être vraiment sûrs de ne pas se quitter ! __

2- Je connais des bateaux qui s'en vont deux par deux
Affronter le gros temps quand l'orage est sur eux
Je connais des bateaux qui s'égratignent un peu
Sur les routes océanes où les mènent leurs jeux.

Je connais des bateaux qui n'ont jamais fini
De s'épouser encore chaque jour de leur vie
Et qui ne craignent pas, parfois, de s'éloigner
L'un de l'autre un moment, pour mieux se retrouver.

Je connais des bateaux qui reviennent au port
Labourés de partout mais plus graves et plus forts
Je connais des bateaux étrangement pareils
Quand ils ont partagé des années de soleil.

3- Je connais des bateaux qui reviennent d'amour
Quand ils ont navigué jusqu'à leur dernier jour
Sans jamais replier leurs ailes de géants
Parce qu'ils ont le cœur à taille d'océan !

ON M'AVAIT DIT

Paroles et musique : MANNICK

Rém Sib
1- On m'avait dit de te parler
Do Rém
Avec des mots de grand seigneur
Sib
Ceux que l'on dit agenouillé
Do7 Fa
Des mots qui font froid dans le cœur
Ré7 Solm
On m'avait dit de t'approcher
La7 Rém
Comme si tu me faisais peur
Sib
On m'avait dit de te parler
Lam Rém
Avec des mots de grand seigneur.

Fa Do Fa Sol Sib
R- Mais un jour, un jour, j'ai traversé les livres
Do Fa Rém Lam
J'ai bousculé les mots, mais un jour, un jour
Sib Fa Solm La7
J'ai choisi l'autre rive et j'ai changé de bateau
Fa Do Rém La7
Comme la brise dans mes voi - les
Sib Fa Sol La
Comme tempête sur ma vie
Do7 Fa Do Rém La7
_ Comme le feu dans les étoi - les
Sib Solm Do7 Fa
Tu ne me laisses aucun répit.

2- On m'avait dit de te savoir
Comme l'on sait une leçon
Sur le cahier de mes devoirs
J'avais appris l'obligation
On m'avait dit le blanc, le noir
Le temps du oui, le temps du non
On m'avait dit de te savoir
Comme l'on sait une leçon.

POUR ANTOINE

Paroles et musique : MANNICK

Capo II

Sol Ré
1- Te voilà entre nous, on ne t'attendait plus vraiment
Do Mim
Te voilà tout à coup, tu es notre premier enfant
Do Sim Mim
Tu n'es pas venu par le chemin prévu
Sim Lam Ré7
_ Mais si tu savais, combien tu nous manquais !

Te voilà entre nous, et tu as presque un an déjà
Te voilà tout à coup mais tu ne nous ressembles pas
Dans moins d'une année, quand tu sauras parler
Tu nous donneras le nom que tu voudras !

Si7 Mim Ré7 Sol
R- Écoute bien petit, toi qui bouscules notre vie _
Fa#7 Sim
Pour l'habiller d'un grand bonheur
Ré7
À chaque pas
Sol Si7 Do
Souviens-toi, dans la brume de tous les jours
Ré4 Ré7 Sol
Que tu es là, à force d'un amour.

2- Tu es là maintenant sous le toit de notre maison
Tu es là pour longtemps et tu vas prendre notre nom
Nous ne voulons pas t'enfermer dans nos bras
Mais, tu auras besoin de nous donner la main.

Tu es là maintenant et désormais, nous serons trois
Tu es là pour longtemps avec le rire au bout des doigts
Tous les goëlans de ton regard d'enfant
Feront éclater nos plus belles idées.

TOI QUE L'ON A BRISÉ

Paroles : MANNICK
Musique : Jo AKEPSIMAS

Capo I

Sim Mi La Sim Mi La
R- Toi que l'on a brisé sur un lit de tortu - res _ _
Sim Mi La Sim Mi La
Toi dont le corps n'est plus qu'une immense blessu - re _ _
Ré La Sim Sol Fa#7
_ Je veux être ton cri, je veux être ta voix
Mim Sim Fa#7 Sim
Pour les gens qui, chez nous, ne s'en souviennent pas
Si7 Mim Sim Fa#7 Sim
Pour les gens qui, chez nous, ne s'en souviennent pas !

Sim Mim Sim Mim
1- À quoi bon, c'est vrai, raconter encor
Sim Mim Sim Fa#
Le génie qu'ils ont pour donner la mort
Ré Lam6 Si7 Mim
À quoi bon, c'est vrai, réveiller l'horreur
Fa#7 Sim Mi Fa#
D'un corps muti - lé jusqu'au bout du cœur !
Si
Si ce n'est pour que le monde entier
Sache, enfin, ce qu'ils ont osé faire
Mib7 Solm
À tous ceux qui n'ont pas voulu taire
Sol La Fa#
Leur faim de liberté !

2- À quoi bon, c'est vrai, faire une chanson
Sur les enfants morts, à coups de bâtons
À quoi bon, c'est vrai, raconter comment
On les a tués, devant leurs parents !
Si ce n'est pour ne pas oublier
Que la vie dans la main des barbares
N'est plus rien qu'un jouet dérisoire
Qui saigne et qui se tait.

Avec l'autorisation de MANNICK et Jo AKEPSIMAS.

VŒUX

Paroles : Michel SCOUARNEC
Musique : Jo AKEPSIMAS

Do7M Fa7M Do7M Fa7M
Puisque chacun de vos jours est le premier _
Do7M Fa7M Do7M Fa7M
Puisque chaque heure qui passe est un commencement _
Fa7M Rém6 Mim7 Lam7
Que vos doigts donnent corps à la lumiè - re
Rém7 Sol7 Do Mi
Et tissent la laine des jours qui vien - nent
Rém7 Sol Rém7
Que vos mains se réjouissent de voir
Sol Sib Lab Do4 Do7
S'approfondir leurs rides et bleuir le réseau de leurs vei - nes.
Rém7 Sol Rém7 Sol
Qu'elles ne gardent mémoire que des caresses qu'elles ont semées
Sib Lab Do4 Do7
Et des cordes qu'elles ont fait vibrer _
Ré7M Sol7M Ré7M Sol7M
Puisque chacun de vos jours est le premier _
Ré7M Sol7M Ré7M Sol7M
Puisque chaque heure qui passe est un commencement _
Sim Do#m Sim Do#m
Que vos yeux commencent toujours par la tendres - se
Si7M
Et n'en finissent pas de croire
Mi7M Sidim Mib4 Lab
Qu'en l'homme, Dieu est toujours possi - ble !
Mi Do#m6 Ré#m7 Sol#m7
_ Que vos pas vous conduisent vers la sour - ce
Do#m7 Fa#7 Si Mib
Qui est dedans, qui est aussi devant _
Mi Fa# Sib
Et qui n'attend que de vous éblouir !
Mi7M La7M Mi La7M Mi
_ Que votre cœur soit habité, toujours habillé
Sol7M Fa#m Mim7 Fa#4 Fa#7
Pour l'attente et l'accueil de tous les chiens perdus _
Mi7M La7M Mi7M La7M Mi7M
_ Qu'il ne laisse se perdre aucun de ses battements
La7M Mi7M La7M Mi7M La7M Mi7M La7M
Tous ils comptent et seront comptés puisqu'ils sont votre éternité. _

Avec l'autorisation de Jo AKEPSIMAS.

VOTRE AMOUR

Paroles et musique : MANNICK

Do Sol Lam Mim
1- Votre amour a tenu, votre amour a duré
Fa Do Ré Lam
Contre toute vertu, contre vents et marées
Do Sol Lam Mim
Votre amour a fleuri, votre amour a germé
Fa Do Ré Lam
Entre soleil et pluie tout au long des années.

Ré Fa Sol Do
R- Mon père, ma mère, je voudrais vous remercier
Ré Fa Sol Lam
Papa, maman, de vous aimer simplement.

2- Votre amour a conduit son navire en plein vent
Pour voguer sans abri entre neige et printemps
Votre amour a choisi de porter des enfants
Comme on risque ses fruits sur la branche du temps.

3- Votre amour a construit lentement sa maison
Des amis sont venus de tous les horizons
Votre amour a forgé des soleils à foison
Pour nous donner le cœur d'inventer nos moissons.

Avec l'autorisation de MANNICK

MANNICK ET JO AKEPSIMAS

GOÛTE-MOI CE SOLEIL

Paroles : MANNICK
Musique : Jo AKEPSIMAS

Do
1- C'est déjà pour demain
Rém7
Et la nuit va venir
Sol7
Goûte-moi ce soleil
Do
Goûte-moi ce soleil
Mi7 Lam
Ils ont mis des barreaux
Sol Do
Sur les yeux de mon ciel
Sol Lam
Pour laisser les bourreaux
Si7 Mi7
Massacrer mon soleil
La7 Rém
C'est déjà pour demain
Lam
Je ne sais plus mentir
Ladim
Goûte-moi ce soleil
Lam Mi7 Lam
Goûte-moi ce soleil.

2- Il est quatre heures au moins
Et la nuit va finir
Donnez-moi du soleil
Donnez-moi du soleil
Ils ont voté la mort
Pour que vive une loi
Abrités du remords
Par des signes de croix
Il est quatre heures au moins
Je ne veux pas mourir
Donnez-moi du soleil
Donnez-moi du soleil.

3- C'est déjà le matin
On est cinq à partir
Au revoir mon soleil
Au revoir mon soleil
Ils ont mis le bandeau
Sur mes yeux de vingt ans
Et mes bras au poteau
Pour me tirer dedans
C'est déjà le matin
J'ai deux sous d'avenir
Au revoir mon soleil
Au revoir mon soleil.

Avec l'autorisation
de MANNICK
et Jo AKEPSIMAS.

LA FLEUR DU POMMIER (ELLE VA SE FANER)

Paroles : MANNICK
Musique : Jo AKEPSIMAS

Sol Ré Mim Ré

Sol Ré Sol Ré
R- Ell' va se faner, la fleur du pommier
Do Sol La7 Ré7
Pour donner des pommes aux branches du pommier
Sol Ré Sol Ré
Ell' va se faner, la fleur du pommier
Do Sol Lam Ré Sol
Pour donner des pommes que tu pourras manger.

Sol Ré Fa Do
1- Et pour un grain de blé qui meurt dans le sillon
Sol Ré La7 Ré
Tout un épi doré danse les moissons.

2- Les roses du jardin se fanent dans l'été
Pour donner l'an prochain un autre rosier.

3- Une chenille bleue éclate sous le vent
Pour offrir à nos yeux un papillon blanc.

LE FUSIL

Paroles : MANNICK
Musique : Jo AKEPSIMAS

Lam
1- Depuis longtemps j'avais demandé
Rém
Que l'on m'offre un fusil pour jouer
Sol7 Do
Un jour on m'a donné ce fusil __
Fa Mi7
Alors j'ai fait semblant moi aussi. __

Lam La7 Rém
R- De tirer sur les oiseaux
Sol7 Mi7
De tirer sur mes amis
La Ré La Fa#m Do#7
Mais tout autour de la terre, il y a des enfants
La Ré La Si7 Mi
Des enfants qui font la guerre et ne font pas semblant
La Ré La Fa#m Do#7
Mais tout autour de la terre, il y a des enfants
La Ré La Mi7 La
Des enfants qui font la guerre et qui n'ont pas dix ans.

2- Le cinéma, la télévision
Font le portrait des mauvais garçons
À coups de poing, à coups de fusil
Alors j'ai fait semblant moi aussi...

3- J'ai vu dans presque tous les journaux
Beaucoup de militaires en photo
Qui brandissaient bien haut leur fusil
Alors j'ai fait semblant moi aussi...

TEGUCIGALPA

Paroles et musique :
MANNICK et Jo AKEPSIMAS

Mi7 Lam Mi7 Lam
R- Une petite fille, une enfant de douze ans
Sol7 Do Sol7 Do
Est morte ce matin, dans un champ de tabac
Fa Do
Et la petite fille avait des cheveux blancs
Mi7 Lam Mi7 Lam
À force de mourir à Tegucigalpa. *(bis)*

Do Fa Do
1- __ Tous les gens ont la vie du - re
Sol7 Do
Au village d'Olancho
Lam Rém Lam
__ Et pour toute nourritu - re
Rém Mi7
Du maïs avec de l'eau.

2- Tous les vents de la montagne
Vous diront qu'elle a gémi
Sur le sol de sa cabane
Douze jours et douze nuits.

3- Les enfants des ambassades
Quand ils font un beau dessin
Mangent à se rendre malades
Des sucettes au sucre fin.

VASSILIS, L'ENFANT GREC

Paroles : MANNICK
Musique : Jo AKEPSIMAS

Rém
1- Tu jetais des fleurs que les plages ensoleillées
Solm Rém La7
Tu vivais dans la couleur une vie bronzée.
Rém
Pour goûter la mer à la source de tes mains
Solm Rém La7
Tu courais les rochers clairs dans le sable fin.

Fa
R- Pour mon cœur un coin de ciel
Do7
Pour ma bouche des gâteaux de miel.
Rém Fa
Pour ma soif une pastèque
Sib Fa Do7 Fa
Chante Vassilis, l'enfant grec.

2- Les roses d'avril, blanches comme ta maison
Se sont noyées dans la ville en mille flocons.
Tu retiens le vent pour en faire des chansons
Mais tu guettes le printemps comme un papillon.

3- Cache dans tes yeux les étoiles du matin
Danse tant que tu le peux le long du chemin.
Et quand le soleil jaillira de ton refrain
Pour qu'il monte dans le ciel
Tape dans tes mains !

OLIVIER DE MARTEL

VIVRE MIEUX

Paroles et musique : Olivier de MARTEL

Ré La7 Fa# Sim La7
R- Vivre mieux c'est ouvrir les yeux et boire ensembl' la même fê - te
Ré La7 Fa# Sim
Vivre c'est le cri du cœur, l'amour est plus fort que la peur.

Sim La Sim
1- Ouvrons les portes de nos vieux rêves
La Sim
La liberté nous y attend
Fa# Sim
L'homme est un puits où l'amour crève
La Sol Fa# La7
S'il reste fermé au soleil. _

2- Ouvrons les mains de nos détresses
La vérité y est cachée
Un cri d'amour casse les chaînes
Nos bras ne sont plus attachés.

3- Écoutons-nous dans nos prières
La source coule dans nos vies
Nous avons tous une rivière
Ouvrons le ciel à l'océan.

4- Ouvrons la fête de l'espérance
La liberté est vérité
L'homme est en route dans son histoire
Le temps sera communauté.

CHANTE AUJOURD'HUI TON AVENIR

Paroles et musique : Christophe MORANDEAU

Mi Do#m La Si Mi
1- Si tu crois que la vie est à construire
Do#m La Si
Crois-moi, _ le monde est ton avenir
Mi Si La Si
Laisse tomber les barrières
Mi Do#m La Si Mi Si La Si
Lève-toi, _ viens respirer le grand air. _ _ _ _

Mi La Mi
R- _ Chante aujourd'hui ton avenir
Si La Si
Oh! Oh! Oh! Oh!
Mi La Mi
Reprends le souffle qui fait vivre
Si La Si
Oh! Oh! Oh! Oh!
Mi La Si Mi
Il est venu le temps de se rencontrer
La Si Si7
C est le chant de la vie! _

2- Si tu vois la violence et la misère
Là-bas, ne reste pas sans rien faire
Reçois le cri de tes frères
Lève-toi, viens respirer le grand air.

3- Si parfois tu n'as plus envie de rien
Bats-toi! à tes côtés se tient
Celui qui toujours espère
Lève-toi, viens respirer le grand air.

4- Si la joie peut se lir' dans ton sourire
C'est là que chacun pourra dire
D'où vient ell' cette lumière
Lève-toi, viens respirer le grand air.

CHRISTOPHE MORANDEAU

RELEVONS LE DÉFI

Paroles et musique : Christophe MORANDEAU

Mi7 Lam
R- _ Relevons le défi
Lam Fa
La vie renaît dans la nuit
Sol
Le monde a faim de folie
Do Mi7
D'amour qui se crie
Mi7 Lam
_ Relevons le défi. *bis*

Do Sol
1- Sans trouble et sans poing
Fa Do
_ Des paroles à tenir
Fa Sol
_ Avec la paix aux mains
Ré Mi4 Mi
Sans bruit _
Do Sol
_ Sans arme et sans rien
Fa Do
_ Des défis à venir
Fa Sol
Avec la paix aux mains
Ré Mi4 Mi
Je crie… _ _

2- Sans vide et sans creux
Des paroles à tenir
Avec la joie aux yeux
Sans bruit
Sans masque et sans jeu
Des défis à venir
Avec la joie aux yeux
Je crie…

3- Sans gêne et sans peur
Des paroles à tenir
Avec l'amour au cœur
Sans bruit
Sans rêve et sans pleurs
Des défis à venir
Avec l'amour au cœur
Je crie...

4- Témoin dans la vie
Des paroles à tenir
Au vent de son Esprit
Sans bruit
Témoin aujourd'hui
Des défis à venir
Au feu de son Esprit
Je crie…

JEAN ET PIERRE PRADELLES

ON S'EST CROISÉ SUR LE CHEMIN DE L'AMITIÉ

Paroles et musique : Pierre PRADELLES

Mi Si7 Mi
R- On s'est croisé sur le chemin de l'amitié *(bis)*
Mi La Si7 Mi
Nous chanterons la vie qui passe dans nos mains. *(bis)*

Mi Si La Mi
1- Si l'on est différent comme les doigts de la main
Mi Si Si7 Mi
On est quand même ensemble pour faire le chemin.

2- Si l'on est différent, chacun devra se faire
Un ami d'un voisin, nous sommes tous des frères.

3- Si l'on est différent, blancs, jaunes, noirs ou rouges
C'est bien le même sang qui fait que nos cœurs bougent.

4- Si l'on est différent de langues et de paroles
Une main qui se tend, dansons la farandole.

VIENS UN PEU VOIR À CÔTÉ

Paroles et musique : Pierre PRADELLES

Si7 Mi Fa#m7 Si7
1- Viens avec nous, si tu veux, et tu verras dans nos yeux _
La Si7 Mi
Qu'il est des larmes de pluie, qui font fleurir des mercis
Mi7 La
Qu'il est des nouveaux matins pour inventer des chemins
Mi Fa#m7
Où nous pourrons bâtir un avenir.

2- Un avenir où la guerre n'appartiendra qu'au passé
Où violence et misère ne seront plus qu'une idée
Où l'espérance, chaque jour, cisèlera des mots d'amour
Allez ! viens partager nos chemins.

3- Viens un peu voir à côté s'il n'y aurait pas des étés
Où l'on vivrait sans façon au rythme des quatre saisons
Où l'on gagnerait du temps en le perdant chaque instant
Comme on trouve sa vie en la donnant.

4- Donner sa vie pour la vie c'est la vie à l'infini
Être premier ou dernier, du moment qu'on est aimé !
Et si des larmes aux paupières n'existaient plus sur la terre
Que pour être des perles de lumière…

Suite… ▷

(suite et fin)

5- Une lumière, un chemin, la vérité dans nos mains
Une vie de chaque instant où la porte à deux battants
Pourraît renaître à la vie qu'on appelle "paradis"...
Je crois bien que j'ai rêvé, tu sais...

6- Tu sais, c'est vrai que la vie, souvent, ne fait pas envie !
C'est vrai qu'elle va de travers et que ce pauvre univers
Si gonflé de son chagrin peut éclater au matin
Un beau jour, d'un grand sanglot trop lourd.

7- Viens avec nous, si tu veux, on va faire de notre mieux
Pour qu'aux enfants de demain on puisse tendre la main
Pour qu'ils fabriquent, à leur tour, un autre monde où l'amour
Signerait les pages des années.

8- Viens retrouver le silence... avant d'entrer dans la danse
Au tourbillon de la vie, au cœur du monde en folie
Viens, ne me laisse pas seul, je vais me casser la gueule
Dans les bas-fonds des douces illusions.

9- Allez ! dis, viens, n'aie pas peur, c'est pas quelques coups au cœur
Qui vont barrer le chemin vers de nouveaux lendemains.
Allez ! c'est pour aujourd'hui qu'il faut faire belle la vie !
Si7 Mi
On y arrivera, ne ferme pas les bras. __ __

PATRICK RICHARD

BESOIN D'ESPOIR

Paroles et musique :
Patrick RICHARD

La Mi Fa#m
1- __ Continue-t'on d'apprendre
La Mi Fa#m
__ L'échelle des couleurs __
La Ré
__ Quand tous ont dans le cœur __
Mi7/9 Mi7
__ Les mêmes rires les mêmes pleurs ?

La Mi Fa#m Ré
R- Trop __ besoin d'espoir, __ trop besoin __ de croire
Sim7 Ré Sol Mi4/7-3
Qu'un homme est un homme debout __
La Mi Fa#m Ré
Trop __ besoin d'espoir, __ trop besoin __ de croire
Sim7 Ré Sol Mi4/7-3
Qu'il a le droit aux mêmes droits partout. __

2- Refuse-t'on d'entendre le cri des affamés
Quand deux-tiers de "bien-nés"
Se meurent d'être trop gavés ?

3- Qui donc a condamné au ban du déshonneur
Des millions de chômeurs
Pour sauver "la loi du meilleur" ?

4- Un bandeau sur la bouche, un bandeau sur les yeux
Qui pourrait vivre heureux
La liberté sous couvre-feu ?

5- Chante avec moi ami tout au long du combat
Chante qu'un jour viendra
Où l'homme reprendra ses droits.

ENTRE HIER ET DEMAIN

Paroles et musique :
Patrick RICHARD

Fa#
R- Entre hier et demain
Ré#m
Entre hier et demain
Si Do#
L'aujourd'hui au creux des mains
Fa# Do#
Nous trace le chemin
Fa#
Entre hier et demain
Ré#m
Entre hier et demain
Si Do#
Saurons-nous fixer
Fa#
Rendez-vous à chacun
Do# Si
Entre hier et demain
Fa#
Entre hier et demain.

Ré#m La#m
1- _ Habitons la tendresse
Si Do#
_ L'hiver a trop vécu
Si Fa# Sol#
Laissons l'amour ouvrir des brèches
Si Do#
_ Nos peurs seront vaincues.

2- Choisissons la confiance
Qui déchire la nuit
Que notre vie donne Espérance
À un monde endormi.

3- Inventons des passages
Au goût de liberté
Mains tendues pour tous les naufrages
Attitudes apaisées.

FAIS DU NEUF

Paroles : Maurice GOUTAGNY
Musique : Patrick RICHARD

Mim Ré Sol
R- _ Fais du neuf aujourd'hui
Mim Ré Sol
_ C'est l'appel de la vie
Si7 Do Ré
_ Dans tes mains à soufflé
Sol Mim
Un vent de liberté
Do Ré Mim
_ Fais du neuf dans ta vie.

Mim Ré
1- _ Tu voudrais aujourd'hui
Mim
Du nouveau dans tes yeux
Sol Ré
_ Regarder le soleil
Mim
Allumer un grand feu
Do Lam7
_ Laisse-toi approcher
Si7
Pour risquer l'amitié.

2- Tu voudrais aujourd'hui
Des couleurs pour la vie
Et changer l'horizon
De nos jours noirs et gris
Viens lutter avec nous
Pour les droits et la vie.

3- Tu voudrais aujourd'hui
Un nouvel avenir
Et tracer les chemins
D'une vie réussie
N'aie pas peur d'inventer
Tu es fait pour créer.

4- Tu voudrais aujourd'hui
Du nouveau sous tes pas
Pour aller au devant
Des petits, des sans-voix
Et changer le destin
De tous ceux qui n'ont rien.

N'ATTENDS PAS DEMAIN

Paroles et musique : Patrick RICHARD

Do Fa7M Do Fa7M
1- _ Chaque pas que tu franchis _
Do Fa7M Mi
_ Écrase les habitudes que tu fais
Lam Fa
_ À coup de poings
Lam Fa
_ À coup de phrases _
Lam Fa Mi
_ Le vieux monde est fini.

Lam Fa
R- N'attends pas demain
Sol Lam
Pour bâtir un monde nouveau
Lam Fa
N'attends pas demain
Sol Do Mi
_ N'attends pas trop. _ } *bis*

2- Tu refais tous les soirs
La société à ta manière
À coup de poings
À coup de phrases
Le vieux monde est fini.

3- Tes rêves se passent en été
Ton cœur est chaud comme un soleil
À coup de poings
À coup de phrases
Le vieux monde est fini.

4- Des blés veulent jaillir du béton
Un peuple est prêt à s'assembler
À coup de poings
À coup de phrases
Le vieux monde est fini.

DANIELLE SCIAKY

ALLUME TES YEUX

Paroles et musique : Danielle SCIAKY

Do Sol Sol7 Lam
R- Allume tes yeux, éclaire ton cœur
Fa Do
On dit qu'une étincelle
Rém Sol
Attend d'être cueillie.
Fa Do Sol7 Do
Allume tes yeux, éclaire ton cœur.
Fa Do
On dit qu'une étincelle
Sol7 Fa Do
Attend d'être cueillie. _

Lam Mim
1- _ L'amour s'écrit sur le visage
Fa Do
_ Au fond des yeux qui ont un chant
Lam Rém
_ Il est pétri de longs voyages
Fa Mi Sol7
_ Qui creusent son regard d'enfant. _

2- L'amour tient bon dés que l'on s'aime
Au fond des cœurs qui ont le temps
Petits ruisseaux font des fontaines
Qui sont des sèves de printemps.

3- Toutes les teintes de la terre
Ont rendez-vous avec l'amour
Pour inventer une prière
À façonner jour après jour.

3e partie

RACINES ET COULEURS DU TEMPS

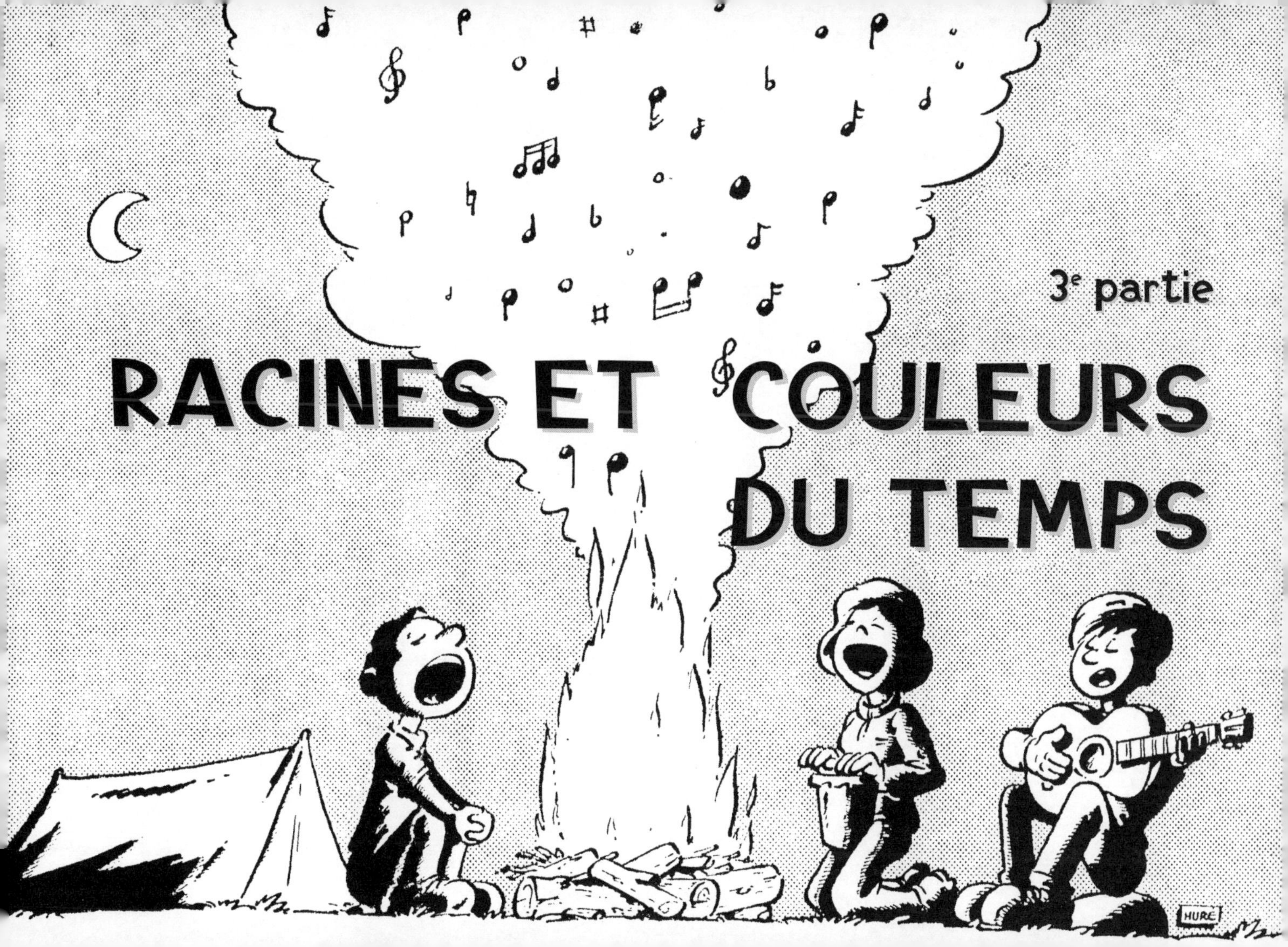

ALPHABET SCOUT

Paroles : Renard JOYEUX
Musique : folklore belge

Do Sol
1- Un jour la troupe campa, A, A, A
Rém Sol7 Do
La pluie s' mit à tomber, B, B, B
Sol
L'orage à tout casser, C, C, C
Do Sol7 Do
Faillit nous inonder, A, B, C, D.

2- Le chef s' mit à crier, E, E, E
À son adjoint Joseph, F, F, F
Fais-nous vite à manger, G, G, G
Les scouts sont sous la bâche, E, F, G, H.

3- Les "Pinsons" dans leur nid, I, I, I
Les "Loups" dans leur logis, J, J, J
Chantèrent, quel fracas, K, K, K
Avec les "Hirondelles", I, J, K, L.

4- Joseph fit de la crème, M, M, M
Et du lapin d' garenne, N, N, N
Et même du cacao, O, O, O
Mes amis, quel souper, M, N, O, P !

5- Soyez bien convaincus, Q, Q, Q
Que la vie au grand air, R, R, R
Fortifie la jeunesse, S, S, S
Renforce la santé, Q, R, S, T.

6- Maintenant qu'il ne pleut plus, U, U, U
Les scouts sont sauvés, V, V, V
Le temps est au beau fixe, X, X, X
Plus besoin qu'on les aide, U, V, X, Z.

AMITIÉ, LIBERTÉ

Paroles : anonyme
Musique : folklore helvétique

Fa Sib Do
R- Amitié, amitié, liberté, liberté
Fa Do Do7 Fa
Par vous l'avenir sera plus beau. } *bis*

Fa
1- Le visage inondé de lumière
Do
Tourné vers des lendemains heureux
Nous bâtirons une cité fière
Fa Do
En chantant ces refrains joyeux.

2- Si tu peines parmi la tempête
Vois tant d'autres sont dans le ressac
Unis tes efforts pour tenir tête
Aide-nous à porter le sac.

3- Et bien sûr quand tous les gars du monde
Chanteront avec nous ce refrain
Tous unis dans une immense ronde
Léger sera notre chemin.

CHANT DE LA PROMESSE

Paroles : Jacques SEVIN
Musique : Noël du XVIII^{e}s

Do Sol7
1- Devant tous je m'engage sur mon honneur
Do Sol7 Do
Et je te fais hommage de moi Seigneur.

Fa Do Sol7 Do
R- Je veux t'aimer sans cesse, de plus en plus
Fa Do Sol7 Do
Protège ma promesse, Seigneur Jésus.

2- Je jure de te suivre en fier chrétien
Et tout entier je livre mon cœur au tien.

3- Fidèle à ma patrie, je le serai
Tous les jours de ma vie, je servirai,

4- Je suis de tes apôtres, et chaque jour
Je veux aider les autres pour ton amour.

5- Ta règle a sur nous-mêmes un droit sacré
Je suis faible, tu m'aimes, je maintiendrai.

CHANT DES ADIEUX

Paroles : Jacques SEVIN
Musique traditionnelle écossaise

Sol Do Sol
1- Faut - il nous quitter sans espoir
Do Fa
Sans espoir de retour
Do Sol
Faut-il nous quitter sans espoir
Do Fa Sol Do
De nous revoir un jour ?

Fa Do Sol
R- Ce n'est qu'un au-revoir mes frères
Do Fa
Ce n'est qu'un au-revoir
Do Sol
Oui, nous nous reverrons, mes frères
Do Fa Sol Do
Ce n'est qu'un au - re - voir.

2- Formons de nos mains qui s'enlacent
Au déclin de ce jour
Formons de nos mains qui s'enlacent
Une chaîne d'amour.

3- Aux scouts unis par cette chaîne
Autour des mêmes feux
Aux scouts unis par cette chaîne
Ne faisons point d'adieu.

4- Car Dieu qui nous voit tous ensemble
Et qui va nous bénir
Car Dieu qui nous voit tous ensemble
Saura nous réunir.

DANS LA TROUPE

Pot-pourri
de rengaines

Parlé en rythme -

Papa, maman
Cet enfant n'a qu'un œil.
Papa, maman
Cet enfant n'a qu'une dent.
Rrr… Ah qu' c'est embêtant
D'avoir un enfant qui n'a qu'un œil
Rrr… Ah qu' c'est embêtant
D'avoir un enfant qui n'a qu'une dent.

Chanté-

Ré La Ré
Dans la troupe, y'a pas d' jambes de bois
La Ré
Y'a des nouilles mais ça n' se voit pas
La Ré
La meilleur façon d' marcher
La Ré
C'est sûr'ment la nôtre
La Ré
C'est de mettre un pied d'vant l'autre
La Ré
Et d' recommencer.

Parlé en rythme-

Gauche, gauche
Nous sommes les carabiniers
Gauche, droite
La sécurité des foyers
Gauche, droite
Nous arrivons toujours en r'tard
Au réfectoir et au dortoir.

Nous en avons, vous en avez
Nous en avons plein l' dos, plein l' sac
Plein l' fond des godillots
Des pelles, des pioches
Des gamell's et des bidons
Des rivets et des boulons
Des carottes dans l' ventre
Et des navets dans les mollets.

L'APPEL DE LA ROUTE

Paroles et musique : E. REGRETTIER

Fa Do Fa
1- Elle est là, devant ta maison
Do Fa
Comme une amie
Do7 Fa
Et pendant la belle saison
Do7
Toute fleurie
Fa Do Sib
Elle fuit jusqu'à l'horizon
Fa Sib Do Fa
D'une fuite infini - e.

Do Fa Do Fa
R- Ohé, gar - çon, gar - çon !
Do
Toi qui cherches, toi qui doutes
Sib Do Fa
Prête l'oreille à ma chanson
Do Fa
Entends l'appel de la rou - te.

2- C'est la route des paladins
Route guerrière
Elle a vu la marche des saints
Vers la lumière
Et leurs pas sont encore empreints
Dans sa vieille poussière.

3- Si ton cœur parfois s'est ému
Pour de grands rêves
Si tu veux les fières vertus
Qui nous soulèvent
Bien loin des sentiers rebattus
Suis la route sans trêve.

4- Tu sauras les secrets nombreux
De cette route
Les calvaires dressés aux cieux
Sous la grand' voûte
Tu seras, pour l'amour des gueux
Chaque jour aux écoutes.

5- Quand la nuit aura, dans les bois
Fait le silence
Tu t'endormiras sans émoi
Plein d'espérance
Et la voix du Seigneur, en toi
Sera ta récompense.

LA BOHÈME

Paroles : Paul DONCŒUR
Musique : folklore autrichien

La Ré La Mi7 La
1- Chante et danse la bohème, faria, faria oh !
Ré La Mi7 La
Vole et campe où Dieu la mène, faria, faria oh !
Do#m Ré La
Sans souci au grand soleil
Ré Mi7
Coule des jours sans pareils
La Mi7 La
Faria, faria, faria, faria, faria, faria, oh ! *(bis)*

2- Dans sa bourse rien ne pèse…
Mais son cœur bat tout à l'aise…
Point de compte et point d'impôts
Rien ne trouble son repos
Faria…

3- Quand la faim se fait tenace…
Dans les bois se met en chasse…
Tendre biche et prompt chamois
Lui feront un festin de roi
Faria…

4- Si la soif brûle sa gorge…
Au ravin la source est proche…
Eaux plus claires que l'asti
En vous tout le ciel sourit
Faria…

5- Sur la mousse ou dans la paille…
Trouve un lit fait à sa taille…
Cœur léger, bohème dort
Que n'éveille aucun remords
Faria…

6- Est si mince son bagage…
Que sans peine déménage…
Dans le ciel quand Dieu voudra
En chantant s'envolera
Faria…

LA LÉGENDE DU FEU

Paroles : Jacques SEVIN (1924)
Musique : Henri COLAS

Do Fa
1- Les Scouts ont mis la flamme
Sol7 Do
Aux bois résineux.
Fa
Écoutez chanter l'âme
Sol7 Do
Qui palpite en eux.

Sol7 Do
R- Monte, flamme légère
Sol7
Feu de camp, si chaud, si bon !
Do
Dans la plaine ou la clairière
Do7 Sol7
Monte encore et monte donc
Fa Do
Monte encore et monte donc
Fa Do Sol7 Do
Feu de camp, si chaud, si bon !

2- Autrefois j'étais prince
Perfide et méchant
Dépeuplant sa province
Des petits enfants.

3- Me tendit ses embûches
L'enchanteur Merlin
M'enferma dans les bûches
Du grand bois voisin.

4- Depuis lors je dévore
Tout, autour de moi
De me voir près d'éclore
On tremble d'effroi.

5- Mais des arbres qui flambent
Je suis prisonnier
Et mes bras et mes jambes
Brûlent tout entiers.

6- Ce terrible supplice
M'a bien converti
Et pour votre service
Me suis fait petit.

7- Je m'installe en vos chambres
À votre foyer
Pour réchauffer vos membres
Et vous égayer.

8- C'est moi qui vous éclaire
Dans les longues nuits
Qui vous rend plus légère
La peur ou l'ennui.

9- J'entre dans la cuisine
Et fais chanter l'eau
Et je sors de l'usine
Par le haut fourneau.

10- Je permets que m'allume
Le pauvre ouvrier
Forgeron sur l'enclume
Ou pâle verrier.

Suite… ▷

(suite et fin)

11- Les gerbes d'étincelles
Que je sème au vent
Emportent sur leurs ailes
Vos rêves d'enfant.

12- Si bien que sur la terre
Les plus malheureux
Sont les traîne-misère
Qui n'ont point de feu.

13- Ma suprême espérance
Est qu'un jour viendra
Où Dieu, plein d'indulgence
Me délivrera.

14- Lors j'irai d'une haleine
Au divin séjour
Retrouver forme humaine
Et brûler... d'amour.

15- Mais je sens que j'expire
Écoutez la voix
Qui faiblit et soupire
D'un vieux feu de bois.

16- Ma leçon la dernière
Vous dit : "Mes enfants
On ne fait rien sur terre
Qu'en se consumant !"

LA ROUTE D'AMITIÉ

Paroles et musique :
Francine COCKENPOT

Sol Do Sol Mim
1- Avec toi j'ai marché sur les routes qui montent
Do Sol
Avec toi j'ai aimé
Do Sol Fa Sol
J'ai aimé la fraîcheur de la source qui chante
Mim Lam
Au long des prés
Sol Do Ré7 Sol
Sur la route d'a - mi - tié.

2- Avec toi j'ai chanté les chansons les plus belles
Avec toi j'ai aimé
J'ai aimé le chant clair qui montait de la plaine
Ensoleillée
Sur la route d'amitié.

3- Avec toi j'ai servi le beau pays de France
Avec toi j'ai aimé
J'ai aimé le drapeau et son chant d'espérance
Tout son passé
Sur la route d'amitié.

4- Avec toi sur les routes où la vie nous entraîne
Avec toi j'aimerai
Et j'irai dans la joie et j'irai dans la peine
Vers la clarté
Sur la route d'amitié.

LE CAMP NOUS APPELLE

Fa *Sib*
Le camp, le camp nous appelle
Do *Fa*
Partons, partons pour le camp } *bis*
Fa
Vers les prés reverdis
Sib
Vers les bois refleuris
Do
Près des sources qui chantent
Fa
Au milieu des rochers
Fa *Sib*
Le camp, le camp nous appelle
Do *Fa*
Partons, partons pour le camp.

LES CLARTÉS DE LA NUIT

Paroles : André CHEVALIER
Musique : César GEOFFRAY

Sol *Do* *Sol* *Do*
1- Les clartés de la nuit
Sol *Fa* *Sol*
Ont brodé les sommets des grands monts
Do *Sol* *Do*
Le camp veille sans bruit.

2- Les clartés de la nuit
Sont l'appel au repos, à la paix
Clartés calmes des nuits.

3- Les clartés de la nuit
Marqueront la venue du Seigneur
Routiers, chantons les nuits.

RED RIVER VALLEY
(Version anglaise)

Paroles et musique : folklore américain

1- From this valley they say you are going
We will miss your bright eyes and sweet smile
So they say you are taking the sunshine
That sure brightens our pathway awhile.

Sol Do Sol
R- Come and sit by my side if you love me
La Ré
Do not hasten to bid me adieu _
Sol Sol7 Do
But remember the Red river Valley
Sol Ré Sol
And the girl that has loved you so true.

2- Won't you think of the valley you're leaving ?
Oh how lonely, how sad it will be
Oh think of the fond heart you're breaking
And the grief you are causing me.

3- I have promised you, darling, that never
Will a word from my lips cause you pain
And my life, it will be yours forever
If you only will love me again.

RED RIVER VALLEY
(version française)

Adaptation : François LEBOUTEUX

Sol Do Sol
1- Les pionniers sont passés avant le jour
La Ré
Dans les rues du village accablé _
Sol Sol7 Do
Et mon cœur a frémi à leur pas lourds
Sol Ré Sol
Sur les bords de la Red River Valley.

R- Oh Seigneur la roue tourne entre tes mains
Où je vais aujourd'hui je ne sais
Oh Seigneur la roue tourne entre tes mains
Mais je veux retrouver les pionniers.

2- Les pionniers ont peiné pour le village
À leurs mains la vallée s'est pliée
Et mes mains ont vu naître un barrage
Sur les bords de la Red River Valley.

3- Les pionniers ont marqué dans la clairière
Que le pain se partage entre tous
Et ma main s'est ouverte à mes frères
Sur les bords de la Red River Valley.

4- Les pionniers ont chanté dans la nuit claire
Que la terre est à qui la voulait
Et ma voix s'est unie à leur chant fier
Sur les bords de la Red River Valley.

5- Les pionniers ont promis de revenir
L'herbe pousse aujourd'hui à nos pieds
Et mon cœur s'est trouvé prêt pour servir
Sur les bords de la Red River Valley.

(version espagnole, page suivante)

EL VALLE DEL RIO ROJO (version espagnole de RED RIVER VALLEY)

R- Oh Sénor todo gira entre tus manos
E Donde voy oh Sénor ? no lo sé
Oh sénor todo gira entre tus manos
Pero quiero encontrar a los comandos (pioneros).

1- Los pioneros je han marchado antes lel alba
Por las calles solitarias del lugar
Y mi amor se ha unido a sus pasor
Por el borde del Valle del Rio Rojo.

2- Los pioneros je han marchado antes lel alba
A su paso todo el valle se plego
Y mi amor se ha unido a sus pasor
Por el borde del Valle del Rio Rojo.

3- Los pioneros je han marchado antes lel alba
Que los panes se comparten con amor
Y mi mano se ha abierto a mis hermanos
Por el borde del Valle del Rio Rojo.

SOUVENIRS QUI PASSENT

Paroles : François LEBOUTEUX
Musique : folklore américain

Mi Si7 Mi
1- Souvenirs qui passent
Si7 Mi
Adieu l'école et l'atelier
Si7 Mi
Le camp les remplace
Si7 Mi
Avec ses feux à la veillée

Mi La Mi
R- Ne tourne pas la tête
Mi Si7 Mi
Un scout regarde en avant. *(bis)*

2- Dans la pâle aurore
Nous quittons la ville endormie
Ils dorment encore
Nos pas les réveillent à demi.

3- Aux clartés brûlantes
La halte n'arrive jamais
Si mon copain chante
Je chante avec lui pour l'aider.

4- Dans le soir qui baisse
Je pense aux copains prisonniers
J'en fais à ma tête
Ce soir je suis en liberté.

5 - Dans la nuit profonde
Je marche en rêvant au passé
Mon copain me montre
Par où les anciens sont passés.

VA, SCOUT DE FRANCE !

Paroles : Jacques SEVIN
Musique : Paul RUBENS

Do Sol
1- Va, scout de France !
Fa Do
Et, ton bâton en main
Va t'en sur la route
Sol
Prêcher la loi scoute
Fa Mi Sol
Aux pauvres du grand chemin.
Do Sol
Va, scout de France
Fa Do
Et par ta belle humeur
Sol
Enseigne à tes frèr's
Ré
La loi simple et claire
Sol Do
La loi de France et d'honneur.

Do Fa7 Do
R- Tout en marchant, marchant, marchant
Do Sol
Et par les bois et par les champs
Fa
Observant les traces
Do
Le vol des oiseaux qui passent
Fa Do
Et d'où vient le vent
Sol Do
Et les couleurs du couchant
Sol Do
Tout en cherchant, cherchant, cherchant
Fa Sol
Œil grand ouvert, oreille au guet
Rien ne doit surprendre
Sol Do Fa Sol
Un vrai scout qui sait s'y prendre :
Mi Fa Sol Do
Il doit être prêt.

2- Va, scout de France !
Et sers ton Dieu d'abord
En ton âme éprise
Sois fier de l'Église
Fidèle jusqu'à la mort.
Va, scout de France
Et le cœur frémissant
Sers bien ta patrie
Prospère ou meurtrie :
Sois prêt à verser ton sang !

3- Va, scout de France !
Et toujours plein d'entrain
Marche et te dépense
Et sans récompense
Le scout vit pour son prochain.
Va, scout de France
Et porte à tous secours
Et s'il doit t'en cuire
Garde le sourire
Et donne, donne-toi toujours !

DEEP RIVER

Paroles et musique : traditionnel américain

```
   Do      Fa              Do          La       Mi    Sol7
R- Deep river, my home is over jor - dan
   Do         Do7 Fa        Ré7                           Sol7        Do
   Deep _ river, Lord, I want to cross over into camp-
ground.

   La                      Mi             La     Ré        Mi
1- Oh ! don't you want to go to the gos - pel feast
   Sol7     Do   Do7              Fa         Fa7       Do   Ré      Mi       Sol7
   That pro - mised land where all is peace ? _
```

Ô RIVIÈRE
(version française de DEEP RIVER)

Adaptation : Edmond PIDOUX

R- Ô rivière, Jourdain profond et large
Ô rivière, là, sur l'autre bord, le Seigneur m'appelle !

1- Là, c'est l'autre terre : Le Seigneur l'a promise
Pour ceux qui cherchent le vrai repos.

2- Là, Jésus lui-même m'a promis la couronne
Ma place est prête auprès de lui.

EVERY SING FREEDOM

Paroles et musique : traditionnel américain

```
   Sol   Mi
1- Oh ! freedom
   Ré7   Sol
   Oh ! freedom
   Sol   Do         La7     Ré
   Oh ! freedom over me
            Mi
   But before I'd be a slave
           Do             Sol
   I'll be buried in my grave
   Do        Sol   Mi       Sol
   And go home to my Lord
   Ré7       Sol  Do  Sol
   And be free. _ _
```

2- No more runnin'…

3- No more cryin'…

4- No more shooting…

GO DOWN, MOSES
(LET MY PEOPLE GO)

Paroles et musique : traditionnel américain

Mi Si7 Mi
1- When Israel was in Egypt's land
Sol Si7 Mi
Let my people go
Mi Si7 Mi La
Oppressed so hard they could not stand
Mi Si7 Mi
Let my people go.

Mi La
R- Go down, Moses
Sol Si7 Mi La
Way down in Egypt's land
Mi Do7 Sol
Tell ole Pharaoh
Sol Si7 Mi
Let my people go.

2- Thus saith the Lord, bold Moses said
Let my people go.
If not, I'll smite your first-born dead
Let my people go.

3- The Lord told Moses what to do…
To let the children of Israel through…

4- No more shall they in bondage toil…
Let them come out with Egypt's spoil…

5- When Israel out of Egypt came…
And left the proud oppressive land…

6- O, 'twas a dark and dismal night…
When Moses led the Israelites…

LET MY PEOPLE GO
(version française de GO DOWN, MOSES)

Adaptation : Paul HELLUIN

Mim Si7 Mim Mim Si7 Mim
1- Un grand navire est arrivé, let my people go
Si7 Mim Mim Si7 Mim
Des soldats blancs ont débarqué, let my people go

Mim7 Lam Sol Si7 Mim
R- Descends, Seigneur, reviens sur cette terre
Do Mim Si Si7 Mim
De la peur, Seigneur, délivre mes frères.

2- Ils ont pillé, ils ont brûlé…
Et massacré nos derniers nés…

3- Les soldats nous ont enchaînés…
Les planteurs nous ont achetés…

4- Ils ont frappé ceux qui tombaient…
Ils ont tué ceux qui fuyaient…

5- Depuis trois siècles ont passé…
Quand viendras-tu nous délivrer ?…

6- Les Noirs sont las de pardonner…
Les Noirs voudraient pouvoir aimer…

HOLD ON

Paroles et musique :
traditionnel américain

Rém
1- Mary wore three links of chain
La7 Rém
Evr'y link was Jesus'name
La7
Keep your hand on the plow
Rém
Hold on.

La7 Rém
R- Hold on, hold on
La7
Keep your hand on the plow
Rém
Hold on.

2- Paul and Silas bound in jail
Had nobody to go their bail…

3- Paul and Silas start to shout
Jail doors opened and they walk out…

4- With my two hands on the plow
I don't mind my journey now…

TIENS BON ! (version française de HOLD ON)

Adaptation : Paul HELLUIN

Rém
1- Si tu cherches, si tu doutes
Si tu peines sur ta route
La7
Prends ma main dans ta main
Rém
Tiens bon !

La7 Rém
R- Tiens bon ! tiens bon !
La7
Prends ma main dans ta main
Rém
Tiens bon !

2- Si le cri de ta souffrance
Ne peut briser le silence…

3- Pour qu'au mot de liberté
Se rallient les opprimés…

5- Au-delà de nos frontières
Nous crierons à tous nos
frères…

LET US BREAK BREAD

Paroles et musique : traditionnel américain

Fa Ré Do Fa
1- Let us break bread together on our knees
Sib Fa
O my Lord.
Do Do7 Fa Sol7
Let us break bread together my Lord
Do
_ O my Lord.
Fa Fa7
When I fall down on my knees
Ré Sol Do7
With my face to the rising sun
Fa Ré Do7 Fa
O Lord have mercy on me.
O my Lord.

2- Let us drink wine…

3- Let us praise God…

CHANTE AVEC MOI
(version française de I' M ON MY WAY)

Adaptation : Paul HELLUIN

Sol
1- Chante avec moi
Ré
Au-delà des frontières
Chante avec moi
Sol
Paix à la terre entière !
Chante avec moi
Do
Tous les hommes sont frères
Sol
Chante avec moi
Ré
Vas-y
Sol
Chante avec moi !

2- I'm on my way
To Cansam land
I'm on my way
To the freedom land
I'm on my way
And I want n't turn back
I'm on my way
Great God
I'm on my way.

3- Chante avec moi
Nous refusons la guerre
Chante avec moi
Nous vaincrons la misère
Chante avec moi
Tous les hommes sont frères
Chante avec moi
Vas-y
Chante avec moi !

4- Chante avec moi
S'il faut changer la terre
Chante avec moi
C'est à nous de le faire
Chante avec moi
Tous les hommes sont frères
Chante avec moi
Vas-y
Chante avec moi !

LITTLE DAVID

Paroles et musique : traditionnel américain

Mi
R- _ Little David play on your harp
Hallelu, hallelu.
Little David play on your harp
La Mi
Hallelu !

Mi
1- David was a shepherd boy
La Mi Si7 Mi
He kill'd Goliath and shout'd for joy. _

2- Joshua was the son of Num
He never would quit' till his work was done.

PETIT DAVID
(version française de LITTLE DAVID)

Adaptation : Edmond PIDOUX

R- Viens David et joue sur ta harpe
Allélou, allélou.
Viens David et joue sur ta harpe
Allélou !

1- Il a su, d'un seul caillou
Tuer Goliath au premier coup.

3- C'est la joie dans tout le camp
Le peuple est libre en un moment.

4- Voyez-vous ce roi puissant ?
C'est le berger devenu grand !

5- Le Seigneur l'a protégé…
Il fait un roi de ce berger.

NOBODY KNOWS

Paroles et musique : traditionnel américain

Sol Do Sol
R- Nobody knows the trouble I've seen
Sol Do7 Ré7
Nobody knows but Jesus
Sol Do Sol Mi7
Nobody knows the trouble I've seen.
La Ré7 Sol Do Sol
Glory ! hallelu - yah !

Sol Mi Sol Si Ré
1- Sometimes I'm up, sometimes I'm down, Oh yes Lord.
Sol Ré Mi7 La7 Ré7 Sol Do7 Sol
Sometimes I'm almost to the ground, Oh yes Lord. _ _

2- Oh ev'ry day to you I pray, Oh yes Lord.
For you to drive my sins away, Oh yes Lord.

3- If you get there before I do, O yes Lord.
Tell all a my friends I'm coming too, Oh yes Lord.

ABATS LES MURS (version française de NOBODY KNOWS)

Adaptation : Jacques SOULOR

1- Abats les murs qui cernent mon cœur !
Abats ma solitude !
Abats les murs qui cernent mon cœur !
Glory, alléluia !

2- Ma vie se traîne dans le noir, ô Seigneur !
Je voudrais bien partir te voir, ô Seigneur !

3- Tous mes amis me laissent tomber…
Je ne sais plus vers qui aller…

4- Si je t'écoute dans la nuit…
Je reprendrai goût à la vie…

LORD I WANT

Paroles et musique :
traditionnel américain

1- *Mi*
Lord, I want to be a christian
La *Mi*
In a my heart, In a my heart
Si7 *Do#m*
Lord, I want to be a chris - tian
La *Mi* *La*
In a my heart, In a my heart
Mi
In a my heart, In a my heart
Do#m
In a my heart
Mi *Si7* *Do#m*
Lord, I want to be a chris - tian
La *Mi*
In a my heart.

2- Lord, Iwant to be more loving…

3- Lord, I want to be more holy…

4- Lord, I want to be like Jesus…

OH WHEN THE SAINTS

Paroles et musique :
traditionnel américain

1- *Do*
Oh when the saints
Go marching in
Oh when the saints
Sol7
Go marching in
Do
Oh yes I want
Do7 *Fa* *Fam*
To be in that number _
Do
Oh when the saints
Sol *Do*
Go marching in.

2- Oh when the sun begins to shine.

3- Oh when the girls begin to smile.

4- Oh when the trumpet sons the call.

5- Oh when the cows go to the fields
Oh when the cows go to the fields
They see the trains and say moo-moo
Oh when the cows go to the fields.

6- Oh when the new world is revealed.

OLD BLACK JOE

Paroles et musique : traditionnel américain

1- Do Fa Do
Gone are the days when my heart was young and gay
Lam Mim Fa Sol
Gone are my friends from the cotton fiels a way
Do Fa Do
Gone from the eart to a better land I know
Sol7 Do7
I hear their gentle voices calling :
Fa Sol Do
"Old black Joe !"

R- I'm coming ! I'm coming!
Fa Do
For my head is bending low
Sol7 Do Fa
I hear their gentle voices calling :
Sol Do
"Old black Joe !"

2- Why do I weep when my heart should feel no pain
Why do I sigh that my friends come not again
Grie'ing for forms now departed long ago
I hear their gentle voices calling :
"Old black Joe !"

3- Where are the hearts once so happy and so free
Th' children so dear that I hel'upon my knee ?
Gone to the shore where my soul has long'd to go
I hear their gentle voices calling :
"Old black Joe !"

LE VIEUX JO (version française de OLD BLACK JOE)

Adaptation : Georges DARCY

1- La Ré La
Ils ne sont plus les beaux jours de l'amitié
Do#m Ré Mi
Tous mes amis ont quitté les cotonniers
La Ré La
Ils sont partis au pays du grand repos
Mi La
J'entends leurs douces voix chanter :
Mi La
"É-ho, vieux Jo !"

R- Me voilà, me voilà
Ré La
Tout brisé par les travaux
Mi La
J'entends leurs douces voix chanter :
Mi La
"É-ho, vieux Jo !"

2- Pourquoi pleurer quand mon cœur est toujours gai ?
Pourquoi gémir ils ne peuvent revenir
Depuis longtemps ils sont tous partis là-haut
J'entends leurs douces voix chanter :
"É-ho, vieux Jo !"

3- Où sont-ils donc les amis qu'on aimait tant ?
Et ces enfants qu'on berçait si doucement ?
Ils sont heureux près d'eux je serai bientôt
J'entends leurs douces voix chanter :
"É-ho, vieux Jo !"

SWING LOW, SWEET CHARIOT

Paroles et musique :
traditionnel américain

Sol Do Sol
R- O Swing low, sweet chariot _
Mi Ré
Coming for to carry me home
Sol Sol7 Do Sol
O Swing low, sweet chariot
Mim Ré Ré7 Sol
Coming for to car - ry me home
Sol7 Do Sol
O Swing low, sweet chariot _
Sol Mi Ré
Coming for to carry me home
Sol Sol7 Do Sol
O Swing low, sweet chariot
Sol Mi Ré7 Sol
Coming for to carry me home.

Sol Do Sol
1- I looked over Jordan and what did I see
Sol Mi Ré7
Coming for to carry me home
Sol Ré7 Do Sol
A band of angels coming after me
Sol Mi Ré7 Sol
Coming for to carry me home.

2- If you get there before I do
Coming for to carry me home
Tell all my friends I'm coming too
Coming for to carry me home.

WE SHALL OVER COME

Paroles et musique :
traditionnel américain

Do Fa Sol Do
1- We shall over co - me *(bis)*
Do Fa Sol
We shall over come some day
Fa Do
Oh, oh deep in my heart
Fa Do
I do believe
Sol Do
We shall over come some day

2- We'll walk hand in hand…

3- We shall live in peace…

4- We are not afraid (to day)…

5- We shall over come…

MARCHE DE LA PAIX (version française de WE SHALL OVER COME)

Adaptation :
Georges DOBBELAERE

Ré Sol6 La7 Ré3
1- Nous voulons pour tous les hommes
Sol6 La7 Ré
Nous voulons pour tous les hommes
La7 Ré La Mi La
Le travail, le pain, la joie, la liberté.

Ré La7 Ré Sim
R- Notre chant nous enga - ge
Mim La7 Fa#7
Lut-tons mes frères
Ré Sol Ré La7 Ré
Portons l'amour au monde en - tier.

2- Nous voulons pour tous les peuples *(bis)*
Le droit de régler sans peur leur destinée.

3- Nous pensons que cette terre *(bis)*
Doit d'abord donner le pain aux affamés.

4- Nous briserons les frontières *(bis)*
Pour unir d'un seul effort l'humanité.

5- Nous fondrons l'acier des armes *(bis)*
Pour forger l'acier qu'il faut pour labourer.

6- Nous combattons toute haine *(bis)*
Nous arracherons leurs fers aux opprimés.

7- Nous croyons que la lumière *(bis)*
Chassera pour tous, un jour, l'obscurité.

TRADITIONNELS RÉGIONAUX

ANEN, PETITOUS

1- Anen, petitous
Boulugats-bous aro
Se noun fas pas léu
Ou m'en baü tout aro.

2- Anen, petitous
Anen ar' mountanho
Faren pescajous
Manjaren castanhos.

3- Bido d'un pastoù
Bido regalado
Le mati, leytou
La neyt, la calhado.

ALLONS LES AMIS (version française de ANEN, PETITOUS)

Adaptation : B. GATEBOURSE

Ré Sim Fa#m
1- Allons les amis
Si7 Mim7 La7
Que l'on se réveil - le !
Si7 Mim
L'aube est annoncée
La7 Ré
Les troupeaux appellent.

2- Partons dans la nuit
La montagne est reine
Ce soir, au chalet
À nous les châtaignes.

3- La vie du berger
C'est bien la plus belle
Tout près des sommets
Parmi les merveilles.

LI A PRAIN DE GENT (BOUTE, BOUTE SELLE)

Traditionnel provençal : Nicolas SABOLY (XVII^{e}s)

Rém La7 Rém
1- Li a proun de gent
La7 Rém La7
Que van en roumava - ge
Rém La7 Rém
Li a proun de gent
La7
Que van a Bételen
Solm La7
Li vole ana, ai quasi proun courage
Solm La7
Li vole ana, s'ieu pode camina.

Rém
R- La cambo me fai mau
La7 Rém
Bouto sello, bouto sello
La cambo me fai mau
La7 Rém
Bouto sello a moun chivau.

2- Toui lei bergié
Qu'eroun sus la montagno
Toui lei bergié
An vist un messagié
Que li acrido : Metes vous en campagno
Que li acrida : Lou fiou de Diou es na !

3- Un gros pastras
Que fai la catamiaulo
Un gros pastras
S'en vai en pichot pas
S'ei revira au brut de ma paraulo
S'ei revira, li a di de m'espera.

4- Ai un roussin
Que volo dessus terro
Ai un roussin
Que manjo lou camin
L'ai acheto d'un que evien de guerro
L'ai acheto une ecus ben frappa.

5- Quand aurai vist
Lou fiou de Diou lou paire
Quand aurai vist
Lou Rey de Paradis
E quand aurai felicita sa maira
E quand aurai fai tout ço que deur.

Refrain final-
N'aurai plus ges de mau
Bouto sello…

NOËL EST ARRIVÉ
(LA JAMBE ME FAIT MAL)
(Version française de
BOUTE, BOUTE SELLE)

Traditionnel

Adaptation et arrangement : MALICORNE

R- La jambe me fait mal, boutte selle, boutte selle
La jambe me fait mal, boutte selle, à mon cheval.

1- Tous les bergers étant sur la montagne
Tous les bergers ont vu un messager
Qui leur a dit mettez-vous en campagne
Qui leur a dit Noël est arrivé.

2- Un gros berger qui fait seul le voyage
Un gros berger s'en va à petits pas
S'est retourné au bruit de mes paroles
Je lui ai dit Noël est arrivé.

3- Réveillez-vous, mettez-vous en fenêtre
Réveillez-vous, sortez de vos maisons,
Venez tous voir l'enfant qui vient de naître
Réveillez-vous, Noël est arrivé.

COMPLAINTE DE MANDRIN

Traditionnel dauphinois

Fa
1- Nous étions vingt ou trente
Do7 Fa
Brigands dans une bande
Tous habillés de blanc
Sol7 Do
À la mode des, vous m'enten-
dez
Fa
Tous habillés de blanc
Do7 Fa
À la mode des marchands.

2- La première volerie
Que je fis dans ma vie
C'est d'avoir goupillé
La bourse d'un…
… curé.

3- J'entrai dedans sa chambre
Mon Dieu qu'elle était grande
J'y trouvai mille écus
Je mis la main…
… dessus.

4- J'entrai dedans une autre
Mon Dieu qu'elle était haute
De robes et de manteaux
J'en chargeai trois…
… chariots.

5- Je les portai pour vendre
À la foire de Hollande
J' les vendis bon marché
Y m'avaient rien...
... coûté.

6- Ces messieurs de Grenoble
Avec leur longue robe
Et leur bonnet carré
M'eurent bientôt…
… jugé.

7- Ils m'ont jugé à pendre
Ah ! C'est dur à entendre
À pendre et étrangler
Sur la place du…
… marché.

8- Monté sur la potence
Je regardai la France
J'y vis mes compagnons
À l'ombre d'un…
… buisson.

9- Compagnons de misère
Allez dire à ma mère
Qu'elle ne m' reverra plus
J' suis un enfant…
… perdu.

COUCHÉ TARD, LEVÉ MATIN

Paroles et musique traditionnelles
Adaptation : MALICORNE
Arrangements : Gabriel YACOUB

Lam Sol Lam
R- Couché tard, levé matin
Sol Do
C'est pas ça qui fait du bien
Sol Lam
De l'eau fraîche et du pain vieux
Sol Mim
Ça ne rend pas vigoureux.

Lam
1- _ Le dimanche faut aller à la messe
Sol Lam
Et le lundi il faut semer le grain
Sol Do Lam
Et le lundi il faut semer le grain.

2- Le lundi…
Et le mardi faut aller faire les foins…

3- …
Le mercredi il faut battre le grain…

4- …
Le jeudi on le porte au moulin…

5- …
Le vendredi il faut faire cuire le pain…

6- …
Le samedi on a bien mal aux reins…

7- …
Mais on recommencera le lendemain…

DANS LES PRISONS DE NANTES

Traditionnel gallo

Mim Ré
1- Dans les prisons de Nantes
Landi, doudi, doudan,
Landi, landi, landi, di, doudan
Mim
Dans les prisons de Nantes
Sol Ré Mim
Y'avait un pri - son - nier
Y'avait un prisonnier.

2- Personne ne le vint voir… Que la fille du geôlier. *(bis)*

3- Un jour il lui demande… Et que dit-on de moi ? *(bis)*

4- On dit de vous en ville… Que vous serez pendu. *(bis)*

5- Mais s'il faut qu'on me pende… Déliez-moi les pieds. *(bis)*

6- La fille était jeunette… Les pieds lui a déliés. *(bis)*

7- Le prisonnier alerte… Dans la Loire s'est jeté. *(bis)*

8- À la première plonge… Il manqua se noyer. *(bis)*

9- À la seconde plonge… La Loire a traversée. *(bis)*

10- Dès qu'il fut sur les rives… Il se mit à chanter. *(bis)*

11- Je chante pour les filles… Surtout celles des geôliers. *(bis)*

12- Si je reviens à Nantes… Oui je l'épouserai. *(bis)*

13- Dans les prisons de Nantes… Y' avait un prisonnier. *(bis)*

DÉJÀ MAL MARIÉE

Traditionnel breton
Interprète : BROCÉLIANDE

Mim
1- Mon père m'a mariée
Ré Mim
À un tailleur de pier - re } *bis*
Sol Ré
Le lendemain des noces
Mim Ré Mim
M'envoie à la carrié - re.

Mim Ré Mim
R- Déjà mal mariée, déjà
Ré Mim
Déjà mal mariée, gué. } *bis*

2- Le lendemain des noces
M'envoie à la carrière
Et j'ai trempé mon pain
Dans le jus de la pierre.

3- Et j'ai trempé mon pain
Dans le jus de la pierre
Par là vint à passer
Le curé du village.

4- Par là vint à passer
Le curé du village
Bonjour monsieur le curé
J'ai deux mots à vous dire.

5- Bonjour monsieur le curé
J'ai deux mots à vous dire
Hier vous m'avez faite femme
Aujourd'hui faite-moi fille.

6- Hier vous m'avez faite femme
Aujourd'hui faite-moi fille
Je fais de fille à femme
Mais pas de femme à fille.

LA JUMENT DE MICHAO (LE LOUP, LE RENARD ET LA BELETTE)

Traditionnel gallo

Lam Sol Lam
1- C'est dans dix ans je m'en irai,
Sol Lam
J'entends le loup et le renard chanter. } *bis*

Sol
J'entend le loup, le renard et la belette,
Lam
J'entends le loup et le renard chanter. } *bis*

Sol
La jument de Michao et son petit poulain,
Lam
Ont passé dans le pré, ont mangé tout le foin. } *bis*

Sol
L'hiver viendra, les gars, l'hiver viendra,
Lam
La jument de Michao, elle s'en repartira. } *bis*

2- C'est dans neuf ans…

LE PASTOURIAU

Traditionnel auvergnat

Sol Ré7
1- Quand j'étais chez mon père, apprenti pastouriau
Sol Ré7 Sol
Il m'a mis dans la lande, pour garder les troupiaux.

Ré Sol
R- Troupiaux, troupiaux, je n'en avais guère
Ré7 Sol
Troupiaux, troupiaux, je n'en avais biaux.

2- Mais je n'en avais guère, je n'avais qu' trois agneaux
Et le loup de la plaine m'a mangé le plus biau.

3- Il était si vorace, n'a laissé que la piau,
N'a laissé que la queue pour mettre à mon chapiau.

4- Mais des os de la bête, me fis faire un flûtiau
Pour jouer à la fête, à la fête du hamiau.

5- Pour faire danser l' village dessous le grand ormiau
Et les jeun's et les vieilles, les pieds dans les sabiots.

LE RETOUR DU SOLDAT (BRAVE MARIN)

Traditionnel de l'Ouest de la France

Do Sol7 Do
1- Brave soldat *(marin)* revient de guerre, tout doux.
Sol7 Do
Brave soldat *(marin)* revient de guerre, tout doux.
Fa Do Sol7
Mal équipé, tout mal vêtu
Fa Do Sol7 Do
Un pied chaussé et l'autre nu, tout doux.

2- S'en va trouver dame l'hôtesse, tout doux. *(bis)*
Qu'on apporte ici du vin blanc
Que le marin boive en passant, tout doux.

3- Pauvre soldat *(marin)* se mit à boire, tout doux. *(bis)*
Se mit à boire et à chanter
La belle se mit à pleurer, tout doux.

4- Qu'avez-vous donc dame l'hôtesse, tout doux. *(bis)*
Regrettez-vous votre vin blanc
Que le soldat *(marin)* boit en passant, tout doux.

5- N'est pas mon vin que je regrette, tout doux. *(bis)*
Mais c'est la mort de mon mari
Monsieur vous ressemblez à lui, tout doux.

6- Ah, dites-moi dame l'hôtesse, tout doux. *(bis)*
Vous aviez de lui trois enfants
En voila quatre z-à-présent, tout doux.

7- J'ai tant reçu de tristes lettres, tout doux. *(bis)*
Qu'il était mort et enterré
Que je me suis remariée, tout doux.

8- Pauvre soldat *(marin)* vida son verre, tout doux. *(bis)*
Sans remercier, tout en pleurant
S'en retourna à son régiment (bâtiment), tout doux.

LES FILLES DES FORGES

Traditionnel breton - Domaine Public
Adaptation : Bernard BAUDRILLER

1- Digue ding dong dong *(Lam)*
Ce sont les filles des for - ges. *(Sol, Lam)* } *bis*
Des forges de Paimpont *(Sol)*
Digue ding dondaine *(Lam)*
Des forges de Paimpont *(Sol)*
Digue ding dong dong. *(Lam)*

2- Digue ding dong dong
Elles s'en vont à confesse…
Au curé du canton…

3- Digue ding dong dong
Qu'avez-vous fait les filles…
Pour demander pardon…

4- Digue ding dong dong
J'avions couru les bals…
Et les jolis garçons…

5- Digue ding dong dong
Ma fille pour pénitence…
Nous nous embrasserons…

6- Digue ding dong dong
Je n'embrasse point les prêtres…
Mais les jolis garçons…
Qu'ont du poil au menton…

7- Digue ding dong dong
Et l'on peut bien être prêtre…
Et être joli garçon…

LES SABOTS (LOUS ESCLOPS)

Traditionnel languedocien

1- Quant té coustéroun *(ter)* *(Ré)*
Lous esclogs *(La7)*
Quand éroun *(ter)* nous } *(bis)* *(La7, Ré)*

2- Cinq sous coustéroun…

3- Leu lous farrère…

4- Cinq sous dé tatchos…

5- Ginq sous dé batos…

6- Leu lous trauquere…

7- Lous mé cambieroun…

1- Combien t'ont-ils coûté *(ter)* *(Ré)*
Tes jolis sabots *(La7)*
Quand ils étaient
Quand ils étaient tout neufs *(Ré, La7, Ré)*
Quand ils étaient *(La7)* } *bis*
Quand ils étaient tout neufs. _ *(Ré, La7, Ré)*

2- Cinq sous ils m'ont coûté *(ter)*
Mes jolis sabots
Quand ils étaient
Quand ils étaient tout neufs.

3- Moi je les ai cloutés…

4- Moi je les ai ferrés…

5- Moi je les ai vernis…

6- Puis je les ai changés *(ter)*
Mes jolis sabots
Quand ils étaient vieux *(Ré)*
Quand ils étaient *(La7)* } *bis*
Quand ils étaient tout vieux. *(Ré, La7, Ré)*

PELOT D'HENNEBONT

Traditionnel breton - Domaine Public
Adaptation : Bernard BAUDRILLER

Mim *Mim* *Sol*
1- Ma chère maman je vous écris
Ré
Que nous sommes entrés dans Paris
Mim *Sol*
Ma chère maman je vous écris
Ré
Que nous sommes entrés dans Paris
Ré *Mim*
Que je sommes déjà caporal
Ré *Mim*
Et je s'rons bientôt général.

2- À la bataille je combattions
Les ennemis de la nation
Et tous ceux qui se présentions } *bis*
À grands coups d' sabre j' les emmondions. }

3- Le Roy Louis m'a z'appelé } *bis*
C'est "Sans Quartier" qu'il m'a nommé }
Sire, "Sans Quartier" c'est point mon nom
J' lui dis j' m'appelle Pelot d'Hennebont.

4- Il attirit z'un biau ruban } *bis*
Et je n' sais quoi au bout d'argent }
Il m' dit : "Boute ça sur ton habit
Et combats toujours l'ennemi."

5- Faut qu' ce soye quequ' chose de précieux } *bis*
Pour que les autres m'appellent "Monsieur" }
Et bout'lou main à lou chapiau
Quand ils veulent conter au Pelot.

6- Ma mère si j' meurs en combattant } *bis*
J' vous enverrai ce biau ruban }
Et vous l' bouterez à vot' fusiau
En souvenir du gars Pelot.

7- Dites à mon père, à mon cousin, } *bis*
À mes amis, que je vais bien }
Je suis leur humble serviteur
Pelot, qui vous embrasse de cœur.

PERRINE ÉTAIT SERVANTE

Traditionnel de l'Ouest de la France

Sol Mim Ré7 Sol
1- Perrine était servan - te *(bis)*
Ré Mim Ré Do Ré
Chez monsieur le curé, digue donda dondai - ne
Mim Ré Sim Do Ré7 Sol
Chez monsieur le curé, digue donda dondé !

2- Son amant vint la vouère *(bis)*
Un soir après l' dîner...

3- Perrine, ô ma Perrine *(bis)*
J' voudrais bien t'embrasser...

4- Oh ! grand nigaud qu' t'es bête *(bis)*
Ça s' fait sans s' demander ! ...

5- V'la m'sieur l' curé qu' arrive ! *(bis)*
Où j' va t'y bien m' cacher ? ...

6- Cache-toi dedans la huche ! *(bis)*
l' n' saura pas t' trouver ! ...

7- Il y resta six s'maines *(bis)*
Ell' l'avait oublié ! ...

8- Au bout de six semaines *(bis)*
Les rats l'avaient bouffé ! ...

9- Ils avaient rongé son crâne *(bis)*
Et puis tous les doigts de pied...

10- On fit creuser son crâne *(bis)*
Pour faire un bénitier...

11- On fit monter ses jambes *(bis)*
Pour fair' deux chandeliers...

12- Voila la triste histoire *(bis)*
D'un jeune homme à marier...

13- Qu'allait trop voir les filles *(bis)*
Le soir après l' dîner ! ...

PRINCES QU'EN MAINS TENEZ

Paroles : d'après Johan MESCHINOT (XVe)
Musique traditionnelle provençale
Arrangement : Bernard BAUDRILLER

La Ré Sim7 Mi
1- Vous qu'en main tenez tous votre peuple
La Fa# Sim7 Mi7 La
Pillé tant l'hyver que l'esté
La Ré Sim7 Mi
Vous qu'en main tenez tous votre peuple
La Fa#m Sim7 Mi7 La
Voyez qu'il a trop povre esté.

La Mi La Mi
R- Sont cours aux robins des Princes de Bretaigne
Ré Mi Ré Mi
Sont coulps aux villains si Princes les dédaignent
La Fa#m Sim7 Mi
Ni les cours aux villains, ni les coulps aux robins.

2- C'est par desplaisir, fain et froidure
Que les povres gens meurent souvent
C'est sans desplaisir, fain et froidure
Que seigneurs entre eux vont battant.

3- Seigneurs nous tenez comme rebelles
Parlant plus en hault qu'en bas ton.
Seigneurs nous tenez comme rebelles
Justice ne menez qu'au baston.

4- Gens qui de justice avez la charge
Par trop n'y voyez qu'en prélats
Gens qui de justice avez la charge
De vous en parler suis très las.

5- Souvent vous tenez femme pour folle
Qui se vend pour le plus donnant
Souvent vous tenez femme pour folle
Mais pire faictes-vous bien souvent.

6- À la fois suffist une cavale
Au Roy une robe ung hostel.
À la fois suffist une cavale
Le Roy se mourra, je suis tel.

SE CANTO

Traditionnel languedocien
attribué à Gaston PHEBUS (XIVe s.)

Sol Do
R- Se canto, que canto
Sol
Canto pas per you.
Fa Do
Canto per ma mio
Sol Do
Qu'es al len de you.

1- Aquelos mountagnos
Qué tan aoutos sount
M'empatchon de bésé
Mas amous oun sount.

2- Debat ma fenestro
Ya un aousélou
Touto la neî canto
Canto sa cansou.

3- Bassas bous mountagnos
Planos aoussas bous !
Perque posqui bésé
Mas amous oun sount.

4- Aquélos mountagnos
Tant s'abacharan
Mas amourettos
Se rapproucharan.

S'IL CHANTE (version française de SE CANTO)

R- S'il chante, qu'il chante
Chante pas pour moi
Chante pour ma mie
Qui est loin de moi.

1- Ces fières montagnes
À mes yeux navrés
Cachent de ma mie
Les traits bien aimés.

2- Dessous ma fenêtre
Y'a un oiselet
Toute la nuit chante
Chante sa chanson.

3- Baissez-vous montagnes
Plaines haussez-vous
Que mes yeux s'en aillent
Où sont mes amours.

4- Les chères montagnes
Tant s'abaisseront
Qu'à la fin ma mie
Mes yeux reverront.

À LA CLAIRE FONTAINE

Traditionnel canadien

1- À la claire fontaine (Fa Do7 Fa)
M'en allant promener (Do7 Fa)
J'ai trouvé l'eau si claire (Lam7 Fa)
Que je m'y suis baigné. (Do7)

R- Il y a longtemps que je t'aime (Fa)
Jamais je ne t'oublierai. (Sol7 Do7 Fa)

2- J'ai trouvé l'eau si claire
Que je m'y suis baigné
À la feuille d'un chêne
Je me suis essuyé.

3- À la feuille...
Sur la plus haute branche
Un rossignol chantait.

4- Sur la plus haute...
Chante rossignol chante
Toi qui as le cœur gai.

5- Chante rossignol...
Tu as le cœur à rire
Moi je l'ai à pleurer.

6- Tu as le cœur...
J'ai perdu mon amie
Sans l'avoir mérité.

7- J'ai perdu...
Pour un bouton de rose
Que je lui refusai.

8- Je voudrais que la rose
Fût encore à planter
Et que ma douce amie
Fût encore à m'aimer.

PATRIMOINE MUSICAL

ADÈLE (POUR ALLER VOIR ADÈLE)

1 - C'était un jeun' marin qui revenait de guerre *(bis)* (Fa Do)
Pour aller voir Adèle, Adèl' sa bien-aimée (Fa Sib Do)
Pour aller voir Adèle, Adèl' sa bien-aimée (Fa Do7 Fa)
Pour aller voir Adèle, Adèl' sa bien-aimée. (Fa Do7 Do Fa)

2- Il s'en alla trouver, trouver son capitaine : *(bis)*
"Je voudrais r'voir Adèle, Adèle ma bien-aimée !"...

3- Son capitain' lui dit : "Oui va-t-en voir Adèle *(bis)*
Oui va-t-en voir Adèle, Adèle ta bien-aimée !"...

4- "Bonjour mes chers parents, bonjour' cher pèr', chère mère *(bis)*
Bonjour aussi Adèle, Adèle ma bien-aimée !"...

5- "Hélas ! mon pauvre enfant, tu n' verras plus Adèle ! *(bis)*
Car elle est morte Adèle, Adèle ta bien-aimée !"...

AU CHANT DE L'ALOUETTE

Traditionnel québecois
Interprète : BROCÉLIANDE

Rém
1- Je m'en vais aux champs
Do
C'est pour y cueillir } *bis*
Rém *Do*
Je n'ai pas cueilli
Lam *Rém*
J'ai cherché des nids.

R - Au chant de l'alouette
Do *Fa*
Je veille et je dors
Rém *Do*
J'écoute l'alouette
Lam *Rém*
Et puis je m'endors.

2- Je n'ai pas cueilli
J'ai cherché des nids
J'ai trouvé la caille
Assise sur son nid.

3- ... Lui marchai sur l'aile et la lui rompis.

4- ... Elle me dit vilaine, ôte-toi d'ici.

5- ... Je n' suis pas vilaine, caille jolie.

6- ... Tu n'auras de peine, pour tes petits.

7- ... Je vous f'rai manger, dedans votre nid.

8- ... Si tu te fais belle, nous serons amies.

AUTOMNE (COLCHIQUES DANS LES PRÉS)

Paroles et musique : Francine COCKENPOT

Rém
1- Colchiques dans les prés fleurissent, fleurissent
Solm *Rém*
Colchiques dans les prés : c'est la fin de l'été.

Lam *Sib*
R- La feuille d'automne emportée par le vent
Fa *Sol* *Rém*
En ronde monotone tombe en tourbillonnant.

2- Châtaignes dans les bois se fendent, se fendent
Châtaignes dans les bois se fendent sous les pas.

3- Nuages dans le ciel s'étirent, s'étirent
Nuages dans le ciel s'étirent comme une aile.

4- Et ce chant dans mon cœur, murmure, murmure
Et ce chant dans mon cœur appelle le bonheur.

AUX MARCHES DU PALAIS

1- *Mi La Mi*
Aux marches du palais
Si7 Do#m Si7
Aux marches du palais
Do#m Fa#m Si7
Y a une tant belle fille lonla
Fa#m Si7 Mi
Y a une tant belle fil - le.

2- Elle a tant d'amoureux…
Qu'elle ne sait lequel prendre…

3- C'est un p'tit cordonnier…
Qu'a eu sa préférence…

4- C'est en la l'y chaussant…
Qu'il lui fit sa demande…

5- La belle si tu voulais…
Nous dormirions ensemble…

6- Dans un grand lit carré…
Orné de toile blanche…

7- Aux quatre coins du lit…
Un bouquet de pervenches…

8- Dans le mitan du lit…
La rivière est profonde…

9- Tous les chevaux du roi…
Pourraient y boire ensemble…

10- Et nous y dormirions…
Jusqu'à la fin du monde…

BALLADE EN NOVEMBRE

1- *La*
Qu'on me laisse à mes souvenirs
Mi
Qu'on me laisse à mes amours mortes
Ré
Il est temps de fermer la porte
Mi La
Il se fait temps d'aller dormir
La7
Je n'étais pas toujours bien mise
Ré
J'avais les cheveux dans les yeux
Mi
Mais c'est ainsi qu'il m'avait prise
La
Je crois qu'il m'aimait un peu.

R- *La7 Ré La*
Il pleut sur le jardin sur le rivage
Mi
Et si j'ai de l'eau dans les yeux
La
C'est qu'il me pleut sur le visage.

2- Le vent du nord qui s'amoncelle
S'amuse seul dans mes cheveux.
Je n'étais pas toujours bien belle
Mais je crois qu'il m'aimait un peu.
Ma robe a toujours ses reprises
Et j'ai toujours les cheveux fous
Mais c'est ainsi qu'il m'avait prise
Je crois que je l'aimais beaucoup.

3- Si j'ai fondu tant de chandelles
Depuis le temps qu'on ne s'est vu
Et si je lui reste fidèle
À quoi me sert tant de vertu
Qu'on me laisse à mes amours mortes
Qu'on me laisse à mes souvenirs
Mais avant de fermer la porte
Qu'on me laisse le temps d'en rire.

BRING BACK

Traditionnel écossais

La
1- My Bonnie is over the ocean
Si7 Mi7
My Bonnie is over the sea
La
My Bonnie is over the ocean
Si7 Mi7 La
Oh ! bring back my Bonnie to me, to me

Ré Sim7
R- Bring back, bring back
Mi7 La
Oh ! bring back my Bonnie to me, to me. } *bis*

2- Last night as I lay on my pillow
Last night as I lay on my bed
Last night as I lay on my pillow
I dream that my Bonnie was dead.

3- The wind has blown over the ocean
The wind has blown over the sea
The wind has blown over the ocean
And brought back my Bonnie to me.

Couplets en français-

1- Ami qui va courant le monde
Par le gros temps et par le froid
Ami qui va courant le monde
Quand reviendras-tu près de moi ?

2- Le soir sur ma couche je rêve
Au temps joyeux de nos amours
Le soir sur ma couche je rêve
Que tu es parti pour toujours.

3- Un jour sur nous les vents soufflèrent
Poussant le bateau hardiment
Un jour sur nous les vents soufflèrent
Nuit et jour jusqu'au continent.

4- Ô vent joyeux tu nous ramènes
Vers ceux qu'on ne peut oublier
Ô vent joyeux tu nous ramènes
Vers ceux qu'on ne peut oublier.

CASATCHOK

Paroles et musique :
Boris RUBASCHKIN
Adaptation française : Tony PERDONE

Rém La7
1- C'est l'hiver qui frappe à notre porte
Rém
Mes amis allumons un bon feu
Fa Sib Fa Solm Rém
C'est l'hiver que le diable l'emporte
Solm Rém La7 Rém
Mes amis ce soir oublions-le } *bis*
Ré Mim7
Babouchka apporte les pains d'orge
La7 Ré
Ce qu'il y a de bon dans la maison
Mim7
La vodka qui brûle un peu la gorge
La7 Ré
Mais qui laisse le cœur plein de chansons.

2- Dans les bois les loups font une ronde
Sur la neige frissonnent les corbeaux
Oublions la tristesse du monde
Tous les loups et les vilains oiseaux } *bis*
Pétrouchka prends ta balalaïka
Et joue-moi un air à ta façon
Joue d'abord les "Bateliers de la Volga"
Et quand tu auras fini nous danserons.

3- C'est l'hiver qui frappe à notre porte
Mes amis dansons comme le feu.

CHANSON DES ESCARGOTS QUI VONT À L'ENTERREMENT

Paroles :
Jacques PRÉVERT
Musique :
Joseph KOSMA

Fa Rém Dom
_ À l'enterrement d'une feuille morte
Sibm Do7 Fa Do7
Deux escargots s'en vont _
Fa Dom Ré Ré7
Ils ont la coquille noi - re
Sol7 Solm7 Fa
Du crêpe autour des cornes
Sol7 Do
Ils s'en vont dans le soir
Fa Lam7 Sibm
Un très beau soir d'automne
Fa Sib Fa
Hélas quand ils arrivent
Ré7 Sol7 Do7
C'est déjà le printemps
Fa Sol7 Do7
Les feuilles qui étaient mortes
Fa Sibm6
Sont toutes ressuscitées
Fa Sib Fa
Et les deux escargots
Ré7 Sol7 Sib7M Fa
Sont très dés - appointés

Do7 Rém
Mais voilà le soleil
Do7 Mi7 Fa7
Le soleil qui leur dit
Solm Sib Solm Sib
Prenez, pre - nez la peine
Solm5 - Sibm Solm5 - Sibm
La peine de vous asseoir
Solm7 Ré7
Prenez un verre de bière
Solm7 Sibm7 Do7
Si le cœur vous en dit
Fa Sib Ré7
Prenez si ça vous plaît
Solm Sib7 Do7 Fa
L'autocar pour Paris
Do7 Sol7
Il partira ce soir
Do7 Fa Sol7
Vous verrez du pays
Do7 Sib Fa Ré7
Mais ne prenez pas le deuil
Solm Sibm7 Do7
C'est moi qui vous le dis
Fa Sib Ré7 Solm
Ça noircit le blanc de l'œil
Rém Do7 Fa
Et puis ça enlaidit
Sol7 Do7
Les histoires de cercueils
Fa Sibm6
C'est triste et pas joli
Fa Mi7
Reprenez vos couleurs
Fa7 Fam7 Sol7 Solm7
Les couleurs de la vie

Lam7 Sibm Ré7
Alors toutes les bêtes
Do Mi7 Fa
Les arbres et les plantes
Solm Sib Solm Sib
Se met - tent à chanter
Solm5 - Sibm Solm5 - Sibm
À chan - ter à tue-tête
Solm7 Ré7
La vraie chanson vivante
Solm7 Sibm7 Do7
La chanson de l'été
Fa Sib Fa
Et tout le monde de boire
Ré7 Solm7 Sibm7 Do7
Tout le monde de trinquer
Fa Sib Ré7
C'est un très joli soir
Solm Rém Do7 Fa
Un joli soir d'é - té
Sol7 Do
Et les deux escargots
Fa Lam7 Sibm
S'en retournent chez eux
Fa Sib Fa
Ils s'en vont très émus
Ré7 Sol7 Do7
Ils s'en vont très heureux
Fa Sol7 Do7
Comme ils ont beaucoup bu
Fa Sibm6
Ils titubent un p'tit peu
Fa Sib Fa
Mais là-haut dans le ciel
Ré7 Sol7 Sib7 Do7 Fa
La lune veille sur eux.

CHANT DES MARAIS

Chant de captivité
écrit par les détenus
du camp de Börgermoor
durant la guerre de 1940-1945

Rém
1- Loin dans l'infini s'étendent
Solm Rém La7 Rém
Les grands prés marécageux
Fa Do7 Fa
Pas un seul oiseau ne chante
Solm Rém La7 Rém
Dans les arbres secs et creux.

Fa Do7
R- Ô terre de détresse
Rém La
Où nous devons sans cesse
Rém La7 Rém
Piocher… Pio - cher !

2- En ce camp morne et sauvage
Entouré de murs et de fer
Il nous semble vivre en cage
Au milieu d'un grand désert.

3- Chaque jour la cloche rassemble
Triste repas de reclus
Alors nous parlons ensemble
De tous ceux qu'on ne voit plus.

4- Bruits de pas, et bruits des armes
Sentinelles jour et nuit
Et du sang, des cris, des larmes
La mort pour celui qui fuit.

5- Mais un jour, dans notre vie
Le printemps refleurira
Libre alors, ô ma patrie
(ou : Liberté, liberté chérie)
Je dirai : "Tu es à moi."

R- Ô terre d'allégresse
Où nous pourrons sans cesse
Aimer… Aimer !

CHANT RUSSE (NOUS AIMONS VIVRE)

Traditionnel russe
Adaptation : Maurice BLANCHOT
et Gérard MOUTON

Rém
1- Nous aimons vivre au fond des bois
La7 Rém
Aller coucher sur la dure
Solm Rém
_ La forêt nous dit de ses mille voix :
La7 Rém
"Lance-toi dans la grande aventure."
Solm Rém
_ La forêt nous dit de ses mille voix :
La7 Rém
"Lance-toi dans la grande aventure."

La7
R- Tra la la la la la la la…
Rém La7 Rém
La la la la… _ _

2- Nous aimons vivre auprès du feu
Et danser sous les étoiles
La nuit claire nous dit de ses mille voix :
"Sois gai lorsque le ciel est sans voile."

3- Nous aimons vivre sur nos chevaux
Dans les plaines du Caucase
Emportés par de rapides galops
Nous allons plus vite que Pégase.

CHEVALIERS DE LA TABLE RONDE

1- *Do*
Chevaliers de la table ronde
Sol7 Do
Goûtons voir si le vin est bon } *bis*
Do7 Fa
Goûtons voir, oui, oui, oui
Do
Goûtons voir, non, non, non
Sol7 Do
Goûtons voir si le vin est bon. } *bis*

2- S'il est bon, s'il est agréable
J'en boirai jusqu'à mon plaisir.

3- Si je meurs, je veux qu'on m'enterre
Dans une cave où y'a du bon vin.

4- Les deux pieds contre la muraille
Et la tête sous le robinet.

5- Et les quatre plus grands ivrognes
Porteront les quatre coins du drap.

6- Pour donner le discours d'usage
On prendra le bistrot du coin.

7- Et si le tonneau se débouche
J'en boirai jusqu'à mon plaisir.

8- Et s'il en reste quelques gouttes
Ce sera pour me rafraîchir.

9- Sur ma tombe je veux qu'on inscrive
Ici git le roi des buveurs.

DEDANS MA CHAUMIÈRE

Fa Sib
1- Dedans ma chaumière
Do Fa
Pour y vivre heureux
Fa Sib
Combien faut-il être
Do Fa
Il faut être deux.

Fa Sib
R- Oui ma chaumière
Do Fa
Je la préfère
Fa Sib
Avec toi, avec toi
Do Fa
Au palais d'un roi.

2- Elle est égayée
Par des chants d'oiseaux
Elle est ombragée
Par de frais ormeaux.

3- Quand l'étranger passe
Je lui tends la main
Je lui fais la grâce
D'un bon verre de vin.

EN SORTANT DE L'ÉCOLE

Paroles : Jacques PRÉVERT
Musique : Joseph KOSMA

Sol
En sortant de l'école
Nous avons rencontré
Ré Si Mim
Un grand chemin de fer
Lam Ré Mi
Qui nous a emmenés
Lam Mi7 Lam Mim
Tout autour de la terre
Ré Sol Ré Ré7
Dans un wagon doré
Sol Lam7 Sol
Tout autour de la terre
Sol Lam7 Sol
Nous avons rencontré
Mim Lam5 - Sim Fa Sol
La mer qui se promenait
La Ré Si Mim
Avec tous ses coquillages
Lam Ré Sim Mim
Ses îles parfumées
Lam Mi7 Lam Mim Ré
Et puis ses beaux nau - frages
Mim Ré
Et ses saumons fumés.
Sol Lam7 Sol
Au-dessus de la mer
Sol Lam7 Sol
Nous avons rencontré
Do Ré Sol
La lune et les étoiles
Mim Lam Mim Lam
__ Sur un bateau à voiles
Fa#m Sim Fa#m Sim
__ Partant pour le Japon

Mi7 Lam Sol
__ Et les trois mousquetaires
Fa7 Mim
Des cinq doigts de la main
La Sol
Tournant la manivelle
Do Sol
D'un petit sous-marin
Do Sol
Plongeant au fond des mers
Do La Ré
Pour chercher des oursins.
Sol
Revenant sur la terre
Nous avons rencontré
Ré Si Mim
Sur la voie de chemin de fer
Lam Ré Mi
Une maison qui fuyait
Lam Mi7 Lam Mim
Fuyait tout autour de la terre
Ré Sol Ré Ré7
Fuyait tout autour de la mer
Sol Lam7 Sol
Fuyait devant l'hiver
Lam7 Sol
Qui voulait l'attraper.
Lam7 Sol Mi
Mais nous sur notre chemin de fer __
Lam7 Sol
On s'est mis à rouler
Lam7 Sol
Rouler derrière l'hiver
Ré Si Mim
Et on l'a écrasé

Lam Ré Mi
Et la maison s'est arrêtée
La Ré Mi Ré
Et le printemps nous a salués. __ __
Do Ré Sim Mim
C'était lui le garde-barrière
Do Fa#m Ré
Et il nous a bien remerciés
Sol
Et toutes les fleurs
Lam7 Sol
De toute la terre
Lam7 Sol
Soudain se sont mises à pousser
Ré Si Mi
Pousser à tort et à travers
Lam Ré Mi
Sur la voie du chemin de fer
Do Lam
Qui ne voulait plus avancer
Ré Si7 Mim Mi
De peur de les abîmer.
Lam Dom Mim Ré Sol
Alors on est revenu à pied
Lam Ré La Si7 Mim
À pied __ tout autour de la terre
Dom Ré Rém Sim7
À pied tout autour de la mer __
Mi Mi7 La
__ Tout autour du soleil
Lam6 Sim Mim
De la lune et des étoiles
Lam7 Mi Lam
À pied, à cheval, en voiture
La Mim Sol
Et en bateau à voiles. __

Jacques PRÉVERT, issu de "Histoires" © Éditions GALLIMARD.

FANCHON

Chant des "Marie-Louise"
à Marengo (XVIII^e^s)

La Mi7 La
1- Amis, il faut faire une pau - se
Mi
J'aperçois l'ombre d'un bouchon
Mi7 La
Buvons à l'aimable Fanchon
Si7 Mi
Chantons pour elle quelque chose

La Mi7 La
R- Ah ! que son entretien est doux
Mi
Qu'il a de mérite et de gloire
Mi7 La La7
Elle aime à rire, elle aime à boi - re
Mi La
Elle aime à chanter comme nous
Mi7 La La7
Elle aime à rire, elle aime à boi - re
Mi La
Elle aime à chanter comme nous
Elle aime à rire, elle aime à boire
Elle aime à chanter comme nous
Mi Mi7 La
Oui, comme nous ! Oui, com - me nous !

2- Fanchon, quoique bonne chrétienne
Fut baptisée avec du vin
Un Bourguignon fut son parrain
Une Bretonne sa marraine.

3- Fanchon préfère la grillade
À tous les mets plus délicats
Son teint prend un nouvel éclat
Quand on lui verse une rasade.

4- Fanchon ne se montre cruelle
Que lorsqu'on lui parle d'amour
Mais moi, je ne lui fais la cour
Que pour m'enivrer avec elle.

FILE LA LAINE

Paroles
et musique :
Robert MARCY

Mim
1- Dans la chanson de nos pères
Monsieur de Malborough est mort
Sol
Si c'était un pauvre hère
Lam Mim
On n'en dirait rien encor
Lam
Mais la dame à sa fenêtre
Mim Ré Mim
Pleurant sur son triste sort
Lam
Dans mille ans, deux mill' peut-être
Mim Si7 Mim
Se désolera encor.

Mim Si7 Mim
R- File la laine, file les jours
Sol Ré Sol
Garde ma peine et mon amour
Lam Mim Lam Mim
Livres d'images des rêves lourds
Si7 Mim Si7 Mim
Ouvre la page à l'éternel retour.

2- Hennins aux rubans de soie
Chansons bleues des troubadours
Regret des festins de joie
Ou fleur du joli tambour
Dans la grande cheminée
S'éteint le feu du bonheur
Car la dame abandonnée
Ne retrouvera son cœur.

3- Croisés des grandes batailles
Sachez vos lances manier
Ajustez cottes de mailles
Armures et boucliers
Si l'ennemi vous assaille
Gardez-vous de trépasser
Car derrière vos murailles
On attend sans se lasser.

FLEUR D'ÉPINE

1- Ma mère qui m'a nourri
N'a jamais connu mon nom, ohé } *bis*
On m'appelle, on m'appelle
On m'appelle fleur d'épine
Fleur de rose c'est mon nom.

R- Tralala lalala lala... _ _ _ _ _

2- Fleur d'épine, fleur de rose
C'est un nom qui coûte cher
Car il coûte, car il coûte
Car il coûte double et triple
De la valeur de cent écus.

3- Qu'est-ce donc que cent écus
Quand on a l'honneur perdu
Car l'honneur, car l'honneur
Car l'honneur est privilège
Des fillettes de quinze ans.

4- Ne fais donc pas tant ta fière
L'on t'a vue hier soir
L'on t'a vue, l'on t'a vue
L'on t'a vue hier soir
Un gros bourgeois auprès de toi.

5- Ce n'était pas un bourgeois
Qui était auprès de moi
C'était l'ombre, c'était l'ombre
C'était l'ombre de la lune
Qui rôdait dans le grand bois.

HARDI LES GARS

1- Hardi les gars ! Vire au guindeau
Good bye, farewell !
Good bye, farewell !
Hardi les gars, adieu Bordeaux !
Hourrah ! Oh ! Mexico-o-o-o !
Au Cap Horn, il ne fera pas chaud
Haul away ! Hé ! Ou latch'aller !
Pour fair' la pêche au cachalot,
Hal' matelot, et ho-hisse et ho !

2- Plus d'un y laissera sa peau...
Adieu misère, adieu bateau...
Et nous irons à Valparaiso...
Où d'autres laisseront leurs os...

3- Ceux qui r'viendront pavillon haut...
C'est premier brin de matelot...
Pour la bordée ils seront à flot...
Bons pour le rack, la fille, le couteau...

HÉ ! GARÇON PRENDS LA BARRE

Paroles et musique :
Jean KERLOCH

La Mi7 La
1- Hé ! garçon prends la barre
Sim
Vire au vent et largue les ris
Ré Mi7
Le vent te raconte l'histoire
La Mi7 La
Des manrins couverts de gloire
Mi La
Ils t'appellent et tu le suis.

2- Vers les rives lointaines
Que tu rêves tant d'explorer
Et qui sont déjà ton domaine
Va tout droit sans fuir la peine
Et sois fier de naviguer.

3- Sur la mer et sur la terre
Au pays comme à l'étranger
Garçon sois fidèle à tes frères
Car tu as promis naguère
De servir et protéger.

IL EST UN JARDIN

Paroles et musique :
Michel SCHWINGROUBER

Solm Fa Mib Sib
1- Il est un jardin dans un cœur oublié
Dom Solm La Ré7
La fleur du pommier au soleil à perlé
Solm Fa Mib Sib
L'oiseau dans le nid a posé un secret
Dom Solm La Ré7 Solm
Le cœur s'est ouvert, le jardin s'éveillait.

Sib Fa Solm Rém
R- Et le temps d'une fleur, un instant de bonheur
Mib Sib Dom Ré
Est venu dans le cœur mais la vie s'étire
Sib Fa Solm Rém
Et le temps d'une fleur un instant de bonheur
Mib Fa Solm
Ainsi va le chemin de vie.

2- Il est un jardin dans un cœur oublié
Et l'arbre a plié sous le poids du fruitier
Du nid le secret de la vie révélé
Le cœur a souri au bonheur éclaté.

3- Il est un jardin dans un cœur oublié
Le fruit a chuté le soleil s'est voilé
Couvée, envolée à jamais dispersée
Le cœur a saigné le jardin s'éteignait.

4- Il est un jardin dans un cœur oublié
Le bois déjà mort sous le ciel détrempé
La paille du nid au vent bien clairsemée
Le cœur s'est fermé à jamais oublié.

HYMNE EUROPÉEN
(HYMNE À LA JOIE)

Paroles : Joseph FOLLIET
Musique : Ludwig Van BEETHOVEN
(9e symphonie)

Ré *La7*
1- Joie discrète, humble et fidèle
Ré *La7*
Qui murmure dans les eaux
Ré *La7*
Dans le froissement des ailes
Ré *La7* *Ré*
Et les hymnes des oiseaux.
La7 *Ré* *La7* *Ré*
Joie qui vibre dans les feuilles
La7 *Fa#* *Sim* *Mi7* *La*
Dans les prés et les mois - sons
Ré *La7*
Nos âmes blanches t'accueillent
Ré *La7* *Ré*
Par de naïves chansons.

2- Joie de l'être et de la vie
Sanglante comme un beau soir
Éclosion infinie
Des rêves et des espoirs
Dans notre coupe tendue
Verse-nous le vin vermeil
Où s'éclôt, fervente et drue
La puissance du soleil.

3- Joie limpide, joie austère
Pâle fille du devoir
Dont l'immaculé mystère
Se revêt de voiles noirs
Ah, surgis, ardente et pure
De l'œuvre de tous les jours
Pour lui donner la parure
Lumineuse de l'amour.

4- Joie immense, joie profonde
Ombre vivante de Dieu
Abats-toi sur notre monde
Comme un aigle vient des cieux.
Enserre dans ton étreinte
La tremblante humanité
Que s'évapore la crainte
Que naisse la liberté.

5- Joie énorme, joie terrible
Du sacrifice total
Toi qui domptes l'impossible
Et maîtrises le fatal
Joie sauvage, apre et farouche
Cavalière de la mort
Nous soufflons à pleine bouche
Dans l'ivoire de ton cor.

6- Joie qui monte et déborde
Tu veux nos cœurs ?... Les voilà !
Et nos âmes sont les cordes
Où ton archet passera...
Que ton rythme nous emporte
Aux splendeurs de l'Éternel
Comme un vol de feuilles mortes
Que l'orage entraîne au ciel.

IIS ÉTAIENT TROIS GARÇONS

Do Fa Do
1- Ils étaient trois garçons, ils étaient trois garçons
Fa Do Sol7 Do Do7
Leur chant, leur chant emplit ma maison _
Fa Do Sol7 Do
Leur chant, leur chant emplit ma maison.

2- Ils étaient si joyeux *(bis)*
Que je m'en fus aussitôt vers eux. *(bis)*

3- Amis où allez-vous *(bis)*
Je suis si triste et si las de tout. *(bis)*

4- Ami, viens avec nous *(bis)*
Tu connaîtras un bonheur plus doux. *(bis)*

5- Tu connaîtras la paix *(bis)*
Bien loin, bien loin de ce qui est laid. *(bis)*

6- Ils étaient venus trois *(bis)*
Quatre s'en furent le cœur plein de joie. *(bis)*

J'AI LIÉ MA BOTTE

Paroles et musique :
Francine COCKENPOT

Do Rém Do
1- Au bois voisin, l'y a des violettes
Rém Do
De l'aubépine et de l'églantier.

Do Fa Do Sol
R- J'ai lié ma botte avec un brin de pail - le
Do Fa Do
J'ai lié ma botte avec un brin d'osier.

2- J'y vais le soir pour y faire ma cueillette
En gros sabots et en tablier.

3- J'en cueillis tant j'en avais plein ma hotte
Pour les porter j'ai dû les lier.

4- En revenant j'ai rencontré un prince
Avec mes fleurs, je l'ai salué.

5- M'a demandé de venir à la ville
Et d'habiter dans un grand palais.

6- Mais j'aime mieux la maison de mon père
Le bois joli et ses églantiers.

J'ÉTOUFFE DANS MA VILLE (MA PRAIRIE)

Do Do7 Fa
1- J'étouffe dans ma ville et je m'y meurs d'ennui
Do Sol7
Car tout me semble gris
Do Do7 Fa
Les rues me sont hostiles, les toits cachent le soleil
Sol7 Do
Ah ! rendez-moi mon ciel !

Do
R1- Laissez-moi retrouver ma prairie
Sol
Retrouver mes vastes horizons
Do Fam
Le galop enfiévré des noirs troupeaux en furie
Do Sol Do
Poursuivis par de fougueux garçons.

2- La vieille diligence me conduira là-bas
Là-bas dans mon Texas
Au galop on s'élance, allez ! mon gars vas-y
Là-bas c'est le pays.

R2- Au saloon, pas de groom à la porte
C'est du pied que l'on pousse le battant
Le revolver au poing rien ne vaut la manière forte
Pour se faire respecter en entrant.

R3- Car parfois sans qu'on y prenne garde
Dans un coin quelques mauvais garçons
Pour fêter leur retour joyeusement nous canardent
Les cow-boys ont une drôle de façon.

R4- Rendez-moi les copains qui m'attendent
L'oncle Joe et Jimmy le tatoué
Laissez-moi les revoir avant qu'un jour on les pende
Ou bien qu' le shérif les ait tués.

R5- Je voudrais chanter sur ma guitare
Les exploits de tous les gars de l'Ouest
Laissez-moi retrouver mes rodéos, mes bagarres
Laissez-moi retrouver mon Far-West.

JE CHERCHE FORTUNE

Fa
1- Chez l' boulanger, chez l' boulanger
- Fais-moi crédit, fais-moi crédit
Do Do7
J'ai pas d'argent, j'ai pas d'argent
Fa
J' paierai sam'di, j' paierai sam'di
Si tu n' veux pas, si tu n' veux pas
M' donner du pain, m' donner du pain
Do Do7
J' te fourr' la têt, j' te fourr' la têt'
Fa
Dans ton pétrin, dans ton pétrin.

Fa Do
R- Je cherche fortune autour du Chat Noir
Sib Fa Do7 Fa
Au clair de la lune à Montmartre ce soir.

2- Chez le boucher…
Fais-moi crédit…
J'ai pas d'argent…
J' paierai sam'di…
Si tu n' veux pas…
M' donner d' gigot…
J' te fourr' la têt'…
dans ton frigo…

3- Chez l' cordonnier…
Si tu n' veux pas…
M' donner de sabots…
Je t' fourr' la têt'…
Sous ton marteau…

4- Chez l' pharmacien...
Si tu n' veux pas…
M' donner d'aspro…
J' te fourr' la têt'…
Dans tes bocaux…

5- Chez monsieur l' maire...
Si tu n' veux pas…
Me marier…
J' te fourr' la têt'…
Dans l'encrier…

LA COMPLAINTE DU PARTISAN

Paroles : Bernard
Musique : Anna MARLY

1- Les All'mands étaient chez moi
On m'a dit : "Résigne-toi !"
Mais je n'ai pas pu
Et j'ai repris mon arme.

2- Personne ne m'a demandé
D'où je viens et où je vais
Vous qui le savez
Effacez mon passage.

3- J'ai changé cent fois de nom
J'ai perdu femme et enfant
Mais j'ai tant d'amis
Et j'ai la France entière.

4- Un vieil homme dans un grenier
Pour la nuit nous a cachés
Les All'mands l'ont pris
Il est mort sans surprise.

5- Hier encor nous étions trois
Il ne reste plus que moi
Et je tourne en rond
Dans la prison des frontières.

6- Le vent passe sur les tombes
La liberté reviendra
On nous oubliera !
Nous rentrerons dans l'ombre.

(version anglaise)

Adaptation anglaise : Hy ZARET

1- *Lam* When they *Do* poured a*Mi*cross the *Lam* border
I was *Do* cautioned *Mi* to sur*Lam*render
This I *Do* could not *Sol* do
Fa I took *Do* my *Mi* gun and va*Lam*nished.

2- No one asks me where I'm going
No one asks me what I'm doing
Comrade, you who know
Oh, you must keep my secret.

3- I have changed my name so often
And I've lost my wife ans children
But I've many friends
For all of France is with me.

4- An old woman gave us shelter
Kept us hidden in the garret
Then the Germans came
She died with out a whiper.

5- There were three of us this morning
I'm the only one this evening
But I wander on
The frontiers are my prison.

6- Oh the wind, the wind is blowing
Thru the graves the wind is blowing
Freedom soon will come !
Then we'll come from the shadow.

LA LÉGENDE DE SAINT NICOLAS (ILS ÉTAIENT TROIS PETITS ENFANTS)

Rém Fa
R- Ils étaient trois petits enfants
Rém Lam Rém
Qui s'en allaient glaner aux champs.

Do Fa
1- Tant sont allés, tant sont venus
Rém Solm Lam
Que vers le soir se sont perdus
Rém Solm
S'en sont allés chez le boucher
Rém Lam7 Rém
Boucher voudrais-tu nous loger ?

2- Ils n'étaient pas sitôt entrés
Que le boucher les a tués
Les a coupés en p'tits morcceaux
Mis au saloir comme pourceaux.

3- Saint Nicolas, au bout d' sept ans
Vint à passer dedans ce champ
Alla frapper chez le boucher
Boucher voudrais-tu me loger ?

4- Entrez, entrez, saint Nicolas
Il y a d' la place, il n'en manque pas
Il n'était pas sitôt entré
Qu'il a demandé à souper.

5- Voulez-vous un morceau d' jambon ?
Je n'en veux pas, il n'est pas bon.
Voulez-vous un morceau de veau ?
Je n'en veux pas, il n'est pas beau.

6- Du p'tit salé je veux avoir
Qu'il y a sept ans qu'est dans l' saloir
Quand le boucher entendit ça
Hors de sa porte il s'enfuya.

7- Boucher, boucher, ne t'enfuis pas !
Repens-toi, Dieu te pardonnera
Saint Nicolas alla s'asseoir
Dessus le bord de ce saloir.

8- Petits enfants qui dormez là
Je suis le grand saint Nicolas
Et le saint étendit trois doigts
Les p'tits se l'vèrent tous les trois.

9- Le premier dit : "J'ai bien dormi !"
Le second dit : "Et moi aussi !"
Et le troisième répondit :
"Je me croyais au paradis !"

LA VIEILLE (À PARIS, L'EST UNE VIEILLE)

Do Fa Sol Do
1- À Paris, l'est une vieil - le, oui ! *(bis)*
Lam
Qui a plus d' quatre-vingts ans
Ré7 Sol7
Ran plan plan la vieille
Do Lam
Qui a plus d' quatre-vingts ans
Sol Do
Ran plan plan !

2- La vieille entra à la danse...
Et s'assit près d'un galant.

3- "Beau galant, si tu m'épouses...
Je te couvrirai d'argent."

4- "Je n'épouse pas les vieilles...
Dont je n'ai pas vu les dents."

5- La vieille se mit à rire...
Et montra ses dents d' devant.

6- La première était toute noire...
La seconde était branlante.

7- Le dimanche fut jour de noce...
Le mardi c' fut l'enterr'ment !

8 - La morale de cett' histoire...
C'est qu'il faut s' laver les dents.

LE VIEUX CHÂLET
(LÀ-HAUT SUR LA MONTAGNE)

Paroles et musique : Joseph BOVET

        Fa   Do   Fa
1- Là-haut sur la montagne, l'était un vieux chalet
        Do   Fa
Murs blancs, toit de bardeaux
              Do7   Fa
Devant la porte un vieux bouleau
        Sib   Solm   Do   Fa
Là-haut sur la montagne, l'était un vieux chalet.

2- Là-haut sur la montagne, croula le vieux chalet
La neige et les rochers s'étaient unis pour l'arracher
Là-haut sur la montagne, croula le vieux chalet.

3- Là-haut sur la montagne quand Jean vint au chalet
Pleura de tout son cœur sur les débris de son bonheur
Là-haut sur la montagne quand Jean vint au chalet.

4- Là-haut sur la montagne l'est un nouveau chalet
Car Jean d'un cœur vaillant l'a rebâti plus beau qu'avant
Là-haut sur la montagne l'est un nouveau chalet.

LE CHEVALIER DU GUET

      Mim   Lam   Mim   Si7   Mim
1- Qu'est-ce qui passe ici si tard, compagnons de la Marjolaine
?
      Mim   Lam   Mim   Si7   Mim
Qu'est-ce qui passe ici si tard, gai, gai, dessus le quai ?

2- C'est le chevalier du guet, compagnons de la Marjolaine
C'est le chevalier du guet, gai, gai, dessus le quai ?

3- Que demand' le chevalier ?...

4- Une fille à marier...

5- N'y a pas d' fille à marier...

6- On m'a dit qu' vous en aviez...

7- Ceux qui l'ont dit s' sont trompés...

8- Je veux que vous m'en donniez...

9- Qu'est-c' que vous lui donnerez ?...

10- De l'or, des bijoux assez...

11- Ell' n'est pas intéressée...

12- Alors, mon cœur donnerai...

13- Dans ce cas-là, choisissez...

LE GALÉRIEN

Paroles : Maurice DRUON
Arrangement : Léo POLNAREFF
d'après un chant traditionnel russe

Fa Do7
1- Je m' souviens ma mère m'aimait
Fa La7
Et je suis aux galè - res
Rém La7
Je m' souviens ma mèr' disait
Rém Do7
Mais je n'ai pas cru ma mè - re
Fa Do7
Ne traîne pas dans les ruisseaux
Fa La7
T' bats pas comme un sauva - ge
Rém La7
T'amus' pas comm' les oiseaux
Rém Do7
Ell' me disait d'être sa - ge.

2- J'ai pas tué, j'ai pas volé
J' voulais courir la chance
J'ai pas tué, j'ai pas volé
J' voulais qu' chaque jour soit dimanche.
J' me souviens ma mère pleurait
Dès qu' je passais la porte
Je m' souviens comm' ell' pleurait
Ell' voulait pas que je sorte.

3- Toujours, toujours ell' disait
T'en va pas chez les filles
Fais donc pas toujours c' qui t' plaît
Dans les prisons y'a des grilles.
J'ai pas tué, j'ai pas volé
Mais j'ai cru Madeleine
J'ai pas tué, j'ai pas volé
J' voulais pas lui fair' de peine.

4- J' me souviens ma mère disait
Suis pas les bohémiennes
Je m' souviens comme ell' disait
On ramass' les gens qui traînent.
Un jour les soldats du roi
T'emmèneront aux galères
Tu t'en iras trois par trois
Comme ils ont emm'né ton père.

5- Tu auras la têt' rasée
On te mettra des chaînes
T'en auras les reins brisés
Et moi j'en mourrai de peine.
Toujours, toujours tu ram'ras
Quand tu s'ras aux galères
Toujours, toujours tu ram'ras
Tu penseras p't'être à ta mère.

6- J'ai pas tué, j'ai pas volé
Mais j'ai pas cru ma mère
Et je m' souviens qu'ell' m'aimait
Pendant qu' je rame aux galères.

LE TEMPS DES CERISES

Paroles : Jean-Baptiste CLÉMENT
Musique : Auguste RENARD

1- *Fa* *Do7*
Quand nous chanterons le temps des cerises
Fa *Sib*
Et gai rossignol et merle moqueur
Fa *Do* *Do7* *Fa*
Seront tous en fê - te
Sib *Fa*
Les belles auront la folie en tête
Sol7 *Do*
Et les amoureux du soleil au cœur
Fa *Do*
Quand nous chanterons le temps des cerises
Fa *Sib* *Do* *Fa*
Sifflera bien mieux le merle mo - queur.

2- Mais il est bien court le temps des cerises
Où l'on s'en va deux cueillir en rêvant
Des pendants d'oreilles
Cerises d'amour aux robes pareilles
Tombant sous la feuille en gouttes de sang
Mais il est bien court le temps des cerises
Pendant de corail qu'on cueille en rêvant.

3- Quand vous en serez au temps des cerises
Si vous avez peur des chagrins d'amour
Évitez les belles
Moi qui ne crains pas les peines cruelles
Je ne vivrai point sans souffrir un jour
Quand vous en serez au temps des cerises
Vous aurez aussi des peines d'amour.

4- J'aimerai toujours le temps des cerises
C'est ce printemps-là que je garde au cœur
Une plaie ouverte
Et dame Fortune en m'étant offerte
Ne pourra jamais fermer ma douleur
J'aimerai toujours le temps des cerises
Et le souvenir que je garde au cœur.

LES CRAPAUDS

Paroles et musique :
Marc LEGRAND

Do
1- La nuit est limpide
Sol7 Do
L'étang est sans ride
Dans le ciel splendide
Sol7 Do
Luit le croissant d'or
Orme, chêne ou tremble
Sol7 Do
Nul arbre ne tremble
Au loin le bois semble
Sol7 Do
Un géant qui dort.
Fa
Chien ni loup ne quitte
Sol Do
Sa niche ou son gîte
Fa
Aucun bruit n'agite
Sol
La terre au repos
Do Fa
Alors dans la vase
Sol Do
Ouvrant en extase
Fa
Leurs yeux de topaze
Sol Do
Chantent les crapauds.

2- Ils disent : "Nous sommes
Haïs par les hommes
Nous troublons leur somme
De nos tristes chants
Pour nous point de fête
Dieu seul sur nos têtes
Sait qu'il nous fit bêtes
Et non point méchants.
Notre peau terreuse
Se gonfle et se creuse
D'une bave affreuse
Nos flancs sont lavés
Et l'enfant qui passe
Loin de nous s'efface
Et pâle nous chasse
À coups de pavés."

3- "Des saisons entières
Dans les fondrières
Un trou sous les pierres
Est notre réduit.
Le serpent en boule
Près de nous s'y roule
Quand il pleut, en foule
Nous sortons la nuit.
Et dans les salades
Faisant des gambades
Pesants camarades
Nous allons manger
Manger sans grimaces
Cloportes ou limaces
Ou ver qu'on ramasse
Dans le potager."

4- "Nous aimons la mare
Qu'un reflet chamarre
Ou dort à l'amarre
Un canot pourri
Dans l'eau qu'elle souille
Sa chaîne se rouille
La verte grenouille
Y cherche un abri.
Là, la source épanche
Son écume blanche
Un vieux saule penche
Au milieu des joncs
Et les libellules
Aux ailes de tulle
Font crever les bulles
Au nez des goujons."

5- "Quand la lune plaque
Comme un vernis laque
Sur la calme flaque
Des marais blafards
Alors symbolique
Et mélancolique
Notre lent cantique
Sort des nénuphars.
Orme, chêne ou tremble
Nul arbre ne tremble
Au loin le bois semble
Un géant qui dort
La nuit est limpide
L'étang est sans ride
Dans le ciel splendide
Luit le croissant d'or."

MON AMANT ME DÉLAISSE

Ré Sol Ré
1- Mon amant me délaisse, ô gué vive la rose *(bis)*
Ré Mim La7 Ré
Je ne sais pas pourquoi, vive la rose et le lilas. *(bis)*

2- Il va t'en voir une autre, ô gué vive la rose *(bis)*
Ne sait s'il reviendra, vive la rose et le lilas. *(bis)*

3- On dit qu'elle est très belle, ô gué vive la rose *(bis)*
Bien plus belle que moi, vive la rose et le lilas. *(bis)*

4- On dit qu'elle est malade, ô gué vive la rose *(bis)*
Peut-être qu'elle en mourra, vive la rose et le lilas. *(bis)*

5- Si elle meurt dimanche, ô gué vive la rose *(bis)*
Lundi on l'enterra, vive la rose et le lilas. *(bis)*

6- Mardi il r'viendra m' voir, ô gué vive la rose *(bis)*
Mais je n'en voudrai pas, vive la rose et le lilas. *(bis)*

Ré Mim La7 Ré
La la la la... _ _ _ _

PLAINE, MA PLAINE

Traditionnel russe

Rém Lam
1- Plaine, ma plaine
Rém Lam
Plaine, ô mon immense plaine
Sib La
Où traîne encore le cri des loups
Sib La
Grande steppe blanche de chez nous.

2- Plaine, ma plaine
Dans l'immensité de neige
Entends-tu le pas des chevaux
Entends-tu le bruit de ces galops.

3- Plaine, ma plaine
Entends-tu ces voix lointaines
Les cavaliers qui vers les champs reviennent
Sous le ciel chevauchant en chantant.

4- Vent de ma plaine
Va-t-en dire aux autres plaines
Que le soleil et les étés reviennent
Pour tous ceux qui savent espérer.

5- Plaine, ma plaine
Sous l'épais manteau de neige
La terre enferme dans sa main la graine
Qui fait la récolte de demain.

6- Plaine, ma plaine
Vent de la plaine
Tu peux gémir avec les loups
L'espoir est à nous plus fort que tout !

OH PÉCHEUR

1- *Lam* Oh pécheur où vas-tu fuir, *Sol* oh pêcheur où vas-tu fuir ?
Lam Oh pécheur où vas-tu fuir, sous ce *Sol* jour *Lam* fatal.
Je cours à la mer, oh mer cache-moi
Je *Sol* cours à la mer, oh mer cache-moi
Je *Lam* cours à la mer, oh mer cache-moi
Sous ce *Sol* jour *Lam* fatal.
Le Bon Dieu dit : “La mer va se vider !” *(ter)*
Sous ce jour fatal.

2- Je cours à la terre.../... “La terre va trembler !”...

3- Je cours au ciel.../... “Le ciel va s’ouvrir !”...

4- Je cours à la lune.../... “La lune va saigner !”...

5- Je cours à la fleur.../... “La fleur va se faner !”...

6- Je cours à l’oiseau.../... “L’oiseau va s’envoler !”...

7- Je cours à la source.../... “La source va sécher !”...

8- Je cours au fleuve.../... “Le fleuve va monter !”...

9- Je cours au vent.../... “Le vent va s’essouffler !”...

10- Je cours à Dieu.../... “Tu aurais dû prier !”...

11- Je cours au diable.../... Le diable dit : “Entrez donc mon ami !”...

OH PESCADOR

Traditionnel vénitien

Sol Do Ré7 Sol
1- O Pescador dell'onde, oh Frédéri
Do Ré7 Sol
Vienia pescar in qua,
Do6
Sulla tua bella barca
Ré7 Mim
La plù bella seneva
Ré6 Sol
Frédéri, la, la.

2- Che cosa vuol ch'io peschi, Frédéri
L'annel que me casca
Sulla tua bella barca…

3- Ti daro cendo scudi, oh Frédéri
Sta borsa ricamia
Sulla tua...

4- Non voglio cento scudi, oh Frédéri
Ne borsa ricamia...

5- Lo vo'n bazin d'amore, oh Frédéri
Quella mepaghera...

OH FRÉDÉRI (version française de OH PESCADOR)

Adaptation :
Jacques SOULOR

1- Voguant sur l'onde pure, oh Frédéri
Voudrais-tu venir là
Dans ta belle, belle barque
La plus belle qui s'en va !
Frédéri lon ! la !

2- Que veux-tu que je fasse…
Ma bague est tombée là…

3- Si tu me la rattrapes…
Cent écus tu auras…

4- Si je te la rattrape…
Je ne veux rien de ça…

5- Mais un baiser bien tendre…
Que tu me donneras…

TANT QUE VIVRAI EN ÂGE FLORISSANT

Paroles : Clément MAROT
Musique : Claudin De SERMISY

Fa Solm Do
1- Tant que vivrai en âge florissant
Lam Rém Solm Do
Je servirai d'amour le roi puissant
Rém Solm Do Fa
En faits, en dits, en chansons et accords
Fa Solm Do
Par plusieurs jours m'a tenu languissant
Lam Rém Solm Do
Mais après deuil m'a fait réjouissant
Rém Solm Do Fa
Car j'ai l'amour de la belle au gent corps
Fa Rém
Son alliance, c'est ma fiancé
Lam Rém
Son cœur est mien, le mien est sien
Fa Rém
Fi de tristesse, vive liesse
Lam Rém Solm Do
Puisqu'en amour, puisqu'en amour à _ tant de biens !

2- Quand je la veux servir et honorer
Quand par écrits veux son nom décorer
Quand je la vois et visite souvent
Ses envieux n'en font que murmurer
Mais notre amour n'en saurait moins durer
Autant ou plus en emporte le vent
Malgré envie, toute ma vie
Je l'aimerai et chanterai
C'est la première, c'est la dernière
Que j'ai servie, que j'ai servie et servirai.

SUR LES MONTS

Traditionnel polonais
Adaptation : R. LAFONT

Rém
R- Sur les monts, sur les monts
La7
Tout puissants, tout puissants
Solm
L'on entend, l'on entend
La7
Que le vent, que le vent
Rém
On ne voit, on ne voit
Solm
Que le ciel, que le ciel
La7 Fa
L'on ne sent que le soleil
Rém
Au revoir, au revoir
Solm
Au revoir, au revoir
La7 Rém
Nous allons chercher le vent.

Solm
1- La route est dure sur la montagne
Do7 Fa La7
Et nous allons pleins de coura - ge
Rém Ré7 Solm
Dans l'ouragan nos cœurs qui chantent
Do7 Fa La7
Sont délivrés de leur tourment _
Rém Ré7 Solm
Dans l'ouragan nos cœurs qui chantent
Do7 La7 Rém
S'enivrent de joie et de vent.

2- Le pic se dresse, loin de la terre
Et nous marchons vers la lumière
Neige et soleil, montagnes aimées
Dans la splendeur de l'ouragan
Neige et soleil, montagnes aimées
Soyez bénis pour vos présents.

V'LA L' BON VENT (DERRIÈRE CHEZ MOI Y'A UN ÉTANG)

Rém La Rém
R- V'la l' bon vent, v'la l' joli vent
La7
V'la l' bon vent, ma mie m'appelle
Rém
V'la l' bon vent, v'la l' joli vent
La7 Rém
V'la l' bon vent, ma mie m'attend.

ou-

Mim
R- En passant par les Épinettes
Ré Mim
Marie-Madeleine a perdu sa houlette
En passant par les éboulements
Ré Mim
J'ai perdu mon temps.

Rém Solm Rém
1- Derrière chez moi y'a un étang *(bis)*
Solm La7
Trois beaux canards y vont nageant.

ou-

Mim
1- Derrière chez moi y'a un étang
Ré
Trois beaux canards y vont nageant.

2- Deux canards noirs, un canard blanc.

3- Le fils du roi s'en va chassant.

4- Avec son grand fusil d'argent.

5- Visa le noir tua le blanc.

6- Oh ! fils du roi tu es méchant.

7- Tu as tué mon canard blanc.

8- Par dessous l'aile il perd son sang.

9- Et par les yeux des diamants.

10- Et par le bec l'or et l'argent.

11- Que ferons-nous de tant d'argent.

12- Nous mettrons les filles au couvent.

13- Et les garçons au régiment.

14- Toutes ses plumes s'envolent au vent.

15- Trois dames s'en vont les ramassant.

16- C'est pour en faire un lit de camp.

17- Pour y coucher tous les passants.

VIEUX PÈLERIN

Paroles et musique :
A.-Z. SERRAND

Rém
1- Vieux pèlerin qui vagabonde
Solm Rém
Je suis partout un étranger
Mais je suis sûr qu'en l'autre monde
Solm Rém
Dieu va m'offrir où me loger.
Solm Rém
Je vais là-bas revoir mon père
Do Do7 Fa
Fini pour moi de cheminer
Sib La Rém
À l'autre bord de la rivière
Solm Rém
Maison à moi, je vais trouver.

2- J'achèverai bientôt ma route
J'entends tout proche le Jourdain
La mort n'a rien que je redoute
J'y laisserai tous mes chagrins
Je vais là-bas revoir ma mère
Près d'elle enfin me consoler
Sur l'autre bord de la rivière
À la maison, me reposer.

3- Voici la fin de mes souffrances
Et le repos de mon vieux corps
Voici venir la récompense
Par Dieu promise à mes efforts
Je vais là-bas parmi les anges
En oubliant mes vieux soucis
Passer mon temps à sa louange
Dire à Jésus sans fin : "Merci !"

VOICI LE MOIS DE MAI

Capo III

Ré La7
1- Voici le mois de mai
Ré
Où les fleurs volent au vent
La7
Voici le mois de mai
Ré
Où les fleurs volent au vent
Mim
Où les fleurs volent au vent
Sol La
Si jolie, mignon - ne
Ré Mim
Où les fleurs volent au vent
La7 Ré
Si mignonnement.

2- Le fils du roi s'en va
S'en va les ramassant.

3- Il en ramassa tant
Qu'il en remplit ses gants.

4- Il les porte à sa mie
Pour lui faire un présent.

5- Tenez, tenez, dit-il
Tenez, voici des gants.

6- Vous ne les mettrez guère
Que quatre fois par an.

7- À Pâques, à la Toussaint,
À Noël, à Saint-Jean.

4e partie

FÊTES ET RENCONTRES

À LA MAISON ON EST HEUREUX

La
À la maison, on est heureux
Ré7
On a tous la joie dans les yeux
(Ou : On y vit comme des amoureux*)*
Mi
À la maison, y a plus de disputes
La
Depuis que papa joue de la p'tite flûte
Do
La musique à papa, la musique à maman
Ré7
La musique à papa fait plaisir à maman
Mi
La musique à papa, la musique à maman
La
La musique à papa fait plaisir aux enfants.

AH ! QUE NOS PÈRES ÉTAIENT HEUREUX

Rém La Rém La Rém
1- _ Ah ! que nos pères étaient heureux *(bis)*
Fa La Rém
Quand ils étaient à table _
La Rém La Rém
Le vin coulait à côté d'eux *(bis)*
Fa La
Ça leur était fort agréable.

Sib Fa Rém
R- Et ils buvaient à plein tonneau
Sib La
Comme des trous, comme des trous, morbleu
Rém
Bien autrement que nous, morbleu
La Rém
Bien autrement que nous.

2- Ils n'avaient ni riches buffets *(bis)*
Ni verres de Venise.
Mais ils avaient des gobelets *(bis)*
Aussi grands que leur barbe grise.

3- Ils ne savaient ni le latin *(bis)*
Ni la théologie
Mais ils avaient le goût du vin *(bis)*
C'était là leur philosophie.

4- Quand ils avaient quelques chagrins *(bis)*
Ou quelque maladie
Ils plantaient là le médecin *(bis)*
Apothicaire ou pharmacie.

5- Celui qui planta le provin *(bis)*
Au doux pays de France
Dans l'éclat de rubis du vin *(bis)*
Il a planté notre espérance.

AH ! LES P'TITS POTES

arrangements
Noël Colombier

R- *La* Ah ! les p'tits potes *(bis)*
Ah ! les p'tits *Mi* potes *(bis)*
Ah ! les p'tits *La* potes *(bis)*
Mi Potes, *La* potes.

1- *La* Chez les p'tits potes *(bis)* / Y'a un vieillard *(bis)*
Ils l'appellent *Mi* tous *(bis)* / Le pote *La* âgé. *(bis)*

2- Chez les p'tits potes / Y'à un pompier
Ils l'appellent tous / Le pote au feu.

3- Chez les p'tits potes / Y'a un aviateur
Ils l'appellent tous / Le pote en ciel.

4- Chez les p'tits potes / Y'a un torero
Ils l'appellent tous / Le pote olé.

5- Chez les p'tits potes / Y'a un député
Ils l'appellent tous / Le pot' en chambre.

6- Chez les p'tits potes / Y'a un géant
Ils l'appellent tous / Le grand pot' haut.

7- Chez les p'tits potes / Y'a un fleuriste
Ils l'appellent tous / Le pot' aux roses.

8- Chez les p'tits potes / Y'a trois jumeaux
Ils l'appellent tous / Les tripotés.

9- Chez les p'tits potes / Y'a un pharmacien
Ils l'appellent tous / L'apothicaire.

10- Chez les p'tits potes / C'lui qu'est l' plus bête
Ils l'appellent tous / Le p'tit con pot'.

11- Chez les p'tits potes / C'lui qui commande
Ils l'appellent tous / L'omnipotent.

12- Chez les p'tits potes / C'lui qu'est l' plus gras
Ils l'appellent tous / Le p'tit pot'lé.

13- Chez les p'tits potes / Le plus savant
Ils l'appellent tous / Le p'tit potache.

14- Chez les p'tits potes / Le plus pansu
Ils l'appellent tous / L'hippopotame.

15- Chez les p'tits potes / S'il y a une bêtise
On peut être sûr / Que l' con pot' y-est.

16- Chez les p'tits potes / Quand y-a un repas
Ils s'y r'trouvent tous / Les potes en tas.

17- Chez les p'tits potes / C'lui qu'est l' plus tris-
te
Ils l'appellent tous / Le p'tit pot' terne.

18- Chez les p'tits potes / C'lui qu'est l' plus riche
Ils l'appellent tous / Le pot' pourri.

19- Quand un p'tit pote / Veut se marier
Il faut qu'il trouve / La pote et ose.

20- Chez les p'tits potes / S'il-y-a une belle fille
Heureux celui / Qui la pote aime.

21- Si t'as des sous / Ne les prêt' pas
À n'import' qui / Mais au pote ami.

22- Si t'es un pote / T'iras au ciel
Puisqu'on dit qu' tous / Les pot's iront.

ALOUETTE

Traditionnel canadien

Fa Do7 Fa
1- Alouette, gentille alouette
Ré7 Sol7 Fa
Alouette, je te plumerai
Je te plumerai le bec
Do7 Fa
Je te plumerai le bec
Et le bec
Do7 Fa
Et le bec
Fa
Alouette
Do7 Fa
Alouette
Fa Do7
Ah! Ah! Ah! Ah!

2- Alouette, gentille alouette
Alouette, je te plumerai.
Je te plumerai le cou *(bis)*
Et le cou *(bis)*
Et le bec *(bis)*
Alouette *(bis)*
Ah! Ah! Ah! Ah!

Puis-
La tête…
Le ventre…
La queue…
Les pattes…

BOIRE UN PETIT COUP

Ré La7 Ré
1- Boire un petit coup, c'est agréable
Ré La La7 Ré
Boire un petit coup, c'est doux !
Si7 Mim
Mais il ne faut pas rouler dessous la table
La7 Ré La
Boire un petit coup, c'est agréa - ble
Ré La Ré
Boire un petit coup, c'est doux !

2- Allons dans les bois ma mignonnette
Allons dans les bois, du roi !
Nous y cueillerons la fraîche violette
Allons dans les bois ma mignonnette
Allons dans les bois, du roi !

3- J'aime le jambon et la saucisse
J'aime le jambon, c'est bon !
Mais j'aime encore mieux le lait de ma nourrice
J'aime le jambon et la saucisse
J'aime le jambon, c'est bon !

BORIS ET NATACHA

Paroles et musique : Jean NATY-BOYER

Rém Solm
1- Dans la forêt blanche d'Ukraine
Do Do7 Fa La7
Glisse une blanche troï - ka
Rém Solm
Dans le silence elle promène
La7 Rém La7 Rém
Petit Boris et Na - ta - cha.

Fa Do Fa Sib Solm Do7 Fa
R- Ra - con - te - nous, pe - tite mère
Rém Do7 Fa Do7 Fa La7
_ Ce qu'ils ont vu sur le che - min _
Rém Mi7 La7 Ré Ré7 Solm
_ Racon - te - nous petite mère
La7 Rém
_ Jusqu'à demain.

2- Ils rencontrent la zibeline
Le renard bleu et puis le loup :
“Si vous allez chez la Tzarine
Voulez-vous nous prendre avec vous ?”

3- “Nous n'allons pas chez la Tzarine
Nous retournons à notre isba.”
Loup et renard et zibeline
Sont montés dans la troïka.

4- Et, tous ensemble, ils s'en reviennent
Serrés pour ne pas avoir froid
Dans la forêt blanche d'Ukraine
Avec Boris et Natacha.

R- La la la la…
Jusqu'à demain, jusqu'à demain…

Avec l'aimable autorisation de Jean NATY-BOYER.

CAMÉLÉON, LE PETIT CHAT

Paroles et musique :
MANNICK et Jo AKEPSIMAS

Mi
1- Il était une fois
Au pays des chats
Mi
Un curieux chaton
Couleur de lilas
La7
Qui naquit un jour
La7
Dans la basse-cour
Si7
Des poulets et des oies
Mi
Au palais du roi.

2- Il reçut le nom
De Caméléon
Ce chaton curieux
Ni violet ni bleu
Qui buvait du lait
Du soir au matin
Et qui ne mangeait
Rien que des bleuets.

3- Quel charivari
Dans tout le pays !
Le roi se fâcha
Quand il apprit ça
Il dit : “Chat-pristi
Quand on est un chat
On mange des rats
Ou bien des souris.”

4- Et Caméléon
Fit son baluchon
Il quitta sans bruit
Le palais du roi
Pour gagner sa vie
Tout au fond des bois
Sans rats, ni souris
Sans palais, ni roi.

*Avec l'autorisation
de Mannick et Jo Akepsimas.*

CARAVAN SHOW

Paroles et musique : Jean HUMENRY

R- Nous partirons un beau matin d'été (Mim, Ré)
Caravan show (Mim, Ré, Mim)
Notre camion sera plein à craquer (Ré)
Caravan show (Mim, Ré, Mim)
Nous chanterons l'amitié, le soleil (Sol, Ré, Do, Ré, Mim)
Les bons copains, nos _ seize ans et le ciel. (Sol, Ré, Do, Ré, Mim)

1- Notre camion sera plein de chansons
Pour les amis que nous rencontrerons.

2- Et chaque soir dans un pays nouveau
Nous gratterons nos guitares, nos banjos.

3- Et puis un jour quand tout sera fini
Nous rentrerons dans notre beau pays.

Avec l'autorisation des Éditions Musicales AUVIDIS.

CHER EUGÈNE

1- -Il y a un trou dans mon seau, chère Élise, chère Élise (La7, Ré, La7, Ré)
Il y a un trou dans mon seau. (La7, Ré)
-Et bouche-le, cher Eugène, cher Eugène, et bouche-le ! (La7, Sim, Sol, La7, Ré)

2- -Avec quoi faut-il le boucher, chère Élise, chère Élise ?
Avec quoi faut-il le boucher ?
-Avec d' la paill', cher Eugène, cher Eugène, avec d' la paille !

3- -Mais la paille, ell' n'est pas fauchée… / -Et fauche-la…

4- -Avec quoi faut-il la faucher… / -Avec la faux…

5- -Mais la faux n'est pas aiguisée… / -Aiguise-la…

6- -Avec quoi faut-il l'aiguiser… / -Avec la meule…

7- -Mais la meule, ell' n'est pas mouillée… / -Et mouille-la…

8- -Avec quoi faut-il la mouiller… / -Avec de l'eau…

9- -Mais cette eau, ell' n'est pas puisée… / -Et puise-la…

10- -Avec quoi faut-il la puiser… / -Avec un seau…

11- -Mais il y a un trou dans mon seau…
-Et bouche-le… *(ou -Et tais-toi donc…)*

CLÉMENCE EN VACANCES

Paroles et musique : Anne SYLVESTRE

Lam Mi
1- On l'a dit à la grand-mère
Lam
Qui l'a dit à son voisin
Mi
Le voisin à la bouchère
Lam
La bouchère à son gamin
Do Sol
Son gamin qui tête folle
Lam Mi
N'a rien eu de plus urgent
Fa
Que de le dire à l'école
Sol Mi
À son voisin Pierre ou Jean.

Lam Do Sol Do
R- Clémence, Clémence a pris des vacances
Fa Do
Clémence ne fait plus rien
Fa Do Lam
Clémence, Clémence tombe en enfance
Mi Lam
Clémence va bien.

2- Ça sembla d'abord étrange
On s'interrogea un peu
Sur ce qui parfois dérange
La raison de certains vieux
Si quelques mauvaises chutes
Avaient pu l'handicaper
Ou encore une dispute
Avec ce brave Honoré.

3- Puis on apprit par son gendre
Qu'il ne s'était rien passé
Que simplement à l'entendre
Elle en avait fait assez
Bien qu'ayant toutes ses jambes
Elle reste en son fauteuil
Un peu de malice flambe
Parfois au bord de son œil.

4- Honoré c'est bien dommage
Doit tout faire à la maison
La cuisine et le ménage
Le linge et les commissions
Quand il essaye de lui dire
De coudre un bouton perdu
Ell' répond dans un sourire :
"Va j'ai bien assez cousu."

5- C'est la maîtresse d'école
Qui l'a dit au pharmacien
Clémence est devenue folle
Paraît quell' ne fait plus rien
Mais selon l'apothicaire
Dans l'histoire le plus fort
N'est pas qu'ell' ne veuill' rien faire
Mais n'en ait aucun remord.

6- Je suis de bon voisinage
On me salue couramment
Loin de moi l'idée peu sage
D'inquiéter les braves gens
Mais les grands-mères commencent
De rire et parler tout bas
La maladie de Clémence
Pourrait bien s'étendre là.

R- Toutes les Clémence prendraient des vacances
Elles ne feraient plus rien
Toutes les Clémence tombent en enfance
Elles seraient bien
Toutes les Clémence prendraient des vacances
Elles ne feraient plus rien
Toutes les Clémence tombent en enfance
Se reposeraient enfin.

COMMENT JE M'APPELLE

Paroles et musique :
Anne SYLVESTRE

Lam Do Sol Lam
R- Si vous le savez comment je m'appelle
Do Sol
Vous me le direz, vous me le direz
Mi Lam
Si vous le savez comment je m'appelle
Do Mi Lam
Vous me le direz je l'ai ou - blié
Do Mi Lam
Vous me le direz je l'ai ou - blié.

Sol Lam
1- Quand j'étais petite et que j'étais belle
Sol Do
On m'enrubannait de ces noms jolis
Sol7 Do
On m'appelait fleur, sucre ou bien dentel-le
Lam Mi
J'étais le soleil et j'étais la pluie.
Mi7 Lam
Quand j'étais plus grande hélas à l'école
Sol7 Do
J'étais la couleur de mon tablier
Si7 Sol
On m'appelait garce, on m'appelait folle
Sol7 Mi
J'étais quelques notes dans mon cahier.

2- Quand je pris 15 ans, que s'ouvrit le monde
Je crus qu'on allait enfin me nommer
Mais j'étais la moche, j'étais la ronde
J'étais la pleurniche et la mal-lunée.
Quand alors j'aimais, quand je fus sourire
Quand je fus envol, que je fus lilas
J'appris que j'étais ventre même pire
Que j'étais personne, que j'étais pas.

3- Quand je fus berceau et puis biberonne
J'oubliais tout ça quand je fus rosier
Puis me réveillais un matin torchonne
J'étais marmitone et pierre d'évier
J'étais ravodière et j'étais routine
On m'appelait soupe, on m'appelait pas
J'étais paillasson carreaux de cuisine
Et j'étais l'entrave dans mes propres pas.

4- Puis un jour, un jour du fond de ma tombe
J'entendis les voix qui se rappelaient
Plaisirs et douleurs, souvenirs en trombe
Et j'étais vivante et on m'appelait.
Peu importe alors t'était de la cage
Le temps qu'il faudra pour s'en évader
Je saurai quoi mettre en haut de la page
Pour recommencer mon nouveau cahier.

R- Je sais maintenant comment je m'appelle
Je vous le dirai, je vous le dirai
Je sais maintenant comment je m'appelle
Et c'est pas demain que je l'oublierai
Et c'est pas demain que je l'oublierai.

DANS MON PAYS D'ESPAGNE

1- Dans mon pays d'Espagne, olé *(bis)*
Y'a un soleil comme ça
Y'a un soleil comme ça.

2- Dans mon pays d'Espagne, olé *(bis)*
Y'a des guitares comme ça *(bis)*
Y'a un soleil comme ça. *(bis)*

3- Dans mon pays d'Espagne, olé *(bis)*
Y'a des danseuses comme ça *(bis)*
Y'a des guitares comme ça *(bis)*
Y'a un soleil comme ça. *(bis)*

4- .../ Y'a la mer...

5- .../ Y'a des taureaux...

6- .../ Y'a des toridos...

7- .../ Y'a des corridas...

8- .../ Y'a des flamencos...

DE QUOI QU'Y A DEUX...

1- Il n'y a qu'un ch'veu sur la tête à Mathieu !

2- Y'a deux Testaments
L'Ancien et le Nouveau
Il n'y a qu'un ch'veu sur la tête à Mathieu !

3- Y'a Troyes en Champagne
Y'a deux Testaments...

4- Y'a Catherine de Médicis
Y'a Troyes en Champagne
Y'a deux Testaments...

5- Y en a cinq, simplicité...

6- Y en a six, système métrique...

7- Y en a sept, c'est épatant...

8- Y en a huit, huîtres de Zélande...

9- Y en a neuf, œuf à la coque...

10- Y en a dix, dis c'que tu veux...

11- Y en a onze, et on s'en fout...

12- Y en a douze, d'où c'que tu viens...

13- Y en a treize à la douzaine...

DERRIÈRE CHEZ MA TANTE

Traditionnel languedocien
Adaptation : Raymond FAU

Ré Mim La
1- Derrière chez ma tante, il y a un étang *(bis)*
Sol Ré La
Je me ferai anguille, anguille dans l'étang
Sol Ré La Ré
Je me ferai anguille, anguille dans l'étang.

2- Si tu te fais anguille, anguille dans l'étang *(bis)*
Je me ferai pêcheur, je t'aurai en pêchant. *(bis)*

3- Si tu te fais pécheur, pour m'avoir en pêchant *(bis)*
Je me ferai alouette, alouette dans les champs. *(bis)*

4- Si tu te fais alouette, alouette dans les champs *(bis)*
Je me ferai chasseur, je t'aurai en chassant. *(bis)*

5- Si tu te fais chasseur, pour m'avoir en chassant *(bis)*
Je me ferai minette, minette dans le vent. *(bis)*

6- Si tu te fais minette, minette dans le vent *(bis)*
Je me ferai dragueur, je t'aurai en draguant. *(bis)*

7- Si tu te fais dragueur, pour m'avoir en draguant *(bis)*
Je me ferai nonnette, nonnette dans un couvent. *(bis)*

8- Si tu te fais nonnette, nonnette dans un couvent *(bis)*
Je me ferai prêcheur, je t'aurai en prêchant. *(bis)*

9- Si tu te fais prêcheur, pour m'avoir en prêchant *(bis)*
Je m' donnerai à toi puisque tu m'aimes tant. *(bis)*

SINGING AYE

Traditionnel américain

Do
R- _ Singing aye aye youpi youpi aye
Sol
Singing aye aye youpi youpi aye
Do Do7
Singing aye aye youpi
Fa
Aye aye youpi.
Do Sol Do
Aye aye youpi youpi aye.

1- She 'll be coming round the mountains when she comes *(bis)*
She 'll be coming round the mountains *(bis)*
She 'll be coming round the mountains when she comes.

2- She 'll be wearing white pyjamas when she comes…

3- She 'll be smoking the chesterfields when she comes…

4- She 'll be eating the caramels when she comes…

ELLE DESCEND DE LA MONTAGNE (version française de SINGING AYE)

1- Elle descend de la montagne à cheval
Elle descend de la montagne à cheval
Elle descend de la montagne
Elle descend de la montagne
Elle descend de la montagne à cheval.

2- Elle a un pyjama d' soie quand elle descend…

3- Elle embrasse son grand-père en descendant…

4- J' voudrais bien être son grand-père en attendant…

5- Mais j'aime mieux avoir vingt ans et toutes mes dents…

ET SI NOUS REFAISIONS LE MONDE

Paroles : Jean DEBRUYNNE
Musique : Raymond FAU

Do Sol7 Do Fa
R- Et si nous refaisions
Sol Do
Nous refaisions le monde
Sol7
Toi tu serais ma blonde
Do
Et nous nous aimerions. } *bis*

Fa
1- À ce vieil ami Pierrot
Rém Sol
Je dirai au clair de plume
Soldim
Je te prête mon chapeau
Sol7 Ré9 Sol7 Do
Pour que tu coiffes la lu - ne.

2- À ce vieux bœuf mironton
Quand Malbrough s'en va-t-en guerre
Je préfère porter mon nom
Que d'être porté en terre.

3- Et sur le pont d'Avignon
Je dirai aux belles dames
Descendez de vos chignons
Moi je monterai la gamme.

4- Je dirai à Dagobert
Cette vieille têt' de linotte
La république y voit clair
Nous sommes tous des sans-culotte.

5- Sur la route de Dijon
Je dirai au capitaine
Allez garder les moutons
Moi, je garde Marjolaine.

6- À boire chez la Madelon
Je dirai guerre à la guerre
C'est moi qui paie les canons
Quand les canons sont des verres.

ELLE ME L'AVAIT TOUDIS PROMIS

Traditionnel wallon
Adaptation : Julos BEAUCARNE

Fa
Ell' me l'avait toudis promis
Do7 Fa
En' bell' petit' gayole, èn' bell' petit' gayole
Ell' me l'avait toudis promis
Sib Fa Do7 Fa
En' bell' petit' gayole pour mèt' èm ca - nari
Quand m' canari sèra canter
Do7
Il ira vir les filles
Fa
Il ira vir les filles
Quand m' canari sèra canter
Sib Fa
Il ira vir les filles
Do7 Fa
Leur apprind' à danser.

HABILLEZ-VOUS DE TOUTES LES COULEURS

Paroles et musique : Jean HUMENRY
et Claude ANTHONIOZ-ROSSIAUX

Mim Sim Do Sol
1- _ Le temps est venu enfin de parler d'amour
La Ré Sol
_ C'est le règne des troubadours
Mim Sim Do Sol
_ D'un peu partout s'élève une grande clameur
La Si Do Ré
_ La paix vient de frapper la violence en plein cœur.

Sol Do Sol
R- _ Habillez-vous de toutes les couleurs
Do Ré Sol
_ Offrez-vous des colliers de fleurs
Do Ré Sol Do
_ Peignez les rues, les murs, les barreaux des prisons
Sol Ré Sol
_ C'est le grand jour de la moisson.

2- On voit venir des quatre coins les mal-aimés
Les innocents, les paumés
Un grand soleil tout neuf illumine leur front
Ils n'ont pas de haine, ni mépris, ni passion.

3- On va pouvoir enfin vivre de liberté
De justice, d'égalité
Ça fait déjà longtemps qu'on en parlait
Pourtant ça n'existait qu'écrit sur du papier.

IL Y A DU BROUHAHA DANS LE POTAGER

Paroles : MANNICK
Musique : Jo AKEPSIMAS

Ré Sol Ré La7
R- Il y a du brouhaha dans le potager, ohé !
Ré Sol Ré La7 Ré
Il y a du brouhaha dans le potager, yé !

Ré Do Sol
1- Les topinambours ont fait danser dans la cour
Fa#m Sim7 Mi7 La7
Les rutabagas qui passaient par là !
Ré Do Sol
Tous les salsifis en ont perdu l'appétit
Fa#m Sim7 Mi7 La7
Et les haricots sont tombés dans l'eau !
La7
Les radis noirs ont le cafard
Les giroflées ont mal aux pieds.

2- Les pommes de terre ont avalé de travers
Quelques doryphores qui dormaient dehors.
Un gros potiron, l'œil en feu, le rouge au front
Disait au fraisier d'aller se coiffer.
Les artichauts disaient tout haut
Que les choux-fleurs n'ont pas de cœur !

3- Quelques cornichons dans un carré d'estragon
Faisaient le gros dos devant les poireaux.
Et les petits pois bombardaient du bout des doigts
Un plan de laitue, qui n'en pouvait plus.
Le romarin a du chagrin
Le basilic est plein de tics !

ISABELLE, JE T'AIME

Paroles : Jacqueline NÉRO
Musique : François BERNHEIM

Ré
1- Elle avait dix ans
La7
Elle était belle, elle souriait
Elle habitait en face
Ré
De chez moi, on se voyait
Ré7
Et de ma fenêtre
Sol
Timidement je lui parlais :
Ré La7 Ré
“Isabelle, Isabelle, je t'aime.”

2- On s'était juré
De ne jamais se séparer
D'avoir une maison
Un beau jardin et des bébés
Et de vivre heureux
Pour une longue éternité…

3- Je n'avais rien dit
À mes bons copains du lycée
Au contraire j'essayais
À l'école de m'appliquer
Pour que devenu grand
Je puisse enfin l'épouser…

4- Et puis un beau jour
Isabelle a déménagé
Et puis un beau jour
Elle est partie pour l'étranger
Et qui sait, déjà
Peut-être m'a-t-elle oublié…

JE SUIS UN PEU FOU

R- Je suis un peu fou
Sac au dos sans trêve
J'emporte mon hibou
Mon banjo et mes rêves.

1- Ah ! qu'il fait bon là-bas
Aller vivre à l'aventure
Coucher sur le sol dur
Au fond des bois...
Quand la lune se lèvera
Mon hibou hululera
"Tiou, tiou la la la la."

2- J'emporterai là-bas
Le grand vent, la liberté
Loin des lieux habités
Au fond des bois...

3- Je sentirai là-bas
La grande joie d'exister
Sous le beau ciel d'été
Au fond des bois...

4- Je pourrai vivre là-bas
Des beaux rêves enchantés
Des jours pleins d'amitié
Au fond des bois...

JEAN PETIT QUI DANSE

Traditionnel béarnais
de l'époque de Henry IV

1- Jean Petit qui danse
Jean Petit qui danse
Avec son doigt il danse
Avec son doigt il danse
Avec son doigt, doigt, doigt
Avec son doigt, doigt, doigt
Ainsi danse Jean Petit.

2- Jean Petit qui danse *(bis)*
Avec sa main il danse *(bis)*
Avec sa main main main
Avec son doigt doigt doigt
Ainsi danse Jean Petit.

3- Avec son bras...

4- Avec sa tête...

5- Avec son pied...

6- Avec sa jambe...

7- Avec son ventre...

8- Avec son nez...

9- Avec sa langue...

10-...

L'ENFANT ET LA FLEUR

Paroles et musique : Jean NATY-BOYER

1- L'enfant habitait
En appartement
Au vingtième étage
Tout près des nuages
Avec ses parents.
La fleur se cachait
Au fond d'un jardin
Dans un vieux village
Venu d'un autre âge
Aux calmes matins.

Et jamais l'enfant
Ne voyait de fleurs
Et jamais la fleur
Ne voyait d'enfants.

Avec l'aimable autorisation de Jean NATY-BOYER.

2- L'enfant s'en allait
Une fois par an
Faire un long voyage
Jouer sur les plages
Et saisir le vent.
Je ne sais comment
Il trouva la fleur
Dans ce vieux village
Après un orage
Venu brusquement.

Mais jamais l'enfant
N'oublia la fleur
Mais jamais la fleur
N'oublia l'enfant.

3- Sans l'avoir cueillie
L'enfant s'en alla
Comme les nuages
Qui toujours voyagent
Poussés par le vent.
Mais depuis ce jour
Éternellement
Sur toutes les pages
De cet enfant sage
La fleur va chantant.

Car tous les enfants
Font chanter les fleurs
Et toutes les fleurs
Chantent les enfants.

L'HOMME
DE CRO-MAGNON

Sol
1- C'était au temps d' la préhistoire
Ré
Voici deux ou trois cent mille ans
Do Lam Ré7
Vint au monde un être bizarre
Sol
Proche parent d' l'orang-outan
Assis sur ses patt's de derrière
Ré
Vêtu d'un slip en peau d' bison
Do Lam Ré7 Sol
Il allait conquérir la terre
Ré7 Sol Ré7 Sol
C'était l'homme de Cro-Magnon.

Sol
R- L'homme de Cro
L'homme de Ma
L'homme de Gnon
Ré7 Sol
L'homme de Cro-Magnon pon-pon
Do Sol
L'homme de Cro, de Magnon
Ré7
Ce n'est pas du bidon
Sol
L'homme de Cro-Magnon
Pon-pon. } *bis*

2- Armé de sa hache de pierre
De son couteau de pierre itou
Il chassait l'ours et la panthère
En serrant les fesses malgré tout
Devant l' diplodocus en rage
Il était tout d' même un peu p'tit
Et se disait dans son langage :
"Vivement qu'on invente le fusil."

3- Il était poète à ses heures
Disait à sa femme en émoi :
"Tu es belle comme un dinosaure
Tu ressembles à Garbo Gretta
Si tu veux voir des cartes postales
Monte dans ma caverne tout là-haut
J' te f'rai voir mes peintures murales
On dirait du vrai Picasso."

4- 300 000 ans après sur terre
Comme nos ancêtres nous admirons
Les monts, les bois et les rivières
Mais s'il r'venait quelle déception
D' nous voir suer six jours sur sept
Il dirait sans faire de détail :
"Vraiment qu' nos descendants sont bêtes
D'avoir inventé le travail."

L'OISEAU ET LA BULLE

Paroles et musique :
Pierre CHÈNE

1- Do Fa Do Fa
Un poisson au fond d'un étang
Sol7 Do Sol7 Do
Qui faisait des bulles, qui faisait des bulles
Do Fa Do Fa
Un poisson au fond d'un étang
Sol7 Do Sol7 Do
Qui faisait des bulles pour passer le temps.
Do Sol7 Do Fa Sol7
— — — — —

2- Un oiseau vient près de l'étang
Regarder les bulles, regarder les bulles
Un oiseau vient près de l'étang
Regarder les bulles : que c'est amusant !

3- -Que fais-tu joli poisson blanc ?
-Moi, je fais des bulles, moi je fais des bulles !
-Que fais-tu joli poisson blanc ?
-Moi, je fais des bulles pour passer le temps !

4- "Plus j'en fais, plus je suis content
Plus je fais des bulles, plus je fais des bulles
Plus j'en fais, plus je suis content
Des rouges ou des bleues selon le courant."

5- Le poisson tout en discutant
A fait une bulle, à fait une bulle
Le poisson tout en discutant
A fait une bulle pour monter dedans.

*Avec l'autorisation
des Éditions Musicales FLEURUS.*

6- Et la bull' poussée par le vent
Et la belle bull', et la belle bulle
Et la bull' poussée par le vent
À pris son envol, le poisson dedans.

7- L'oiseau est tombé dans l'étang
En voyant la bulle, en voyant la bulle
L'oiseau est tombé dans l'étang
En voyant la bull' du poisson volant.

8- Maintenant au fond de l'étang
L'oiseau fait des bulles, l'oiseau fait des bulles
Maintenant au fond de l'étang
L'oiseau fait des bulles pour passer le temps.

LA BALEINE BLEUE

Paroles et musique : Steve WARING

Do Sol Do
R- La baleine bleue cherche de l'eau
Sol Do
Pour déboucher tous ses tuyaux
Sol Do
La baleine bleue cherche de l'eau
Sol Do
Pour déboucher tous ses tuyaux
Sol7 Do
Oh, oh, eau, H^2 O.

1- Elle a trouvé beaucoup de chos'
Sol7 Do
Elle a trouvé beaucoup de chos' } *bis*
Beaucoup de chos' *(bis)*
Mais pas de l'eau *(bis)*
Sol7 Do
Oh, oh, eau, H^2 O. *(bis)*

2- Elle a trouvé un pétrolier *(ter)*
Un pétrolier *(bis)*
Beaucoup de chos' *(bis)*
Mais pas de l'eau *(bis)*
Oh, oh, eau, H^2O.

3- … du D.T.T.

4- … une vieil' auto.

5- … un grand chameau.

Continuer le chant
en ajoutant de nouveaux objets-

LA CABANE À CHARLIE

Paroles : Didier BERRUELLE
Musique : Jean NATY-BOYER

Do Fa Do Fa Do Fa Do
1- Quand Charlie eut terminé sa cabane au bord du lac
Do Fa Do Fa Do Sol Do
Pour aller l'inaugurer on a pris nos cliq's et nos claq's.

Do Fa Do Sol
R- On était tous réunis dans la cabane
Do Fa Do Sol Do
Les voisins et les amis, dans la cabane à Charlie !

2- Quand le premier a frappé sur la porte, elle a fait crac
Quand le deuxièm' est entré, tout un mur est tombé au lac.

R- On était un peu surpris… / Mais ce n'était pas fini…

3- Le troisième après un clou a voulu pendre son sac
Et le plafond d'un seul coup est tombé sur son estomac.

R- Sous vingt-cinq tonn's de débris… / Le quatrième a fini…

4- Le cinquième n'a pas vu qu'il marchait dans une flaqu'
Il prend froid, il éternue et le toit s'éparpille en vrac.

R- D'un seul coup tout est parti… / Envolé dans les taillis…

5- Voyant ça, le gars Charlie a cru faire un' cris' cardiaqu'
Pour qu'il revienne à la vie, on a dû lui flanquer des claqu's

R- Tous les amis s'y sont mis… / On n'avait jamais tant ri…

6- Charlie entre deux sapins s'est couché dans son hamac
Et on est partis enfin, en chantant tout le long du lac.

R- Salut ! À bientôt Charlie… / On reviendra, c'est promis…

LA CHANSON DES ROCHERS

Paroles et musique :
Pierre CHÈNE

Do Lam Rém
1- Il s'endort doucement sur la grève
Sol7 Do
Pour rêver
Do Lam Rém
Et la vagu' redit sa chanson brève
Sol7 Do
Aux rochers
Mim
Ses amis ont pris sa caravelle
Fa Do Do7
Et ils dansent aux creux de l'océan _
Fa Mim
Ramenez l'or du monde à vos belles
Rém Sol7
Amis, je vous attends.

2- Il préfère aux richesses du monde
L'eau de pluie
Une perle sur une feuille ronde
Lui suffit
Ses amis ont pris sa caravelle
Pour aller chercher des diamants
Il n'offrira jamais à sa belle
Que la fleur bleue des champs.

3- Il préfère au parfum des épices
Le jasmin
Une rose assouvit son caprice
D'un matin
Ses amis ont pris sa caravelle
Et ils dansent aux creux des diamants
Ramenez vos misères à vos belles
Amis, je vous attends.

4- Il s'endort doucement sur la grève
Pour rêver
Et la vague redit sa chanson brève
Aux rochers.

LA CHÈVRE EN PARLEMENT

Sol Ré7
1- Il était une chèvr' de fort tempérament
Sol Do Ré Sol
Qui revenait d'Espagne et parlait allemand.

Ré7
R- Ballotant d' la queue et grignotant des dents
Sol Do Ré Sol
Ballotant d' la queue et grignotant des dents !

2- Elle entra par hasard dans le champ d'un Normand
Elle y vola un chou qui valait bien trois francs.

3- Et la queue d'un poireau qu'en valait bien autant
Le Normand l'assigna devant le Parlement.

4- La chèvre comparut devant le Parlement
Puis elle ouvrit le Code et regarda dedans.

5- Ell' vit que son affaire allait fort tristement
Lors ell' ouvrit la porte et prit la clé des champs.

LA DANSE DES CANARDS

Paroles originales : Terry RENDALL
Musique : Werner THOMAS
Adaptation : Guy de PARIS / Joec

La
1- C'est la danse des canards
Qui en sortant de la mare
Mi7
Se secouent le bas des reins
Et font coin-coin
Fait's comme les p'tits canards
Et pour que tout l' monde se marre
La
Remuez le popotin
En f'sant coin-coin
À présent claquez du bec
En secouant vos plumes, avec
Mi
Avec beaucoup plus d'entrain
Et des coin-coin
Allez mettez-en un coup
Maintenant pliez les g'noux
La
Redressez-vous…

R- Tournez c'est la fête
Mi7
Bras dessus-dessous
Comm' des girouettes
C'est super chouette
La
C'est extra-fou…

2- C'est la danse des canards
Les gamins comm' les loubards
Vont danser ce gai refrain
Dans tous les coins
Ne soyez pas en retard
Car la danse des canards
C'est le tube de demain
Coin-coin, coin-coin
Il suffit d' fermer le bec
En mettant ses plumes au sec
Pliez les genoux c'est bien
Et faites coin-coin
Ça y est vous avez compris
Attention c' n'est pas fini
Nous allons jusqu'au matin
Faire des coin-coin…

3- C'est la danse des canards
Qui en sortant de la mare
Se secouent le bas des reins
Et font coin-coin
À présent claquez du bec
En secouant vos plumes avec
Avec beaucoup d'entrain
Et des coin-coin.
C'est la danse des canards
C'est dément et c'est bizarre
C'est terribilos comm' tout
C'est dingue c'est tout
Allez mettez-en un coup
On s'amus' comm' des p'tits fous
Maintenant pliez les g'noux
Redressez-vous…

4- C'est la danse des canards
Qui en sortant de la mare
Se secouent le bas des reins
Et font coin-coin
Fait's comm' les petits canards
Et pour que tout l' monde se marre
Remuez le popotin
En f'sant coin-coin
C'est la danse des canards
Les gamins comm' les loubards
Vont danser ce gai refrain
Dans tous les coins
Ne soyez pas en retard
Car c'est la danse des canards
C'est le tube de demain
Coin-coin coin-coin
(Et c'est la fin).

LA DANSE DES PRÉNOMS

Paroles et musique :
MANNICK et Jo AKEPSIMAS

Fa Sib Fa Sib
R- Il y a des milliers de filles et de garçons
Fa Sib Mib Do7
Il y a des milliers de prénoms _
Fa Sib Fa Sib
Qui se donnent la main pour faire une chanson
Fa Sib Fa
Il y a des milliers de prénoms.

Fa La7 Rém Fa La7 Rém
1- Caroline dansera quand la rime reviendra
Sib Lam Sol7 Do7
Caroline dormira quand la rime s'en ira !
Isabelle, Isafleur, Isarêve, Isapleure
Isam'aime, Isacœur, Isabelle c'est ma sœur !

Fa Mi7 Fa Mi7
2- Sandrine, chagrine, gronde sa poupée
Solm6 Rém Sol7 Do7
Et soudain, câline, se met à rêver
Fa La7 Sib Do7 Fa
D'un vase de Chine, rempli de bai - sers.
Babette, coquette, se brosse les mains
Se mouille la tête dans l'eau du bassin
Rempli d'herbes vertes, au fond du jardin.

Rém Do Rém
3- Violaine, châtelaine d'un château de poupée
Do Rém
À la claire fontaine s'en allant promener
Do Rém Do Rém
Enveloppe de laine un cornet de dragées
Do Rém
Pour filer sa quenouille
Do Rém
Et rêver que Gribouille
Do Rém
Est un grand chevalier !

Fa Do7 Fa Do7 Fa Do7 Fa
4- La montre de Loïc fait plein de tacs et pas de tics
Sib Fa Sib Fa
C'est une montre un peu magique
Sib Fa Sib Fa
Et quand parfois elle se détraque
Do7 Fa Do7 Fa
Elle fait alors du tac au tac
Do7 Fa Sib Do7 Fa
_ Une avalanche de couics couacs.

Do7 Fa Do7 Fa Do7 Fa La7 Rém La7 Rém
5- Aymeric aime trop les gâteaux, aime trop le sirop
Do7 Fa Do7 Fa La7 Rém La7 Rém
N'aime pas le nougat, n'aime pas le coca
Sol7 Do7
Aime bien les câlins.

Fa Dom7 Fa Dom7
6- J'ai vu Thomas en pyjama
Fa Dom7 Fa Dom7
Qui s'en allait au cinéma
Fa Dom7 Fa Dom7
Sur le vélo de grand-papa
Fa Dom7 Fa Dom7
En mâchonnant du chocolat
Fa Sib Fa
Et j'ai crié : "Et moi et moi ?"
Sib Do7
Et j'ai crié : "Et moi et moi ?"

Avec l'autorisation de Mannick et Jo Akepsimas.

LA GRENOUILLE ET LE GROS BŒUF

Paroles : MANNICK
Musique : Jo AKEPSIMAS

Ré Sol Ré
1- Au matin dès le réveil, le gros bœuf mettait toujours
Sol Mi7 La7
Des lunettes de soleil, pour se protéger du jour
Sol Ré Sol Ré
Il venait boire à l'étang, pour son petit déjeuner
Sol Ré Mi7 La7
Et d'un pas très nonchalant, s'en retournait dans le pré.

Sol Ré
R- Monsieur le bœuf, écoutez, si vous gardez vos lunettes
La7 Ré Sol Ré
Jamais vous ne connaîtrez la jolie grenouille verte
La7 Ré
Qui n'ose pas se montrer.

2- Comme il voyait tout en vert, il confondait simplement
Le vieux chêne et le pic vert, la grenouille avec l'étang
Mais un jour, le vent taquin, fit voler dans les fourrés
Les lunettes du rouquin, en lui soufflant sur le nez.

3- Le gros bœuf a du chagrin, ses lunettes sont cassées
La grenouille n'est pas loin, mais ell' n'ose pas bouger
Ses yeux sortent du brouillard, il s'étonne en découvrant
Sur son bateau nénuphar... la grenouille au cœur battant !

LA LICORNE

Paroles : Irène DANZAS
Musique : Henri CROLLA

Ré Mim
1- Quand Dieu fit l'univers, il y eut sur la terre
La La7 Ré
Des milliers d'animaux, inconnus aujourd'hui
Mim
Mais la plus jolie, dans ce vert paradis
La La7 Ré
La plus drôle, la plus mignonne, c'était la licorne.

Mim
R1- Y'avait des gros crocodiles, des orangs-outangs
La La7 Ré
Des affreux reptiles et des beaux moutons blancs
Sol
Des chats, des rats, des éléphants
La
Mais la plus mignonne de toutes les bêtes à cornes
La7 Ré
C'était la licorne.

2- Quand il vit les pécheurs, faire leurs premiers péchés
Dieu se mit en colère et appela Noé
Mon bon vieux Noé, je vais noyer la terre
Construis-moi un grand bateau pour flotter sur l'eau.

R2- Mets-y des gros crocodiles .../...
Et n'oublie personne, n'oublie pas ma mignonne
Ma jolie licorne.

3- Quand son bateau fut prêt à surmonter les flots
Noé y fit monter les animaux deux par deux
Et déjà la pluie commençait à tomber
Quand il cria : « Seigneur, j'ai fait pour le mieux. »

R3- J'ai mis deux gros crocodiles .../...
Il n'y manque personne à part les deux mignonnes
Les jolies licornes.

4- Elles riaient les mignonnes et pataugeaient dans l'eau
S'amusant comme des folles sans voir que le bateau
Emmené par Noé les avait oubliées
Et depuis jamais personne n'a vu de licornes.

R4- On voit des gros crocodiles .../...
Mais jamais personne, ne verra la mignonne
La jolie licorne.

LA VIEILLE DAME

Paroles et musique : Roger MASON

Mi
1- Sur une plage je rencontre une vieille dame
La Si7
Je lui chatouille les mollets
Mi
Je lui chatouille les pieds
Même entre les orteils...

La Si7 Mi
R- Mais ça la fait pas rire
Mi7 La Si7 Mi
Hé la vieille dame, pourquoi tu ris pas ? *(bis)*

2- J'amène la vieille dame chez l' pâtissier
Pour lui chatouiller le gosier
Elle avale trois babas
Puis une mousse au chocolat...

3- Moi et la vieille dame on a pris un taxi
Pour retrouver son mari
Sur leur grand lit
Il lui a chatouillé le nombril...

4- J'amène chez la vieille dame une télévision
Pour lui chatouiller le cerveau
Elle l'a regardée
Toute la journée...

5- La dame est allée aux P.T.T.
Pour toucher quelques sous
On a chatouillé
Son porte-monnaie...

6- La dame est morte sans avoir jamais ri
Elle est montée au paradis
Tous les anges du ciel
Lui chatouillent les ailes...

On lui chatouille :
Les ailes
Le porte-monnaie
Le nombril
Le gosier
Les mollets
Les pieds
Même entre les orteils.

LE COW-BOY

Paroles : MANNICK
Musique : Jo AKEPSIMAS

1- *Do*
Monté sur sa bourrique
Fa Do
Le vieux cow-boy s'en va
Fa Do
Il joue de la musique
Rém Sol
Sur un harmonica
Do
Il porte une tunique
Fa Do
Un pantalon de drap
Fa Do
Deux pistolets magiques
Sol7 Do
Pour jouer au soldat de bois
Fa
Mais il a oublié d'enfiler
Do
Ses chaussettes
Fa Do
Avant de mettre des souliers
Fa Do
Car il n'a pas de tête
Fa Do
Il rêve toute la journée
Sol7 Do
Il n'a jamais tué personne
Sol7 Do
Pas même l'ombre d'un lapin
Sol7 Do
Et tout le monde s'en étonne
Sol7 Do
Mais c'est pour ça qu'on l'aime bien.

2- Au milieu de la foire
Le vieux cow-boy est là
Il joue de la guitare
En fredonnant tout bas
Une chanson bizarre
Qui tremble dans sa voix
C'est un peu son histoire
L'histoire d'un soldat de bois
Mais il a oublié d'enfiler
Sa chemise
Avant de venir au marché
Tous les passants lui disent
Mais il continue de jouer.

3- Dans le saloon en fête
Le vieux cow-boy s'assoit
Le nez dans son assiette
Son violon sous le bras
Le vieux cow-boy poète
À la fin du repas
Fera tourner la tête
Même aux petits soldats de bois
Mais il a oublié d'enfiler
Ses bretelles
Avant de mettre son blouson
On dirait deux ficelles
Qui tombent sur son pantalon.

LE CRAPAUD FEE FYE

1- *Fa*
Y avait un crapaud qui s'appelait Fee Fye
Do
Y avait un crapaud près d'un ruisseau
Fa Sib
Qui s' laissait traîner les pattes à l'eau
Do Fa
Et qui jouait du banjo.

R- Fee Fye fidli a yo *(ter)*
Et qui jouait du banjo.

2- Tous les animaux venaient l'entendre
Tous les animaux disaient bien haut
Qu'il était le crapaud le plus beau
Quand il jouait du banjo.

3- Plein d'orgueil et plein de vanité
Not' petit crapaud s' gonfle bientôt
Et délaisse toutes ses amitiés
Pour aller jouer du banjo.

4- Y avait un crapaud qui s'appelait Fee Fye
Y avait un crapaud près d'un ruisseau
Nous n' l'entendrons plus jouer du banjo
Car il est tombé dans l'eau.

LE CHAT REVIENT (LE MATOU)

Paroles :
Christian BLONDIEAU
Musique :
Steve WARING

Lam Sol
1- Tompson le vieux fermier a beaucoup d'ennuis
Fa Mi
Il n'arrive pas à se débarrasser de son bon vieux chat gris
Lam Sol
Pour mettre à la porte son chat, il a tenté n'importe quoi
Fa Mi
Il l'a même posté au Canada et lui a dit : “Tu restes là.”

Lam Sol Fa Mi
R- Mais le matou revient le jour suivant
Lam Sol Fa Mi
Mais le matou revient, il est toujours vivant.

2- Tompson paie un petit gars pour assassiner le chat
L'enfant part à la pêche, l'animal dans ses bras
Au milieu de la rivière, le canot a coulé
Le fermier apprend que l'enfant s'est noyé…

3- Le voisin de Tompson commence à s'énerver
Il prend sa carabine et la bourre de TNT
Le fusil éclate, PAN ! La ville est affolée
Une pluie de petits morceaux d'homme vient de tomber…

4- Le fermier découragé envoie son chat chez le boucher
Pour qu'il en fasse du hachis parmentier
Le chat hurle : Aïe ! Aïe ! Aïe ! et disparaît dans la machine
De la viande poilue est affiché sur la vitrine…

5- Un fou s'engage à partir en ballon
Pour aller dans la lune déposer le chaton
Au cours du voyage le ballon a crevé
À l'autre bout du monde, un cadavre est retrouvé…

6- Cette fois-ci, on envoie le chat au Cap Kennedy
C'est dans une fusée à trois étages qu'il est parti
Le fermier saute de joie car il n'a plus de soucis
Le lendemain matin, on l'appelle de Miami…

LE SAIS-TU MON PETIT FRÈRE

Paroles et musique :
MANNICK

Mim Ré7 Sol
1- Le sais-tu, mon petit frère
Ré7 Sol
Que les nuages du vent
Si7 Mim
Qui font le tour de la terre
Do Si7
Se déguisent en moutons blancs
Mim Si7 Mim
Dans les champs.

Ré7 Sol
R- Moi, je suis grande
Si7 Mim
J'ai deux ans de plus que toi
Ré7 Sol
Je peux t'apprendre
Si7 Mim
Tout ce que tu ne sais pas.

2- Le sais-tu, mon petit frère
Que les vagues de la mer
Font des ourlets de dentelle
Pour les jupons de grand'mère
En hiver.

3- Le sais-tu, mon petit frère
Que les branches du soleil
Font scintiller des lumières
Dans le grand sapin du ciel
À Noël.

4- Le sais-tu, mon petit frère
Que tous les poissons d'argent
Dans le lit de la rivière
Font un collier de diamants
Pour maman.

LE SIROP TYPHON
(LILY THE PINK)

Paroles et musique : John GORMAN,
Roger Mac GOUGH et Mac GAER
Adaptation française : Richard ANTHONY

Mi
R- Buvons, buvons, buvons
Si7
Le sirop Typhon, Typhon, Typhon
La Mi
L'universelle panacée !
Si7
À la cuillère ou bien dans un verre
Mi
Rien ne pourra lui résister.

Mi Si7
1- Monsieur Carouge avait le nez rouge
Mi
Et cela le désolait
Si7
Une cuillère lui fut salutaire
Mi
Il a maint'nant le nez violet.

2- Madame Leprince se trouvait trop mince
Elle ressemblait à un bâton
Ell' fit un' cure sans demi-mesure
Elle est plus ronde qu'un ballon.

3- Monsieur le maire avait des misères
Dans ses discours il bégayait
Un petit verre lui fut salutaire
Il bégaie plus car il est muet.

4- Monsieur Léon, pom, pom, pom, pom
Si gentil et si rond patapon, patapon
Ne gagnait jamais au tiercé
Une cure sévère lui fut salutaire
Il est gagnant mais comme jockey.

5- Le vieux Pierre était célibataire
Et voulait le rester longtemps
Il but un verre puis un autre verre
Il a dix femmes et trente enfants.

6- Dans le village tous les enfants sages
Écoutent les cloches sonner
Rêvent qu'un mage venu des nuages
Du bon sirop va leur donner.

LES CROCODILES

Fa *Lam* *Rém* *Do7*
1- Un crocodile s'en allant à la guerre
Sol7 *Do7*
Disait au r'voir à ses petits enfants
Fa *Lam* *Rém* *Do7*
Traînant les pieds, les pieds dans la poussière
Sol7 *Do7*
Il s'en allait combattr' les éléphants.

Fa *Do7*
R- Ah les crocrocro, les crocrocro, les crocrodiles
Fa
Sur les bords du Nil, ils sont partis n'en parlons plus. } *bis*

2- Il fredonnait une march' militaire
Dont il mâchait les mots à grosses dents
Quand il ouvrait sa gueule tout entière
On croyait voir ses ennemis dedans.

3- Il agitait sa grande queue à l'arrière
Comme s'il était d'avance triomphant
Les animaux devant sa mine altière
Dans la forêt s'enfuyaient tous tremblants.

4- Un éléphant paru et sur la terre
Se prépara un combat de géants
Mais près de là courait une rivière
Le crocodile s'y jeta subitement.

5- Et tout rempli d'un' crainte salutaire
Il s'en r'tourna vers ses petits enfants
Notre éléphant d'une trompe plus fière
Voulut alors accompagner ce chant :

LES GRENOUILLES

Steve WARING d'après Sam HINTON

Raconter l'histoire sur une suite d'accords : Lam, Rém, Mi…

Il était une fois un petit garçon
Qui aimait se promener dans la campagne
Un bel après-midi, il est allé vers les marécages
Où le saule pleure sur la terre et l'air est tout mouillé
Et la mousse qui descend des cyprès
Ressemble à un monstre à l'œil maussade
Juste à l'endroit où vivent les grenouilles.

Eh bien ce petit garçon s'asseoit
Sur un tronc d'arbre et il écoute les grenouilles
D'abord elles ne parlent que le langage des grenouilles, quoi !
Bientôt, il ferme les yeux pour mieux entendre
Il écoute encore les grenouilles
Et il découvre qu'elles ne parlent plus
Le langage des grenouilles, no sir
Elles parlent le langage des gens.

Il y en avait une qui disait : "Où es-tu ? Où es-tu ?"
Et une autre qui lui répond : "Suis ici, suis ici !"
Et une autre qui demande : "Où ça ? Où ça ?"
Et un vieux crapaud qui disait : "Dans la boue, dans la boue !"
Et un très vieux grand-père qui chantait presque : "Enlève-le, enlève-le !"
Et une toute petite grenouille qui disait : "J' peux pas, j' peux pas !"
Et puis le chef de la tribu avec ses yeux gros et verts
Il sort la tête de l'eau et dit : "Booooooo !"
Et toutes les grenouilles sautent dans l'eau
Et nagent au loin en faisant…

LOVE, LIOUBOV, AMOUR

Paroles : Jacqueline NÉRO
Musique : François BERNHEIM

Do Sol
R- Love, love, love, dit-on en Amérique
Lam
Lioubov, en Russie soviétique
Mim
Amour aux quatre coins de France
Fa
Moi, je crois, crois, crois
Do
Qu'avec tous ces mots-là, là, là
Ré7 Sol7
La paix enfin aura, un jour sa chance.

Do Sol
1- Léonid qui habite Moscou
Lam Do
Est monté dans sa troïka
Mi7 Lam
Acheter du caviar et de la vodka
Ré7 Sol7
De chez Poutchki - ne
Do
Tandis que Richard de Washington
Lam Do
À pris des hamburgers Parkton
Mi7 Lam
Et Georges à Paris a cueilli des fleurs
Fa Sol7
Et tous trois sont allés en Chine.

2- C'était une surprise-partie
On a dansé toute la nuit
De temps en temps, on peut bien
Rire entre voisins, voisins de terre
C'était une soirée à Pékin
Où se retrouvaient de vieux copains
Hey ! qu'aiment rire, boire et chanter
Mais qui n'aiment pas faire la guerre.

MARIETTE ET FRANÇOIS

Paroles et musique :
Anne SYLVESTRE

Capo I

Lam Rém
1- Après que soit passée la fête
Lam
Après dix années révolues
Do Rém
François dit à Mariette
Fa Mi
Je crois que tu n'aimes plus
Fa Mi
Je n'entends plus sonner ton rire
Lam
Tu ne m'attends plus comme avant
Rém Mi
Tu n'as plus grand-chose à me dire
Mi7
Tu lis chaque soir trop longtemps

Lam Rém
R- Sûr que ce n'est pas la fête
Sol Do
Mariette, Mariette
Rém Lam
Sûr que ce n'est pas la fête
Mi
La vie avec moi
Lam
Crois-tu donc qu'il soit facile
Sol Do
Ne fais donc pas l'imbécile
Fa Do
Crois-tu donc qu'il soit facile
Lam Mi
François d'avoir Mariette chez soi.

Suite… ▷

(suite et fin)

2- Depuis longtemps dit Mariette
Longtemps tu ne m'as regardée
Dix ans après notre cueillette
Tu t'endors de l'autre côté
Fatiguée par les escarmouches
J'ai prétéré ne plus lutter
Et si je n'ouvre pas la bouche
C'est pour te laisser ta fierté.

3- Mais je t'ai donné, Mariette
Toute la force de mes bras
J'ai travaillé comme une bête
Mariette, c'était pour toi
Le Français que je me rappelle
N'était pas ce tâcheron-là
Il avait des mains d'hirondelle
Il savait me parler tout bas.

4- Mariette, dans ma mémoire
Avait des réveils lumineux
Son rire au soleil venait battre
Le vent dansait dans ses cheveux
Jour après jour la vie nous use
Nous pousse chacun d'un côté
François, déjà ça ne m'amuse
Plus beaucoup, de me réveiller.

5- Il vient tant de gens par la porte
Se réchauffer à votre feu
C' n'est pas que la flamme soit morte
C'est qu'ils en ont laisé bien peu
Il vient tant de gens qui vous blessent
Et qui vous mangent votre temps
Que s'effiloche la tendresse
Que s'indiffèrent les amants.

6- Regarde-moi, j'ai les yeux tendres
Je m'appelle Mariette et toi
Moi je n'en pouvais plus d'at-
tendre
Je m'appelle toujours François
Nous fermerons un peu la porte
Nous mettrons du bois sur le feu
Et si la flamme n'est pas morte
Il fera assez chaud pour deux

R - Même si ce n'est pas la fête
Mariette, Mariette
Même si ce n'est pas la fête
La vie avec moi
Même si ce n'est pas facile
Ne fais pas l'imbécile
Même si ce n'est pas facile
François, d'avoir
Mariette chez soi
Lam
D'être Mariette et François.

NAGAWICKA

Paroles et musique :
Jacky GALOU

Rém
R- Un petit indien *(bis)*
La Rém
Nagawicka *(bis)*
Do7 Fa
Chantait gaiement sur le chemin
La Rém La Rém
Nagawicka, Nagawicka. } *bis*

1- Quand je serai grand…
Nagawicka…
J'aurai un arc et un carquois
Nagawicka, Nagawicka…

2- Avec mes flèches…
Nagawicka…
Je chasserai le grand bison
Nagawicka, Nagawicka…

3- Sur mon cheval
Nagawicka
J'irai plus vite que le vent
Nagawicka, Nagawicka

4- Autour du feu…
Nagawicka…
Je danserai toute la nuit
Nagawicka, Nagawicka…

NE SENS-TU PAS CLAQUER TES DOIGTS

Ré
1- Ne sens-tu pas claquer tes doigts, claquer tes doigts
Sim
Et la musique monter en toi, monter en toi
Sol
N'attends pas que le feu soit mort, le feu soit mort
La
Chante tant que tu peux encore, tu peux encore
Encore… *(5 fois)*

2- Tu peux donner tout c' que tu as, tout c' que tu as
Mais oui, la vie c'est fait pour ça, c'est fait pour ça
Tu peux sourire autour de toi, autour de toi
Tendre la main à qui voudra, à qui voudra
La main… *(5 fois)*

3- Ne sens-tu pas chanter la vie, chanter la vie
Et toute la joie réunie, joie réunie
Qui nous rassemble tous ici, oui tous ici
Jusqu'à la fin de notre vie, de notre vie
La vie… *(5 fois)*

4- Et pour tous ceux qui ont faim, ceux qui ont faim
Donne-leur un peu de ton pain, peu de ton pain
Pour qu'ils partagent tous ensemble, oui tous ensemble
Cet amour qui nous rassemble, oui nous rassemble
L'amour… *(5 fois)*

5- Ne sens-tu pas battre ton cœur, battre ton cœur
Qui s'éparpille en mille fleurs, en mille fleurs
Et prends la main de ton ami, de ton ami
Et garde-la toute ta vie, toute ta vie
La vie… *(5 fois)*

NOËL 70

Paroles et musique :
François BERNHEIM

Parlé-
Pour tous les enfants de par le monde entier
Dont les pays sont en guerre plus souvent qu'en paix
Je déclare la trêve pour quelques instants
En qualité de Président des moins de vingt ans
Même si mon État n'a qu'un ambassadeur
Qui s'appelle l'Amour que j'ai dans le cœur
Et même si mon sceptre n'est qu'un petit hochet
Respectez-le car maintenant c'est :

Do Sol Lam Mi Fa Sol7
R- Noël, Noël, Noël, Noël, Noël, Noël
Do Fa Do Sol7
Joyeux Noël. _ _ _

Sol7 Do
1- _ Pour tous les Papas et toutes les Mamans
Sol
Pour tous les généraux et tous les présidents
Fa
Pour Jimi Hendrix qui ne voulait pas voir
Do
Pour les Blancs, les Rouges, les Jaunes ou bien les Noirs
Sol7
Pour l'Ouest ou le Sud, ou l'Est ou bien le Nord
Do
Pour tous les vivants qui distribuent la mort
Sol7
Je demande une trêve pour que se passe en paix
Do Sol
Cette conférence au sommet.

Do7 Fa
2- _ Écoutez-moi bien, je n'ai pas dans mes jouets
Do
De radio-pirate, de journal, de télé
Sol
Mais j'espère bien que j'aurai tout ça un jour
Do Do7
Pour ne vous parler que d'un sujet très court
Fa
En avant première la paix autour de moi
Do
Au journal du soir la paix plus loin que ça
Sol
Pour en revenir à ce que je disais
Do Sol7
La trêve car maintenant c'est :…

NON, NON, RIEN A CHANGÉ

Paroles : Jacqueline NÉRO
Musique : François BERNHEIM

Lam
1- C'est l'histoire d'une trêve
Que j'avais demandée
Dom
C'est l'histoire d'un soleil
Que j'avais espéré
Rém
C'est l'histoire d'un amour
Que je croyais vivant
Lam
C'est l'histoire d'un beau jour
Que moi petit enfant
Je voulais très heureux
Pour toute la planète
Lam
Je voulais, j'espérais
Que la paix règne en maître
Rém
En ce soir de Noël
Mais tout a continué
Lam
Mais tout a continué
Mais tout a continué.

Sol
R- Non, non, rien a changé } *bis*
Lam
Tout, tout a continué } *bis*
Hé ! Hé ! Hé ! Hé !

Lam
2- Et pourtant bien des gens
Ont chanté avec nous
Mim7
Et pourtant bien des gens
Se sont mis à genoux
Sol
Pour prier, oui pour prier
Lam
Pour prier, oui pour prier
Mais j'ai vu tous les jours
À la télévision
Mim7
Même le soir de Noël
Des fusils, des canons
Sol
J'ai pleuré, oui j'ai pleuré
Lam
J'ai pleuré, oui j'ai pleuré
Qui pourra m'expliquer que...

3- Moi je pense à l'enfant
Entouré de soldats
Moi je pense à l'enfant
Qui demande pourquoi
Tout le temps, oui tout le temps *(bis)*
Moi je pense à tout ça
Mais je ne devrais pas
Toutes ces choses-là
Ne me regardent pas
Et pourtant, oui et pourtant
Et pourtant, je chante, je chante...

Reprise du couplet 1-

ON DIT QUE TOUS LES PETITS ENFANTS

Do Fa Sol Do
1- On dit que tous les petits enfants, fants, fants, fants
Fa Sol Do
Viennent au monde dans la cheminée, née, née, née
Fa Do
Ils répondent c'est bien évident, dent, dent, dent
Sol Do
En suçant du réglisse ou du cachou, chou, chou, chou
Sol Do
Fants, fants, née, née, dent, dent, chou, chou
Fants, fants, née, dent, dent, chou, chou.
Fa
Tra la la la c'est papa
Do
Tra la la la c'est maman
Sol Do Do7
Qui nous ont appris tout ça. _ (bis)
} *bis*

2- Les enfants quand on ne les voit pas…
Grimpent bien vite dessus le buffet…
Là ils prennent, oh ! les p'tits ch'napans…
La tir'lire où se trouvent les écus…
Pas, pas, fet, fet, pans, pans, cus, cus…

3- Les enfants se couchent toujours très tôt…
Leur maman leur peigne les cheveux…
Mais le soir ils rentrent tout crottés…
Depuis la tête jusques aux genoux…
Tôt, tôt, veux, veux, tés, tés, noux, noux…

4- Et grand-père dit que dans tous les cas…
Les enfants ça va de mal en pis…
Ils répondent c'est bien évident…
Heureus'ment que je suis sourd comme un pot…
cas, cas, pis, pis, dent, dent, pot, pot…

PÉTROUCHKA

Paroles et musique : MANNICK

Rém
1- Pétrouchka, ne pleure pas
Solm Rém
Entre vite dans la ronde
Solm Rém
Fais danser tes nattes blondes
La7 Rém
Ton petit chat reviendra
Solm Rém
Il s'est fait polichinelle
Solm Rém
Dans les chemises en dentelle
La7 Rém
De ton grand-papa.

Sib Do7
R- Tant que chante la colombe
Fa La7 Rém
Par-dessus le toit
Solm La7
Danse avant que la nuit tombe
Sib La7
Jolie Pétrouchka
} *bis*
Rém La7 Rém
Jolie Pé - trouch - ka.

2- Pétrouchka ne pleure pas
Mets ton grand fichu de laine
Viens avec nous dans la plaine
Ton petit chat reviendra
Il fait quatre galipettes
Se déguise en marionnette
Dès que tu t'en vas.

3- Pétrouchka ne pleure pas
Puisqu'il aime la musique
Chante-lui cet air magique
Ton petit chat reviendra
Il nous dansera peut-être
Sur le bord de la fenêtre
Une mazurka.

QUAND UN MILITAIRE

HERVÉ (1870)

Do Fa Do Fa Do
1 - Quand un militaire s'en va-t-à la guerre
Fa Do
Il embrasse son père et s'il n'a pas de père
Fa Do
Il embrasse sa mère et s'il n'a pas de mère
Sol Do
Il se contente alors d'embrasser la carrière…

Do7 Fa
R- Contentez-vous d'embrasser la carrière
Sol Do
Petits soldats du joyeux régiment. } *bis*

2- Quand un militaire se bat à la guerre
Il pense à sa future et s'il n'a pas d' future
Il pense à sa masure et s'il n'a pas d' masure
Il se contente alors de panser ses blessures…

3- Quand un militaire revient de la guerre
Il passe voir ses mioches et s'il n'a pas de mioches
Il passe voir ses proches et s'il n'a pas de proches
Il se contente alors de passer l'arme à gauche…

QUI PEUT FAIRE DE LA VOILE SANS VENT

Traditionnel suédois

Rém
1- A- Qui peut faire de la voile sans vent ?
Solm Rém
B- Qui peut ramer sans rame ?
Solm Rém
C- Et qui peut quitter son ami
Do Lam Rém
D- Sans verser de larmes ?

2- A- Je peux faire de la voile sans vent.
B- Je peux ramer sans rame.
C- Mais ne peux quitter mon ami
D- Sans verser de larmes.

3- A- Qui peut faire du pain sans levain ?
B- Qui peut faire du vin sans raisin ?
C- Et qui peut quitter mon ami
D- Sans verser de larmes.

4- A- Je peux faire du pain sans levain.
B- Je peux faire du vin sans raisin.
C- Mais ne peux quitter mon ami
D- Sans verser de larmes.

5- A- Qui peut voir le soleil la nuit ?
B- Qui peut voir la nuit sans étoile ?
C- Et qui peut quitter mon ami
D- Sans verser de larmes.

6- A- Je peux voir le soleil la nuit.
B- Je peux voir la nuit sans étoile
C- Mais ne peux quitter mon ami
D- Sans verser de larmes.

SI TU PARS EN VOYAGE

Paroles : MANNICK.
Musique : Jo AKEPSIMAS

R- Si tu pars, si tu pars en voyage (Do, Fa, Do)
Dans le vent, dans le vent de l'été (Sol7)
En faisant tes bagages (Do, Sol)
N'oublie pas d'emporter : (Sol7)

1- Tes chaussettes et tes souliers (Do)
Range-les bien dans ta valise. (Lam, Mim, Ré7, Sol)

2- Ton blue jean et ton ciré...

3- Ta chemise et ton tricot...

4- Tes culottes et tes maillots...

5- Ton foulard et ton chapeau...

6- Ton savon, ta brosse à dents...

7- Ton ballon, ton cerf-volant...

SI TU VAS AU CIEL

1- Si tu vas au ciel *(bis)*, bien avant moi *(bis)* (La, Ré, La)
Fais un p'tit trou *(bis)*, tir' moi par là *(bis)* (Mi, La)
Si tu vas au ciel, bien avant moi (La7, Ré)
Fais un p'tit trou, tir' moi par là (La)
Ali Aho, Ali Aho ho ho. (Mi, La, Mi, La)

2- On n' va pas au ciel, en patinant
Car tout là-haut y a pas d' tournants.

3- On n' va pas au ciel en autobus
Car tout là-haut y a pas d' terminus.

4- On n' va pas au ciel à dromadaire
Car tout là-haut y a pas d' désert.

5- On n' va pas au ciel en 2CV
Car le bon Dieu trouve ça pas beau.

6- On n' va pas au ciel sans uniforme
Car tout là-haut y a Baden-Powell.

7- On n' va pas au ciel en amoureux
Car tout là-haut y a pas d' lit pour deux.

8- On n' va pas au ciel en pyjama
Car tout là-haut y a pas d'Épéda.

9- On n' va pas au ciel en maillot d' bain
Car en sortant d' l'eau y a pas d'essuie-mains.

10- Si tu vas en enfer, bien avant moi
Bouche tous les trous pour qu' j' n'y aille pas !

SUPERCALIFRAGILISTICEXPIDELILICIEUX (SUPERCALIFRAGILISTIC)

Paroles originales et musique originales:
Richard M. SHERMAN et Robert B. SHERMAN
Adaptation française : René LUCADES

Him dee lee dee
Him dee lee dee
Him dee lee dee
Him dee lee dee
Him dee lee dee
Him dee lee dee

Do (Do7M) (Do6) Sol7
R- Su-per-ca-li-fra-gi-lis-tic-ex-pi-dé-li-li-cieux
Rém7 Sol7 (Rém7) (Sol7) Do
Ce mot est un vrai calvaire pour les palais chatouilleux
(Do7M) Do7 Fa
Mais si vous l' dites d'un trait vous devenez prodigieux
(Fa#dim) Do (Do#dim) Sol7 Do
Su-per-ca-li-fra-gi-lis-tic - ex-pi-dé-li-li-cieux.

Him dee lee dee
Him dee lee dee
Him dee lee dee
Him dee lee dee
Him dee lee dee
Him dee lee dee

1- Quand j'étais petit garçon je bégayais sans cesse
Mon papa me conduisit chez une doctoresse
Qui pour co, co, corriger cette insigne maladresse
Me fit prononcer ce mot à toute vi, vitesse.

2- Que vous soyez épicière, vicomtesse ou douanière
Marie-Chantal ou Gigi, la fille d' la pâtissière
Ce mot prononcé d'un coup fait tomber les barrières
Si vous le dites gentiment sans chichi ni manières.

3- Quand vous n' pouvez pas payer votre tiers provisionnel
Vous allez voir l'inspecteur et d'un air spirituel
Vous lui dites j' vais vous apprendre un mot constitutionnel
À l'envers ça fait plus riche et beaucoup plus actuel.

TOUS LES ANIMAUX DU MONDE

Paroles et musique :
Noël COLOMBIER

R-
Sol Mim La Ré7
Tous les animaux du mon - de
Sol Mim La Ré7
Tous les animaux sont nos amis
Sol Mim La Ré7
Du lion à la colombe _
Sol
Du renard au ouistiti.

1-
Si7 Mim
Le taureau n'est pas content
Si7 Mim
Sa femme est vache c'est navrant
La Ré
Le hibou chante à tue-tête
La Ré
J' suis heureux ma femme est chouette.

2- Bien qu'il soit le plus musclé
L'éléphant se sent brimé
Car il a deux yeux tout noirs
Mais avec défense d'y voir.

3- Moi j'ai un joyeux caniche
Qui aime qu'on lui fasse des niches
Et un poisson très revêche
Qui n'aime pas du tout la pêche.

4- Quelle est la fête des chats ?
Moi je donne ma langue aux chats
Vous ne trouvez pas du tout
Voyons c'est la mi-août !

5- Essayez d'offrir un verre
Même au milieu du désert
À mon ami le zébu
Il vous dira moi z'ai bu !

6- Pour nourrir le gros baudet
Qui a écrit ces couplets
Y'a un air dans ma chanson
Comme ça il aura du son...

TROIS ESQUIMAUX

Fa Rém
Trois Esquimaux
Solm Do
Autour d'un brasero
Fa Rém
Écoutaient l'un d'eux
Solm Do
Qui sur son banjo
Fam Do
Jouait d'un mortel ennui
Fa Rém Solm Do
Au pays du soleil de minuit
Fa Rém Solm Do
Y'a pas d' cerises en Alaska
Fa Rém Solm Do
Woudji, woudji, woudji, woudji, ah wawa !
Fa Rém Solm Do
Sur la banquis' pas d' mimosa
Fa Rém Solm Do
Woudji, woudji, woudji, woudji, ah wawa !
Fa
Pas de petits moutons broutant sur le gazon
Solm Do Fa
Pas de rutabaga ni de wisky-soda

Bala tchoum, bala tchoum...

TROUBADOURS ET BALADINS

Paroles et musique : Jean-Claude GIANADDA

R- *Do*
Ils s'en vont de par le monde
Fa
Troubadours et baladins
Sol
Et derrière eux vagabondent
Do
Leurs refrains
Do
Aux quatre horizons du monde
Fa
Troubadours et baladins
Sol
Sèment l'espoir qui abonde
Do
Dans leurs mains.

1- *Do*
Bateleurs, clowns ou tsiganes
Fa
Fous du roi ou bohémiens
Sol
C'est ensemble en caravane
Do
Qu'ils sont bien
Do
Du grand Nord à la Cerdagne
Fa
Du Maghreb jusqu'à Pékin
Sol
L'essentiel les accompagne
Do
En chemin.

2- Quand leurs instruments s'élancent
Une flûte, un tambourin
Chacun invente la danse
Et la soutient
Chacun découvre ses chances
Et pour l'autre est un tremplin
C'est d'une même espérance
Qu'ils ont faim.

3- Dites-moi par quel miracle
Tout se transforme soudain
Quand commence le spectacle
Au matin
Quand ils traversent l'obstacle
On les admire sans fin
Leur chanson est un oracle
Qu'on rejoint.

4- Au sarcasme ou à l'injure
N'ont jamais montré le poing
D'où leur vient cette idée pure
Des humains
D'aventure en aventure
Vers plus beau et vers plus loin
Qui leur donne cette allure
De témoin.

5- Ont connu dans leurs voyages
D'Éthiopie aux rues d'Harlem
Des Kmers qui ont fait naufrage
L'anathème
La misére en plein visage
Du lépreux, du malandrin
Toujours n'ont eu qu'un message
De soutien.

6- Lorsque les nuits les surprennent
Près du feu chacun se tient
Le silence les imprègne
Et les étreint
Pour que ce feu ne s'éteigne
Veilleront jusqu'au matin
Je crois bien qu'il les renseigne
Sur demain.

5e partie

CANONS ET RITOURNELLES

AH POURQUOI PÉPITA

Do Mi7 Lam Do7
Ah pourquoi Pépita, sans répit m'épies-tu
Fa La7 Rém7 Sol7
Dans les bois Pépita, pourquoi te tapis-tu
Do Mi7 Lam Do7
Ah pourquoi Pépita, sans répit m'épies-tu
Fa La7 Sol7 Do
Dans les bois Pépita, pourquoi te tapis-tu
Fa Rém7 Sol7 Do
Tu m'épies sans pitié, c'est piteux de m'épier
Lam Ré7 Sol7
De m'épier Pépita, pourrais-tu te passer.

ARAM TSAM TSAM

Canon

Sol
Aram, tsam, tsam *(bis)*
Ré
Gouli, gouli, gouli, gouli, gouli
Sol
Ram, tsam, tsam.
} *bis*

Aravi, aravi,
Ré
Gouli, gouli, gouli, gouli, gouli
Sol
Ram, tsam, tsam.
} *bis*

BARBAPOUX

Ré La7 Ré
Y avait dans mon village un homme qui s'app'lait Poux
La7 Ré
Il avait une barbe, qu'était pleine de poux.
La7 Ré
Barbapoux, Barbapoux, Barbapoux, Barbapoux.

Célina, ma jolie, si je t'aime c'est pour la vie
Célina fleur d'égout, si je t'aime, c'est pour tes poux.
Barbapoux, Barbapoux, Barbapoux, Barbapoux.

BEAUX YEUX

Canon

Anonyme du XVIIe siècle

Solm Ré
Beaux yeux
Solm Ré
Beaux yeux
Solm Ré Solm Ré
Depuis que je vous admire
Solm Ré Solm Ré
Je n'en suis pas plus heureux !

BONJOUR

Canon

Do Sol Do
Bon - jour ! _
Sol
Bonjour à tous
Do
Et bienvenue
Sol Do
Chantons falala, falala.
Sol Do
Bon - jour !

BONSOIR BONSOIR !

Do Sol Do
Bon - soir, bonsoir !
Sol
La brume monte du sol
Do
On entend le rossignol
Sol
La brume monte du sol
Do
On entend le rossignol
Sol Do
Bonsoir, bonsoir !

BONSOIR TOUS À LA RONDE

Canon

Lam Sol Lam
Bonsoir tous à la ronde
Sol Lam
Que la paix soit sur le monde
Sol Lam
Dans la nuit, calme et sereine
Sol Lam
L'homme sans haine.

C'EST LA CLOCHE DU VIEUX MANOIR

Canon

Fa Si Fa
C'est la cloche du vieux manoir
Sib Fa
Du vieux manoir :
Qui sonne le retour du soir
Le retour du soir
Ding, ding, dong
Ding, ding, dong

C'ÉTAIT UN GRILLON

La Mi La
1- C'était un grillon qui s'appelait Dudule
Ré
Caché sous un rocher
Mi Mi7
Il ne cessait de chanter.

La Mi La
R- Le cri-cri de la crique crie son cri
Mi
Cru et critique
La La7
Car il craint que l'escroc
Mi La
Ne le craque et ne le croque.

2- À un espadon, Dédé donna Dudule
D'un don si bon et doux
Qu'il en fit son dada.

C'EST À LAUTERBACH

Traditionnel alsacien

Canon

Fa
C'est à Lauterbach
Do7
Où l'on danse, où l'on danse
Solm Do7 Fa
Que j'ai perdu l'un de mes bas
Et voilà pourquoi
J'ai perdu la cadence
La cadenc' de la mazurka.

Lala lalala lalala lalala
Lala lalala lalala lalala lalala
C'est la danse, danse, danse qui m'emporte
C'est la danse, danse, danse aï, laï, la !

C'ÉTAIT DANS LA NUIT BRUNE

Do
C'était dans la nuit brune
Sol7
Sur un clocher joli
Sur un clocher la lune
Do
Comme un point sur un "i"
Oh la la i i, oh la la a i o. *(bis)*

CHUT, PLUS DE BRUIT

Canon

Sol
Chut, plus de bruit
Do Sol
C'est la ronde de nuit } *bis*
En diligence
Faisons silence
Marchons sans bruit
C'est la ronde de nuit.

DANS LA FORÊT LOINTAINE

Canon

Do
Dans la forêt lointaine
Sol7 Do
On entend le coucou
Du haut de son grand chêne
Sol7 Do
Il répond au hibou
Coucou hibou, coucou hibou
Sol7 Do
Coucou, coucou, hibou.

DU FAGOT JAILLIT LA FLAMME

Air de chasse du XVIIe siècle
Paroles : Jacques SEVIN

Fa Do7
Du fagot jaillit la flamme
Fa
Chantons le feu
Do Fa
Quel joli bouquet d'étoiles
Do7
Dans le ciel bleu
Fa Do7
Du fagot jaillit la flamme.
Fa
Chantons le feu !

ENTENDEZ-VOUS DANS LE FEU ?

Canon

Ré La7 Ré
Entendez-vous dans le feu
Ré La7 Ré
Tous ces bruits mystérieux ?
Ré La7 Ré
Ce sont les tisons qui chantent
Ré La7 Ré
Que nos cœurs soient joyeux.

D'EN BAS J'AI VOULU MONTER

D'en bas j'ai voulu monter
Rallaïdou, di rallaïdou
Jusqu'au ridji sans souliers
Rallaïdou, di oh !
En passant sur le lac bleu
J'ai vu les poissons joyeux
Après un coup de vin blanc
Je m' sentis plus fort qu'avant
Mais j'étais si bien assis
Que je n' serais pas r'parti.

EGO SUM PAUPER

Canon

Sib Solm Sib
1- Ego sum pauper.

2- Nihil habeo.

3- Et nihil dabo.
ou
Cor meum dabo.

J'AI RÊVÉ D'UNE ÎLE

Canon

Do Fa Do
J'ai rêvé d'une î - le
Sol Do
Comblée de merveilleux
Fa Do
Où les gens du mon - de
Sol Do
Partageraient leur joie
Fa
Ami, oui j'irai
Do
Oui j'irai
Sol Do
Chez toi.

LA BATAILLE DE REICHSHOFFEN

Mi Si7 Mi
C'était un soir, bataille à Reichshoffen
Do#m Sol#m La Mi
Il fallait voir les cuirassiers charger
Si7
Cuirassiers ! Attention ! Charger !
Et d'un bras !

Puis-
Des deux bras...
D'un pied...

LA FAMILLE TORTUE

Sol
Jamais on n'a vu
Jamais on ne verra
Lam
La famille tortue
Sol
Courir après les rats.
Sol
La maman tortue
Lam
Et le papa tortue
Ré
Et les enfants tortue
Sol
Iront toujours au pas.

LA MADELEINE

Fa Do7 Fa
1- La Madeleine, elle a un pied mariton !
Un pied mariton
Fa Do7 Fa
Un pied mariton, Madeleine
Do7 Fa
Un pied mariton, Madelon.

2- La Madeleine, elle a une jambe de bois !
Une jambe de bois
Un pied mariton...

3- La Madeleine, elle a une cuisse de velours !
Une cuisse de velours
Une jambe de bois
Un pied mariton...

4- La Madeleine, elle a un ventre d'acier...

5- La Madeleine, elle a un poumon gainé...

6- La Madeleine, elle a une dent de ciment...

7- La Madeleine, elle a un pif qu'est c'noze...

8- La Madeleine, elle a un z'œil de vitre...

9- La Madeleine, elle a les oreilles en beuleu beuleu...

10- La Madeleine, elle a les cheveux en botte de paille...

11- Oui, mais la Madeleine, elle a la sécurité sociale...

LA TROMPE SONNE

Canon
(Si*b*)

A- La trompe sonne dans les bois
L'ardente meute passe
Chasseurs brillants, piqueurs adroits
S'élancent à la fois.

B- Entendez-vous de trente voix
Le bruit frappe l'espace
Taïau ! le cerf est aux abois
Il meurt, il meurt, je crois.

C- Ah ! que la chasse
Soit le plaisir des rois ! *(bis)*

LA VOLGA

Rém
1- Tout au long de notre fleuve
Fa Rém
La belle Volga
Do Sib
S'est levé le vent
La Rém
Le grand vent d'amont.

2- Tout au long de notre fleuve
La belle Volga
À soufflé le vent
Le grand vent d'amont.

3- Tout au long de notre fleuve
La belle Volga
S'est couché le vent
Le grand vent d'amont.

LE CHAT DE NOTRE POSTIÈRE

Ré La7 La
Miaou, miaou, la nuit dernière
Ré
Miaou, miaou, la nuit dernière
Ré La
J'entendais dans la gouttière
La7 Ré
J'entendais dans la gouttière
Ré La
Le chat de notre postière
La7 Ré
Le chat de notre postière.

LUNDI MATIN, L'EMP'REUR

Do
Lundi matin, l'emp'reur
Fa Do
Sa femme et le p'tit prin-
ce
Sont venus chez moi
Fa Do
Pour me serrer la pince
Comme j'étais parti
Le p'tit prince a dit :
Fa Do
"Puisque c'est ainsi
Sol Do
Nous reviendrons mardi."

Mardi matin…

MATELOT, PUISQU'IL FAIT BON VENT

Canon

Fa Sib
1- Matelot puisqu'il fait bon vent
Do7 Fa
Poussons ce soir la chansonnette
Matelot puisqu'il fait bon vent
Do7 Fa
Allons tous chanter sur l'avant.

2- Et le chant du gaillard d'avant
Montera jusqu'à la dunette
Et le chant du gaillard d'avant
Égayera tout le bâtiment.

LES GRIVES

Canon

Ré Sol Ré
On dit que les gri - ves
La Ré
Aiment le raisin
Sol Ré
Moi qui n' suis pas gri -
ve
La Ré
J'en mangerais bien.

MARIETTA

Marietta trala la la la la la la la la la
Marietta trala la la la
La la la la la la la la la la la la la la la la la la
La la la la la la la la la la la la la la la la la la
La la la la la la la la la la la la la la la la la la
Toum-baï, toum-baï, toum-baï, toum-baï
Toum-baï, toum-baï, toum-baï
Toum-baï, toum-baï, toum-baï, toum-baï
Toum-baï, toum-baï, toum-baï.

MAUDIT SOIS-TU CARILLONNEUR

Fa Do Fa
Maudit sois-tu carillonneur
Toi qui naquis pour mon malheur
Dès le point du jour, à la cloch' il s'accroche
Et le soir encor', carillonne plus fort.
Quand sonnera-t-on la mort du sonneur ?

MEUNIER TU DORS

1- Meunier, tu dors, ton moulin, ton moulin va trop vite
Meunier tu dors, ton moulin, ton moulin va trop fort.

R- Ton moulin, ton moulin va trop vite
Ton moulin, ton moulin va trop fort. } *bis*

2- Meunier, tu dors, le travail, le travail se décide
Meunier, tu dors, le travail, le travail est perdu.

3- Meunier, tu dors, et le vent, et le vent souffle, souffle
Meunier, tu dors, et le vent, et le vent souffle fort.

MON COQ EST MORT

Canon

Mon coq est mort, mon coq est mort
Mon coq est mort, mon coq est mort
Il ne dira plus cocodi, cocoda
Il ne dira plus cocodi, cocoda
Cocodi, codi, codi, coda
Cocodi, codi, codi, coda.

En flamand-
Mijn haan is dood...
Hij niet meer zeggen...

En anglais-
My cok is dead...
He would say no more...

En latin-
Meus gallus mortuus est...
Jam numquam dicet...

En espagnol-
Mea lokos esta morta...
Line cantos pli...

PETIT CHAPEAU

P'tit chapeau, grand chapeau, p'tit bord
Grand chapeau, p'tit chapeau, grand bord
P'tit chapeau d' castor, grand bord
Grand chapeau d' castor, p'tit bord.

OH, FLAMME MONTE !

Musique :
Christophe PRAETORIUS
(fin XVIe siècle)

Oh flamme monte
Que ta lumière
Nous purifie
Guide nos cœurs.

Ô BRUIT DOUX DE LA PLUIE

Canon
Paroles : Paul VERLAINE
Musique : Christian LEGROS

(Mim)

Ô bruit doux de la pluie
Par terre et sur les toits
Pour un cœur qui s'ennuie
Ô le chant de la pluie.

QUAND TOUT SE TAIT

Paroles : William LEMIT
Musique attribuée à MOZART

Quand tout se tait
Sous la ramu - re
Rossignolet des bois
Ta voix pure
Met mon cœur en émoi
Me fait rêver.

SUR LE PLANCHER UNE ARAIGNÉE

Ré
Sur le plancher, une araignée
La Ré
Se tricotait des bottes
Dans un flacon, un limaçon
La Ré
Enfilait sa culotte
Ré La
J'ai vu dans le ciel une mouche à miel
Ré La Ré
Pinçant sa guita - re
La
Un rat tout confus sonner l'angélus
Ré La Ré
Au son d' la fanfa - re.

SI TU AS D' LA JOIE AU CŒUR

Ré La7
Si tu as d' la joie au cœur, tape des mains
Ré Ré7
Si tu as d' la joie au cœur, tape des mains __
Sol
Si tu as d' la joie au cœur
Ré
Si tu as d' la joie au cœur
La7 Ré
Si tu as d' la joie au cœur, tape des mains

Si tu as d' la joie au cœur, frappe du pied…
Si tu as d' la joie au cœur, claque des doigts…
Si tu as d' la joie au cœur, claque la langue…
Si tu as d' la joie au cœur, crie "youpi"…
Si tu as d' la joie au cœur, r'commence tout…

TROIS P'TITS CHATS

Rém Rém
Trois p'tits chats, trois p'tits chats
La7 Rém La7
Trois p'tits chats, chats, chats,
Rém
Chapeau d' paille, chapeau d'paille
La7 Rém
Chapeau d'paille, paille, paille
Paillasson…
Somnambule…
Bulletin…
Tintamarre…
Marmiton…
Tonton Jules…
Jules César…
Z'haricots…
Cocotier…
Tiers de trois…
Trois p'tits chats…

UN JOUR DANS SA CABANE

Ré
Un jour dans sa cabane
La7
Un tout petit négro
Jouait de la guitare
Ré
Ollé, ollé, banjo
Tchoum bala tchoum…

UN' GRENOUILL'

Canon

(Do)

Un' grenouill' Sur un tuyau d' fontaine
Qui faisait croa, croa
Un corbeau sur le tronc d'un vieux chêne
Qui faisait couac, couac
Et moi, pauvre gars
Qui n' sais pas chanter comm' ça !

VENT FRAIS, VENT DU MATIN

Canon

Rém Lam
Vent frais
Rém Lam
Vent du matin
Rém Lam
Vent qui souffle
Rém Lam
Au sommet des grands pins
Rém Lam Rém
Joie du vent qui passe
Lam Rém
Allons dans le grand vent…

Y'A DU ROULIS

Ré La7
Y'a du roulis
Ré La7
Y'a du tangage
Ré
Y'a des coups d' vent
La7 Ré
Y'a d' la tempête
Sol Mim
Mais comme on n'est pas
La7 Si
Des mauviet - tes
Mi7
De tous les métiers
La
C'est le plus joli !

LES FEUILLES MORTES
SE RAMASSENT A LA PELLE
LES SOUVENIRS
ET LES REGRETS AUSSI
BAM BAM
CLAP CLAP

Tables des matières

Sommaire

II - AU RYTHME DU MONDE .... p. 163

PATRIMOINE MUSICAL

Index alphabétique

M

La réalisation de DIAPASON ROUGE 1 a été possible grâce au travail et à la complicité de :
Éric AMIEUX, Michel BANCAL, Sylvain BOUTILLIER, Xavier CHAILLOUS, Anne CLUZEL, Sébastien MIRC, Benoît MOUREZ et Pierre-Michel GAMBARELLI pour la coordination de l'ensemble.

Nous remercions également :

- Les amis du MEJ et des SCOUTS ET GUIDES DE FRANCE qui ont participé à la sélection et à la correction des chants de ce recueil.

- Alain HURÉ pour les illustrations.

- Les artistes et leurs maisons d'édition qui nous accordent l'autorisation de reproduire leurs œuvres.

- Le personnel de la SACEM pour son aide dans nos recherches.

  Si, malgré nos efforts, certaines maisons d'édition n'ont pu être contactées, qu'elles nous le fassent savoir afin que nous puissions prendre les dispositions qui s'imposent, par rapport à cette édition et à celles qui pourraient suivre.

- Et les utilisateurs de DIAPASON ROUGE 1 qui n'hésiteront pas à nous écrire pour nous faire part de leurs suggestions quant à d'éventuelles améliorations de cette présente édition. **contact@presses-idf.fr**

Fabrication : Damien Desclozeaux / Studio graphique SGDF
Achevé d'imprimer en mai 2012 sur les presses de La Nouvelle Imprimerie Laballery, 58502 Clamecy Cedex

Dépôt légal : mai 2012 - N° d'impression : 205277
ISBN : 2-7088-8042-X

IMPRIM'VERT®